अवचेतन मन की चमत्कारी शक्तियाँ आपके और मेरे पैदा होने से पहले मौजूद हैं। जीवन के अनादि सत्य और सिद्धांत सभी धर्मों के पहले से अक्षुण्ण हैं। इन्हीं विचारों को मन में रखकर मैंने पुस्तक के अध्यायों में उस जादुई तकनीक की सिलसिलेवार व्याख्या की है, जिसे मैं चाहता हूँ कि आप पढ़ें, समझें, अपनाएँ और अपने विकारों एवं विफलताओं से मुक्ति प्राप्त करें। अपने रोगों, अपनी कमियों, अपनी निराशाओं, गरीबी और असहायता से छुटकारा पाकर स्वस्थ, सफल, उन्मुक्त और सुखमय जीवन की शुरुआत करें। इसके लिए आपको भावनात्मक और मानसिक रूप से उन अच्छी बातों से जुड़ जाना होगा जिन्हें आप अपने लिए चाहते हैं। आप स्वयं देखेंगे कि आपके अवचेतन मन की रचनात्मक शक्तियाँ किस प्रकार आपकी सफलता की राह को आसान बनाने लगती हैं। आज ही शुरू करें और देखें कैसे आपके जीवन में चमत्कार होते हैं! प्रयास करते रहें। निरंतर जारी रखें। अंधकार की परछाइयाँ अपने आप हट जाएँगी।

युवान
बुक्स

अनबाउंड स्क्रिप्ट का उपक्रम

आपके अवचेतन मन की शक्ति - जोसेफ मर्फी

प्रथम संस्करण : 2024

ISBN : 978-93-92088-90-2

प्रकाशक : अनबाउंड स्क्रिप्ट
2/41 अंसारी रोड
दरियागंज, दिल्ली-110002
वेबसाइट : www.unboundscript.com
ई-मेल : books@unboundscript.com
फोन : 011-35807601

AAPKE AVCHETAN MAN KI SHAKTI
by Joseph Murphy

मूल्य : ₹ 349/-

मुद्रक : विकास कंप्यूटर एंड प्रिंटर्स
गाज़ियाबाद, उ. प्र.

आपके अवचेतन मन की शक्ति

जोसेफ़ मर्फ़ी

युवान बुक्स

जोसेफ़ मर्फ़ी

जोसेफ़ मर्फ़ी आयरिश मूल के मनोवैज्ञानिक लेखक हैं। मर्फ़ी अपनी पुस्तक 'आपके अवचेतन मन की शक्ति' के लिए दुनिया भर में जाने जाते हैं। उनका जन्म 20 मई 1898 को आयरलैंड में हुआ था। उनके पिता एक स्कूल के संचालक थे। 1920 के दशक में वह अमरीका गये और वहाँ फार्मासिस्ट का कार्य करने लगे। इस दौरान वह न्यूयॉर्क नगर में रह रहे थे और वहाँ उन्होंने चर्च ऑफ द हीलिंग क्राइस्ट जाना शुरू किया। अध्यात्म और मन की शक्ति के विषय में ज्ञान पाने हेतु भारत भी आये। वहाँ उन्होंने संतों से मुलाक़ात की और समझने का प्रयास किया। 1940 के दशक में लॉस एंजेलिस के इन्स्टिट्यूट ऑफ़ रिलिजियस साइंस में अध्यापक नियुक्त हुए। 1950 के दशक में उन्होंने यूनिवर्सिटी ऑफ साऊथ कॅलिफोर्निया से मनोविज्ञान में पीएच० डी० की उपाधि प्राप्त की।

अनुक्रम

प्रस्तावना

सोच एक नई दिशा की ओर

मैंने दुनिया भर में जीवन के विभिन्न क्षेत्रों में स्त्री-पुरुषों में चमत्कार होते देखा है। यह चमत्कार आपके जीवन में भी हो सकता है, जब आप अपने अवचेतन मन की जादुई शक्ति का प्रयोग करना सीख जाएँगे। यह पुस्तक आपको यह बताने के लिए ही लिखी गई है कि आपके सामान्य विचार और कल्पनाएँ ही सहज रूप में एकाकार होकर आपके भाग्य का निर्माण करती हैं। क्योंकि आदमी जो अपने अवचेतन मन में सोचता है, वैसा ही जीवन में वह बनता है।

क्या आपको इन प्रश्नों के उत्तर मालूम हैं?

क्यों एक व्यक्ति दुःखी है तो दूसरा सुखी? क्यों एक व्यक्ति प्रसन्न एवं खुशहाल है और दूसरा निर्धन एवं अभागा? क्यों एक व्यक्ति भयभीत एवं उतावला है और दूसरा आस्था एवं आत्मविश्वास से लबालब? क्यों एक व्यक्ति के पास सुंदर एवं आरामदेह घर है और दूसरा गंदी बस्ती में मामूली मकान में रहता है? क्यों एक व्यक्ति जीवन में सफल है और दूसरा असफलता के चक्रव्यूह में पड़ा रहता है? क्यों एक व्यक्ति सफल वक्ता है, लोकप्रिय है और दूसरा सामान्य है, जिसे कोई

नहीं जानता? क्यों एक व्यक्ति अपने व्यवसाय में दक्ष है, सफलता के पायदान पर खड़ा रहता है और दूसरा जीवन में संघर्ष करता है, किंतु जीवन में कुछ नहीं कर पाता? क्यों एक व्यक्ति असाध्य रोग से मुक्त हो जाता है और दूसरा नहीं हो पाता ? क्यों दयालु और धार्मिक लोग मन में अशांत रहते हैं, क्यों शरीर और मन में संताप झेलते हैं? क्यों बदमाश और लंपट एवं नास्तिक लोग जीवन में सफल हो जाते हैं तथा खुशहाल और स्वस्थ रहते हैं? क्यों एक महिला का जीवन खुशियों से भरपूर है और उसकी बहन दुःखी एवं निराश जीवन जीती है? क्या आपके चेतन और अवचेतन मन के कार्यकलाप में इन प्रश्नों का कोई उत्तर है? निश्चित रूप से है।

इस पुस्तक को लिखने का कारण

इस पुस्तक को लिखने का मेरा प्रमुख उद्देश्य उपरोक्त दिए गए प्रश्नों तथा ऐसे ही अनेक प्रश्नों का उत्तर और उनका स्पष्टीकरण देना है। मैंने आपके मन के एक अदभुत बुनियादी सत्य को जनसाधारण की भाषा में परिभाषित करने का प्रयास किया है। मेरा विश्वास है कि जीवन के और आपके मन के आधारभूत एवं बुनियादी सिद्धातों को जन-साधारण की आम भाषा में समझाया जा सकता है। इस पुस्तक को पढ़ने में आपको लगेगा कि इसकी भाषा वही है, जो रोजाना आप अखबारों, पत्रिकाओं और कामकाज में इस्तेमाल करते हैं। जो आप घर-बाहर में बोलते हैं। मैं चाहता हूँ कि आप इस पुस्तक को ध्यान से पढ़ें और जो बातें इसमें लिखी गई हैं, उन्हें अपने जीवन में लागू करें। मेरा विश्वास है कि जैसे-जैसे आप इन सिद्धांतों पर चलना शुरू करेंगे, वैसे-वैसे आप इस चमत्कारी शक्ति को अपने हाथों में लेने में सफल होते जाएँगे, जो आपको भ्रम निराशा और विफलता के दलदल से निकालकर आपको सही मार्ग पर ले जाएगी, आपकी तकलीफों को दूर करेगी, आपके दुःख, संताप को नष्ट करेगी, आपके शरीर को आपके मन के सभी बंधनों से मुक्त करके आपको एक उन्मुक्त, खुशियों और हर्षोल्लास के आनंदमय जीवन के मार्ग पर ला खड़ा करेगी। आपका जीवन सुख और शांति में बीतेगा, आपके अवचेतन मन की यह चमत्कारी शक्ति आपको असाध्य रोगों से मुक्ति दिलाकर आपको फिर से भला चंगा करके आपको शक्तिशाली बनाएगी। अपने अवचेतन मन की शक्ति का प्रयोग करना सीखकर आप स्वयं अपने मन के बंद दरवाजों को खोलेंगे और देखेंगे कि आपके सभी प्रकार के भय और शंकाएँ दूर हो चुकी हैं और आपके सामने एक सुखमय जीवन का स्वर्णिम मार्ग प्रशस्त है, जो अनंत आनंद के संसार की ओर जाता है।

चमत्कारी शक्ति को पहचानें कैसे?

जब तक इस शक्ति के प्रयोग के संबंध में व्यक्तिगत उदाहरण न दिया जाए, इस पर विश्वास करने में संशय पैदा होता है। लगभग बयालीस वर्ष पूर्व मैं स्वयं सरकोमा जैसे एक असाध्य रोग से पीड़ित था जिससे मुक्त होने के लिए मैंने अपने अवचेतन मन की चमत्कारी शक्ति का प्रयोग किया। जिसने मुझे पुनरुज्जीवन दिया और मेरे शरीर के सभी अवयवों को संतुष्ट करके आज मेरे जीवन को सजग और सफल बनाने में शक्ति-पुंज का काम कर रही है। मैंने जो तकनीक लागू की, उसकी व्याख्या इस पुस्तक में की गई है और मुझे विश्वास है कि मेरे उदाहरण से लोगों में अवचेतन मन की इस अद्भुत शक्ति के संबंध में विश्वास पैदा करने में सहायता मिलेगी। उपचार के दौरान मेरे डॉक्टर मित्र के माध्यम से मुझे एहसास हुआ कि स्वभावतः रचनात्मक बुद्धि, जिसने मेरे शरीर के सभी अवयवों को बनाया है और जिसने मेरे हृदय को चलायमान रखकर मुझे जीवन दिया है, वह अपनी कमियों को भी दूर कर सकती है और अपनी रचना में आए व्यवधान या रोग का स्वयं उपचार भी कर सकती है। जैसे कि पुरानी कहावत है कि डॉक्टर मलहम पट्टी करता है, दवा देता है और ईश्वर रोग का उपचार करता है।

अंतरात्मा से की गई प्रार्थना से चमत्कार होते हैं

वैज्ञानिक रूप से की गई प्रार्थना, दूसरे शब्दों में चेतन और अवचेतन मन के सहज समन्वय को निर्दिष्ट प्रयोजन की ओर इंगित करके की गई प्रार्थना से मनचाहा उपचार किया जा सकता है।

यह पुस्तक आपको सिखाएगी कि किस प्रकार आप अपने अंदर की असीमित शक्ति का वैज्ञानिक रूप से प्रयोग करके अपने जीवन की इच्छा पूरी कर सकते हैं। यदि आप खुशियों से भरा संपन्न जीवन चाहते हैं तो इस अद्भुत शक्ति का इस्तेमाल शुरू करके अपने दैनिक जीवन को सुचारु करें और अपने घर-परिवार के संबंधों को मधुर बनाएँ। यह सुनिश्चित करें कि आप इस पुस्तक को कई बार पढ़ेंगे।

जितनी बार आप इसे पढ़ेंगे, उतनी बार आपको एक नया मार्ग दिखाई देगा। पुस्तक के अध्याय आपको मार्ग दिखाएँगे कि कैसे वह आश्चर्यजनक शक्ति काम करती है। कैसे आप उस छिपी प्रेरणा और ज्ञान को प्राप्त कर सकते हो जो आपके भीतर विराजमान है! आपको केवल अवचेतन मन को प्रभावित करने के लिए आसान तकनीक को समझना होगा।

शक्ति के असीमित भंडार का इस्तेमाल करने के इस नए वैज्ञानिक मार्ग को अपनाएँ पुस्तक को सावधानी से, लगन से, प्रेम से, साबित करके दिखाएँ कि किस तरह आश्चर्यजनक रूप से यह पुस्तक आपकी सहायता कर सकती है। मेरा विश्वास है कि यह पुस्तक आपके जीवन में एक नई दिशा प्रदान करेगी। दूसरे शब्दों में, यह आपके जीवन का टर्निंग प्वॉइंट साबित होगा। प्रभावपूर्ण प्रार्थना कैसे की जाती है? याद करें कि आपने इससे पहले कब प्रार्थना की थी? आपातकाल में, मुसीबत में, खतरे में, भय में, बीमारी में और जब मृत्यु दस्तक देती है, तब प्रार्थनाओं की झड़ी लग जाती है। आप, मित्रगण, परिवारजन-सभी प्रार्थनाओं में लीन हो जाते हैं। ज़रा अखबार उठाकर देखें, सब तरफ प्रार्थनाएँ हो रही हैं। असाध्य रोग से ग्रस्त बच्चे के लिए, समाज में, देश में शांति के लिए, खदान में अटके मजदूरों के लिए। बाद में जब खदान मजदूरों को बचा लिया गया तो उन्होंने बताया कि उन्हें बचाने के उपाय करने के दौरान वे प्रार्थना करते रहे थे। हवाई जहाज, जिसे इमरजेंसी लैंडिंग करनी पड़ी थी, के पायलट ने बताया कि वह लैंडिंग करते समय प्रार्थना कर रहा था। निश्चित रूप से खतरे के समय प्रार्थना हमेशा सहायक होती है। लेकिन आपको प्रार्थना को अपने जीवन में अंतरंग और रचनात्मक विधा बनाने के लिए खतरे का इंतजार करने की जरूरत नहीं है। प्रार्थनाओं से कितने आश्चर्यजनक परिणाम हुए हैं, कितने चमत्कार हुए हैं! अखबारों में अनेक बार ऐसे चमत्कारों ने हेडलाइनें बनाई हैं। यह अपने आप में साबित करता है कि प्रार्थनाओं का कितना प्रभाव होता है। लोग भोजन की मेज पर भोजन से पहले प्रार्थना करते हैं। ईश्वर को भोजन के लिए आभार व्यक्त करते हैं। एक व्यक्ति अंतरात्मा से ईश्वर के प्रति नतमस्तक होकर प्रार्थना में लीन रहता है। जनता के बीच रहकर उनका काम करके मेरे लिए यह जरूरी हो गया है कि मैं प्रार्थना के विभिन्न तरीकों का अध्ययन करूँ। मैंने खुद अपने जीवन में प्रार्थना की शक्ति का अनुभव किया है और मैंने जिन लोगों के साथ काम किया है या जिनसे बात की है, उन सभी ने इस शक्ति का अद्भुत अनुभव किया है। समस्या आम तौर पर लोगों को यह समझाने में होती है कि वे किस प्रकार प्रार्थना करें। जो लोग मुसीबत में होते हैं, उनके समझने, सोचने या काम करने का तरीका बदल चुका होता है। परेशानियों में उनका सहज रूप से समझना और सोचना भ्रमित हो जाता है। ऐसे लोगों के लिए एक सीधा सा एवं आसान फॉर्मूला होना चाहिए। कुछ ऐसा, जिसे वे आसानी से अपना सकें और सीधे मार्ग पर आकर प्रार्थना का लाभ उठा सकें। परेशानी में यह बहुत ही आसान और कारगर उपाय है।

इस पुस्तक के आकर्षण

इस पुस्तक के विशेष आकर्षणों में से एक यह है कि यह पूर्णतः व्यावहारिक है, यानी रोजमर्रा के जीवन से जुड़ी हुई है। इसमें जो तकनीक बताई गई है वह बहुत आसान है। इसे करने में जीवन में कोई फेर-बदल नहीं करना पड़ता। जो फॉर्मूला बताया गया है, उसे दैनिक जीवन में बड़ी आसानी से अपनाया जा सकता है। अलग से कुछ नया करने की जरूरत नहीं पड़ती। मैंने यह आसान तकनीक विश्व के कई देशों में अनेक स्त्री-पुरुषों को सिखाई है, जहाँ सभी लोग विभिन्न धर्मों को मानने वाले हैं। हाल ही में मैंने अमेरिका के लॉस एंजेलिस नगर में यह तकनीक सिखाई, जिसे सीखने के लिए हजारों की संख्या में लोग आए। जहाँ मैंने इस पुस्तक के विशिष्ट गुणों को व्याख्या करके समझाया। कुछ तो 200 मील का सफर तय करके मेरे कार्यक्रम में शामिल हुए। इस पुस्तक की विशिष्ट बात यह है कि आपको यह जानने में आसानी होगी कि क्यों अपनी प्रार्थनाओं के बावजूद सब कुछ उलटा हो गया और इसके कारण क्या थे? दुनिया भर में लोगों ने मुझसे सवाल किया है। हजारों बार यह सवाल किया है। ऐसा क्यों है कि मैंने प्रार्थना की है। प्रार्थना करता रहा हूँ, लेकिन मुझे उसका कोई फल प्राप्त नहीं हुआ? इस सामान्य से प्रश्न का उत्तर आपको इस पुस्तक में मिलेगा। अवचेतन मन को प्रभावित करके उससे लाभ प्राप्त करने के जिन अनेक उपायों का वर्णन किया गया है, वे इस पुस्तक को असाधारण रूप से बहुमूल्य बनाते हैं।

आप किस बात पर विश्वास करते हैं?

ऐसा नहीं है कि किसी भी बात पर विश्वास करने से व्यक्ति की प्रार्थना का उत्तर मिल जाए। प्रार्थना का उत्तर तब मिलता है, जब उस व्यक्ति की मानसिक स्थिति या उसके विचारों की प्रतिक्रिया उसके अवचेतन मन में होती है। विश्वास और आस्था का यह नियम विश्व के सभी धर्मों में कारगर है और यही कारण भी है कि मनोवैज्ञानिक रूप से यह सत्यापित है। बौद्ध, ईसाई, मुस्लिम तथा हिब्रू-सभी धर्मों में प्रार्थना का फल उनके पंथ, धर्म, संबंध, संस्कार, कर्मकांड, समारोह, फॉर्मूला, जादू-टोना, बलि या अर्पण के कारण नहीं मिलता बल्कि उनके विश्वास या उस प्रार्थना पर मिलता है, जिसे उनका अवचेतन मन स्वीकर करके उसे ग्रहण कर लेता है।

आस्था का नियम ही जीवन का नियम होता है, अर्थात् आस्था और विश्वास पर ही जीवन चलता है और आस्था ही आपके मन का चिंतन है। व्यक्ति जैसे सोचता है, महसूस करता है और विश्वास करता है, वैसा ही उसका मन होता

है। आप क्या कर रहे हैं, क्यों कर रहे हैं? इस ज्ञान पर आधारित तकनीक और प्रणाली के जरिए जीवन की अच्छी बातों का सान्निध्य मिलता है। मन की इच्छाएँ ही बुनियादी रूप से प्रार्थना बनकर फल प्राप्त करती हैं, अर्थात् मन से आप जो चाहते हैं वही पूरा होता है।

इच्छा ही प्रार्थना है

हर व्यक्ति जीवन में स्वस्थ, सुखी, सुरक्षित और शांति से रहना चाहता है; किंतु यह कितनों को मिलता है? अधिकतर लोग इस चाहत में ही दिन बिता देते हैं। वे भटकते रहते हैं। एक यूनिवर्सिटी के प्रोफेसर हाल ही में मुझसे कह रहे थे, "मैं जानता हूँ कि यदि मैं अपने चित्त में परिवर्तन लाऊँ और भावनात्मक जीवन की दिशा बदल दूँ तो मुझे विश्वास है कि मेरे घाव दोबारा नहीं होंगे लेकिन मेरे पास इस परिवर्तन को लाने का कोई उपाय या तकनीक नहीं है। मेरा मन समस्याओं की उधेड़-बुन में ही लगा रहता है। यही कारण है कि मैं हमेशा और दुःखी रहता हूँ।"

प्रोफेसर पूर्णतः स्वस्थ जीवन की कामना करते थे। इसके लिए वे उस ज्ञान की तलाश में थे जो उन्हें जीवन का सुख दे सकता था। इस पुस्तक में दिए गए साधनों का प्रयोग करके उन्होंने अपने जीवन की अभिलाषा को पूर्ण कर लिया।

प्रत्येक व्यक्ति का मन सामान्य होता है

अवचेतन मन की चमत्कारी शक्तियाँ आपके और मेरे पैदा होने से पहले मौजूद हैं तथा दुनिया में मंदिर-मस्जिद या चर्च बनने के पहले से सनातन हैं। जीवन के अनादि सत्य और सिद्धांत सभी धर्मों के पहले से अक्षुण्ण हैं। इन्हीं विचारों को मन में रखकर मैंने पुस्तक के अध्यायों में उस जादुई तकनीक की सिलसिलेवार व्याख्या की है, जिसे मैं चाहता हूँ कि आप पढ़ें, समझें और अपनाएँ और अपने विकारों एवं विफलताओं से मुक्ति प्राप्त करें। अपने रोगों, अपनी कमियों से, अपनी निराशाओं से, गरीबी और असहाय दशा से छुटकारा पाकर स्वस्थ, सफल, उन्मुक्त और सुखमय जीवन की शुरुआत करें। इसके लिए आपको भावनात्मक और मानसिक रूप से उन अच्छी बातों से जुड़ जाना होगा जिन्हें आप अपने लिए चाहते हैं। आप स्वयं देखेंगे कि आपके अवचेतन मन की रचनात्मक शक्तियाँ किस प्रकार आपकी सफलता की राह को आसान बनाने लगती हैं। आज ही शुरू करें और देखें कैसे आपके जीवन में चमत्कार होते हैं! प्रयास करते रहें। निरंतर जारी रखें। अंधकार की परछाइयाँ अपने आप हट जाएँगी।

अध्याय-1

ख़ज़ाना दिमाग़ में है

यदि आप अपने मन की आँखें खोलकर अपने अंदर छिपे असीमित दौलत के खजाने को देखेंगे तो आप पाएंगे कि आपके चारों ओर यह दौलत बिखरी पड़ी है। आपके अंदर सोने की खान है जिसमें से आप जितना चाहे, निकालकर एक शानदार, खुशियों से भरपूर जीवन जी सकते हैं।

अनेक लोग सोए पड़े हैं क्योंकि वे इस असीमित ज्ञान और असीमित प्रेम से भरी पूरी सोने की खान को नहीं जानते, जो उनके अंदर मौजूद है। चुंबक लगा लोहे का एक टुकड़ा अपने भार से बारह गुना भार को आसानी से उठा लेगा। यदि उसमें से चुंबक निकाल दो तो वह एक तिनका भी नहीं उठा पाएगा। इसी तरह दुनिया में दो तरह के लोग होते हैं-एक चुंबकवाले, जिनमें विश्वास और आस्था कूट-कूटकर भरी होती है; जो जानते हैं कि वे जीतेंगे और सफल होंगे। इसके विपरीत, कुछ लोग वे होते हैं, जिनमें चुंबक के तत्त्व नहीं होते, हमेशा भयभीत रहते हैं। उन्हें हर बात में संदेह होता है। वे कहते हैं, "हो सकता है, मैं असफल हो जाऊँ, मैं अपने पैसे खो दूँ तो लोग मुझ पर हँसेंगे।" इस प्रकार के लोग जिंदगी में आगे नहीं बढ़ पाते, क्योंकि यदि वे आगे बढ़ने में डरेंगे तो वहीं रहेंगे, जहाँ वे हैं। चुंबकवाला व्यक्ति बनें और सदियों के रहस्य का आविष्कार करें।

सदियों पुराना असाधारण रहस्य

आपके विचार में सदियों पुराना यह रहस्य क्या हो सकता है? क्या परमाणु ऊर्जा, थर्माक्यूलर ऊर्जा, न्यूट्रॉन बम, अंतरिक्ष की यात्रा? नहीं ऐसा कुछ नहीं। तब क्या है यह असाधारण रहस्य? इसका रहस्य भी असाधारण रूप से आसान है। यह रहस्य अद्भुत एवं जादुई शक्ति है। यह और कुछ नहीं, बल्कि आपका अपना अवचेतन मन है जिसकी कल्पना कोई व्यक्ति नहीं कर पाता।

आपके अवचेतन मन की अद्भुत शक्ति

आप अपने अवचेतन मन की छिपी शक्ति से संपर्क कर उसे निकालने के तरीकों को सीखकर अपने जीवन को और गतिमान और धनवान और स्वस्थ और सुखी बना सकते हैं। इसके लिए आपको बाहरी ताकत की जरूरत नहीं है। यह ताकत आपके पास मौजूद है। केवल आपको उसे प्रयोग करने के तरीके को सीखना है, आपको उसे भली प्रकार समझ लेना है ताकि आप जीवन के विभिन्न कार्यों में उसका प्रयोग कर सकें।

जैसे-जैसे आप इस पुस्तक में दिए गए आसान उपायों और प्रक्रियाओं को पढ़ते जाएंगे, वैसे-वैसे आपके मन में वह आवश्यक ज्ञान और समझदारी आ जाएगी। आप में एक नई प्रेरणा जन्म लेगी और आप इस नई शक्ति से अपनी आशाओं एवं सपनों को साकार कर पाएंगे। अपने जीवन को पहले से शानदार विशाल धनी और उत्तम बनाने के लिए आज ही से फैसला करें।

आपके अवचेतन मन की गहराई में असीमित ज्ञान असीमित शक्ति और उन सभी वस्तुओं का असीमित खजाना छिपा है जो विकास और अभिव्यक्ति के लिए इंतजार कर रहा है। अपने मन की इन शक्तियों को पहचानने का काम आज ही से शुरू करें। आप देखेंगे कि ये शक्तियाँ अपना काम अपने आप करना शुरू कर देंगी।

आपके अवचेतन मन में मौजूद असीमित ज्ञान हर जगह, हर पल, हर समय आपको वह सब बता सकता है, जो आप जानना चाहेंगे, बशर्ते आप अपना दिमाग खुला रखेंगे और उसे ग्रहण करेंगे। आपको नए विचार और नई कल्पनाएँ मिल सकती हैं, जिनसे आप नए आविष्कार नई उपलब्धि प्राप्त कर सकते हो, पुस्तक और नाटक लिख सकते हो। इसके अतिरिक्त आपके अवचेतन मन का असीमित ज्ञान और ऊर्जा किसी मौलिक प्रवृत्ति का असाधारण ज्ञान भी दे सकती है। यह आपके सामने जीवन की चरम उपलब्धि और स्थान के लिए नया मार्ग प्रशस्त कर सकती है।

अपने अवचेतन के विवेक से आप अपने जीवन की चाहतों के साथ-साथ व्यापार में सहयोगी या जोड़ीदार को आकर्षित कर सकते हैं। इसके उपयोग से आपको आपके घर का उचित खरीदार मिल सकता है। आपको अपनी चाहत के अनुरूप धन प्राप्त हो सकता है जिसके आधार पर आप अपनी इच्छानुसार जहाँ जाना चाहते हैं, जा सकते हैं, जो खरीदना चाहें, खरीद सकते हैं, जो करना चाहते हैं, कर सकते हैं।

इस छिपे खजाने को जिसमें विचार हैं, उपलब्धियाँ हैं, शक्ति है, प्रकाश है, प्यार और सौंदर्य है, जानने का आपका अधिकार है। हालाँकि यह दिखाई नहीं देता किंतु इसकी शक्तियाँ अपार हैं, प्रबल हैं। आपके अवचेतन मन में अपनी प्रत्येक समस्या के समाधान के साथ-साथ प्रत्येक घटना का कारण भी मिलेगा। छिपी हुई शक्तियों और विवेक को निकालकर अपने अधिकार लेकर आप भरपूर उत्साह के साथ एक सुखी जीवन का संसार बसा सकते हैं।

मैंने अवचेतन मन से अशक्त और अयोग्य व्यक्तियों को एक बार फिर शक्तिशाली मजबूत और योग्य बनकर दुनिया की सभी खुशियाँ, स्वास्थ्य और प्रफुल्लित जीवन जीते देखा है। आपके अवचेतन मन में एक जादुई शक्ति है जो विचलित मस्तिष्क और अस्वस्थ मन को एक बार फिर से स्वस्थ करके आपके सभी प्रकार के भौतिक और शारीरिक अवरोधों को बड़ी सरलता से दूर कर देगी।

कार्य-प्रणाली के आधार की आवश्यकता

किसी भी क्षेत्र में पर्याप्त प्रगति एक विशिष्ट कार्य-प्रणाली के आधार के बिना संभव नहीं होती है, अर्थात् आप भी कर सकते हैं। आप भी अपने अवचेतन मन को संचालित करने में दक्ष बन सकते हैं। आप इसके सिद्धांतों की शक्तियों को अपने ज्ञान के आधार पर अपने विशिष्ट कार्यों तथा अपने अभीष्ट लक्ष्यों के अनुरूप उपयोग करके अपने जीवन को सफल बना सकते हैं।

एक पूर्व केमिस्ट होने के नाते मैं आपको बताना चाहता हूँ कि हाइड्रोजन के दो एटम के परिणाम में यदि एक एटम ऑक्सीजन मिला दी जाए तो वह पानी बन जाता है। आप यह भलीभांति जानते हैं कि एक एटम ऑक्सीजन और एक एटम कार्बन मिला देने से कार्बन मोनोआक्साइड नाम की जहरीली गैस बन जाती है लेकिन यदि एक एटम ऑक्सीजन और मिला दी जाए तो कार्बन डाइऑक्साइड गैस बन जाती है, जो एक साधारण गैस होती है। इसी प्रकार केमिस्ट्री रसायनों के मिश्रणों की एक प्रयोगशाला है।

आप यह न सोचें कि केमिस्ट्री, फिजिक्स और मैथमेटिक्स के सिद्धांत आपके अवचेतन मन से अलग हैं। पानी अपना धरातल स्वयं बनाता है, यह एक सिद्धांत है जिसे सभी जानते हैं और स्वीकार करते हैं और सभी जगह यह देखने को मिलता है।

एक और उदाहरण लेते हैं। लोहा गरम किए जाने पर फैलता है। यह एक सत्य है जो किसी भी समय किसी भी स्थिति में पाया जाता है। आप लोहे के टुकड़े को गरम करो, वह बढ़कर फैलेगा, चाहे वह चीन में हो या इंग्लैंड अथवा भारत में। यह एक सार्वभौमिक सच्चाई है कि तत्त्व गरम किए जाने पर फैलते हैं। यह भी एक सार्वजनिक सच्चाई है कि आप अपने अवचेतन मन में जो प्रभाव डालते हैं, वह अंतरिक्ष के चित्रपट पर एक शर्त, अनुभव और परिणाम के रूप में अभिव्यक्त होता है।

आपकी प्रार्थना का परिणाम मिलता है, क्योंकि आपका अवचेतन मन सिद्धांत है और सिद्धांत का मतलब है- एक वस्तु की कार्यविधि या वस्तु के चलायमान होने का तरीका। उदाहरण के लिए बिजली के सिद्धांत को लेते हैं, वह ऊपर से नीचे की ओर दौड़ता है। जब आप बिजली का इस्तेमाल करते हैं तो आप उसके सिद्धांत को नहीं बदलते लेकिन प्रकृति के सहयोग से आप अद्भुत आविष्कार और नई-नई खोज करते हैं, जिनके परिणामस्वरूप मानवता को अनगिनत लाभ पहुँचाए जाते हैं।

आपका अवचेतन मन सिद्धांत है जो आस्था के नियम के अनुकूल चलता है। आपको पता होना चाहिए कि आस्था क्या है? वह क्यों काम करती है और कैसे काम करती है? बाइबल में बड़े आसान, स्पष्ट और सुंदर तरीके से बताया गया है कि कोई विश्वास के साथ पहाड़ से कहे कि हटो और समुद्र में जा गिरो, तो उसे अपने हृदय में कोई संदेह नहीं रहता बल्कि उसे विश्वास होता है कि उसने जो कहा, वह पूरा होगा। उसे वह सबकुछ मिलेगा, जो वह कहेगा।

आपके मन का नियम आस्था का सिद्धांत है। इसका मतलब है। कि आपको मन के काम करने के तरीके पर विश्वास करना है। आपके मन की आस्था आपके मन का विचार है। देखो, कितना आसान है सबकुछ ! बस, यही समझना है।

आपके सभी अनुभव, परिणाम, शर्तें और कार्य आपके विचारों के प्रति आपके अवचेतन मन की प्रतिक्रियाएँ हैं। याद रखनेवाली बात यह है कि परिणाम, फल या उत्तर उसमें नहीं, जिसमें आप विश्वास करते हैं, बल्कि आपके मन की आस्था से मिलता है।

झूठी आस्थाओं, धारणाओं, अंधविश्वासों और आज के जीवन में प्रचलित भयों पर विश्वास करना छोड़िए और जीवन के सनातन सत्य एवं देवी नियमों पर विश्वास करना शुरू करिए, तब जाकर आप जीवन में ऊपर उठेंगे और जीवन का सच्चा आनंद ले सकेंगे।

जो व्यक्ति इस पुस्तक को पढ़कर और इसमें दिए गए अवचेतन मन के वैज्ञानिक सिद्धांतों को अपने जीवन में लागू करेगा, वह अपने लिए और दूसरों के लिए वैज्ञानिक एवं प्रभावपूर्ण रूप से प्रार्थना कर पाएगा। आपकी प्रार्थनाओं के परिणाम कर्म और उसकी प्रतिक्रिया के अलौकिक सिद्धांत के अनुरूप होते हैं. जो आपके विचार की प्रवृत्ति के अनुरूप होते हैं। अपने मन को सद्भाव, स्वास्थ्य, शांति तथा शुभेच्छाओं में लगाएँ और देखें, आपके जीवन में क्या आश्चर्य होते हैं!

आपके मन के दो भाग हैं

आपका मन दरअसल में एक है, किंतु उसके दो स्पष्ट भाग हैं। दोनों की विशेषताएँ अलग हैं। सभी बुद्धिमान लोगों को मालूम है कि दोनों विभागों को एक रेखा अलग करती है। दोनों के कार्य बुनियादी रूप से एक-दूसरे से अलग हैं। प्रत्येक विभाग को अलग-अलग विशिष्ट शक्तियाँ और गुण मिले हैं। दोनों की पद्धति आपके मन के कामों को सामान्यतः दो पालों में बाँट देती है। एक उद्देश्यमूलक मन और दूसरा व्यक्तिमूलक मन। चेतन मन और अवचेतन मन। दूसरे शब्दों में, जो सतह पर दिखाई देता है, यानी जो आप दिखाई देते हो और दूसरा आपके अंदर का मन, जो आपके अंदर है किन्तु दिखता नहीं। इसे स्वैच्छिक मन और अनैच्छिक मन अथवा पुरुष और स्त्री मन जैसे अनेक प्रकार से कहा जा सकता है। इस पुस्तक में सभी जगह आपको इन दो मनों के लिए चेतन और अवचेतन शब्दों का प्रयोग मिलेगा।

चेतन और अवचेतन मन

इन दो मनों के कार्यकलापों को समझने का एक नायाब तरीका है। मान लीजिए कि आपका मन एक बाग है और आप उस बाग के मालिक हैं। आप दिन भर अपने विचारों के बीज बोते हैं। ये वे विचार है जिन्हें आप अपनी आदतों के अनुरूप सोचते हैं। जैसे विचारों की बुवाई करते हैं, वैसे ही परिणाम आपके शरीर और आपके आसपास मिलते हैं।

सुख, शांति, सही कामों, शुभ इच्छाओं और खुशहाली के विचारों का रोपण करना शुरू करें। धैर्य से बैठकर पूर्ण रुचि के साथ इन गुणों पर चिंतन करें और उन्हें पूर्णरूप से अपने चेतन मन में, अर्थात् अपने सोचने-समझने के मन में स्वीकार करें, उन्हें अंगीकार करें। अपने मन के बगीचे में इन विलक्षण बीजों की बुवाई करें और उनकी शानदार फसल का लाभ कमाएँ। आपके अवचेतन मन की मिट्टी खूब उपजाऊ है, जिसमें सभी प्रकार के बीज उग जाते हैं-अच्छे भी और बुरे भी। लेकिन जरा सोचिए क्या काँटों को रोपने से कहीं अंगूर मिलेंगे या गोखरू के पेड़ में अंजीर लगेंगे? इसलिए प्रत्येक विचार महत्त्वपूर्ण है; क्योंकि वही कारण है, जिसके प्रभाव से फल मिलता है। इसलिए यह जरूरी है कि आप अपने विचारों पर नियंत्रण रखें, जिससे आपको वही परिणाम प्राप्त हों जैसा आप चाहते हैं।

जब आपका मन सही रास्ते पर चलने लगेगा, जब आप सच को समझना शुरू कर देंगे, जब आपके अवचेतन मन में रचनात्मक, मधुर और शांतिपूर्ण विचार जमा होने लगेंगे, तब आपके अवचेतन मन की जादुई शक्ति में प्रतिक्रिया होगी और आपके जीवन में मधुर परिस्थितियाँ पैदा होंगी, आपके आसपास का वातावरण सहज बन जाएगा। प्रत्येक कार्य में सफलता मिलती जाएगी। जब आप अपने सोचने-विचारने पर नियंत्रण शुरू कर देंगे तो आपका अवचेतन मन इस शक्ति का उपयोग अपनी समस्या या परेशानी में भी कर पाएगा। दूसरे शब्दों में, आप वस्तुतः उस अनंत शक्ति और सर्वशक्तिमान नियम के सजग अनुयायी बन जाएँगे, जो समस्त संसार को चलायमान रखता हैं।

आप जहाँ रहते हैं, वहाँ चारों ओर देखेंगे तो पाएंगे कि अधिकांश लोग शून्य जगत में रहते हैं। विवेकपूर्ण एवं ज्ञानी जन अभिलाषापूर्ण, अर्थपूर्ण जीवन को चुनते हैं। याद रखें अर्थपूर्ण जीवन अर्थात् आपके विचार, आपकी भावनाएँ और कल्पानाएँ, ही आपके शून्य जगत् का निर्माण करती हैं। इसलिए, यही रचनात्मक शक्ति और वह सबकुछ, जो आप अपने जीवन में देखते हैं, उसे जाने-अनजाने में आपके भीतर के मन ने बनाया है।

आपके चेतन और अवचेतन मन के आदान-प्रदान का ज्ञान आपके संपूर्ण जीवन को बदल सकता है। अपने आसपास की दशा बदलने के लिए आपको उसके कारण को बदलना होगा। अधिकांश लोग दशा और परिस्थिति बदलने के लिए उसी को बदलना शुरू कर देते हैं। विवाद, उलझन, अभाव, बंधनों को दूर करने के लिए आपको उनके कारण को अर्थात् उस तरीके को बदलना होगा,

जिसके जरिए आप चेतन मन का प्रयोग कर रहे हो। दूसरे शब्दों में, जिस दिशा में आप सोच रहे हैं और मन का प्रयोग कर रहे हैं, उसे बदलना होगा।

आप असीमित दौलत के अथाह सागर में रह रहे हैं। आपका अवचेतन मन आपके विचारों के प्रति बहुत नाजुक है, तुरंत सक्रिय हो जाता है। आपके विचार ही वह शक्ति-पुंज हैं जिसके माध्यम से आपके अवचेतन की अपरिमित बुद्धि, ज्ञान, महत्त्वपूर्ण शक्तियाँ और ऊर्जाएँ निर्गत होती हैं। आपके मन के नियमों का व्यावहारिक प्रयोग, जैसाकि इस पुस्तक के प्रत्येक अध्याय में दिया गया है, आपके जीवन में अभावों को दूर करके संपन्नता लाएगा, अंधकार की जगह प्रकाश लाएगा। भय को दूर करके विश्वास लाएगा, विवाद की जगह सौहार्द लाएगा, विफलता के स्थान पर सफलता लाएगा और साधारण जीवन से उन्मुक्त होकर खुशहाल जीवन प्रदान करेगा। निश्चित रूप से मानसिक, भावनात्मक और भौतिक सुख-सुविधा के संदर्भ में इससे बड़ी उपलब्धि और क्या हो सकती है? अधिकांश वैज्ञानिक, कलाकार, कवि व साहित्यकार, गायक, लेखक एवं आविष्कारकों में चेतन और अवचेतन मन के बारे में बहुत ही गहन समझदारी पाई जाती है।

एक समय था जब प्रसिद्ध गायक कैरुसो को मंच पर जाने से डर लगता था। पहली बार जब वह मंच पर गए तो उनका गला डर से अवरुद्ध हो गया। उनका चेहरा पसीने से तर-बतर हो गया और उसी स्थिति में उन्हें मंच से उतर जाना पड़ा। वह शर्म और घबराहट में मंच के पीछे चले गए। वह सोचने लगे, लोग हँस रहे होंगे। मैं गाने गया था पर गा नहीं सका। तब उसने स्टेज के पीछे खड़े लोगों के बीच चिल्लाकर कहा, "डर मेरे मैं का गला घोंटना चाहता है।" फिर दोबारा उसने चिल्लाकर कहा, "भागो डर! आपको भागना होगा। भागना होगा, भागो यहाँ से।" यहाँ 'मैं' का अर्थ अवचेतन मन की अपार शक्ति और विवेक से है, जिसने चिल्लाकर कहा था, भागो यहाँ से मुझे अब गाना शुरू करना है। उनके अवचेतन मन से शक्ति का निर्गम हुआ। जब उन्हें दोबारा स्टेज पर बुलाया गया तो वह विश्वास के साथ स्टेज पर गए एवं बड़े शानदार तरीके से ओजपूर्ण एवं मधुर आवाज में गाना गाकर वहाँ मौजूद लोगों का दिल जीत लिया।

अब आप समझ गए होंगे कैरुसो ने मन के दो रास्तों को समझ लिया होगा। चेतन या अवचेतन मन में आपके विचारों की प्रवृत्ति के अनुकूल प्रतिक्रिया होती है। जब आपका चेतन मन डर, चिंता और हड़बड़ाहट में होता है तो अवचेतन मन में बैठी नकारात्मक भावनाएँ निर्गत होने लगती हैं और आपका चेतन मन

घबराहट, आतंक, भय और निराशा से भर जाता है। जब कभी आपके साथ ऐसा हो तो कैरुसो की तरह नकारात्मक विचारों के समक्ष पूरे साहस और विश्वास के साथ अपने मन में कहो, "शांत रहो, धीरज रखो। में नियंत्रण में हूँ। आपको मेरा आदेश मानना होगा। मेरा आप पर अधिकार है। आप यहाँ नहीं आ सकते, यहाँ अपाकी जरूरत नहीं है।"

यह बड़ा अजूबा और रोचक होगा जब आप खुद अपने को कहते हुए देखेंगे कि किस विश्वास और संयम से आप नकारात्मक विचारों को भगाकर मन को फिर से शांत, मधुर और सौहार्दपूर्ण बनाते हैं।

प्रमुख भेद और संचालन की प्रक्रिया

नीचे दिए गए उदाहरण से आप इसके प्रमुख भेदों को समझ जाएंगे। चेतन मन जहाज के कप्तान या उसके नेवीगेटर की तरह होता है।

वह जहाज को चलाता है और नीचे इंजन रूम में बैठे कार्मिकों को आदेश देता है, जो सभी बॉयलरों, मशीनों, यंत्रों को उसके आदेशों के अनुकूल चलाते हैं। मशीन रूम में काम कर रहे कार्मिकों को यह पता नहीं होता कि वे कहाँ तथा किस ओर जा रहे हैं। वे केवल आदेशों का पालन करते हैं। कप्तान अपने कंपास और अन्य यंत्र के आधार पर यदि गलत या अधूरा आदेश देता है तो वे पहाड़ से टकरा सकते हैं क्योंकि उनका काम आदेश पर काम करना है। कार्मिक जन कप्तान से सवाल नहीं कर सकते। वे केवल आदेश का पालन करते हैं।

कप्तान जहाज का बादशाह है। उसके आदेशों का पालन होता है। ठीक इसी तरह आपका चेतन मन कप्तान है, आपके जहाज का नेवीगेटर है, जिसका रूप आपका शरीर है, आपके आसपास का वातावरण है और आपके अपने मामले हैं। आपका अवचेतन मन आपका आदेश लेता है, जिन पर आपका चेतन मन विश्वास करता है और सही मानकर स्वीकार कर लेता है।

जब आप यह बार-बार कहते हैं, 'मैं यह नहीं कर सकता। मेरे बस में नहीं है तब आपका अवचेतन मन आपके शब्दों को स्वीकार कर लेता है और ऐसी स्थिति पैदा कर देगा कि आप अपनी चाहत की वस्तु या आप जो चाहते हैं, वह काम नहीं कर पाएंगे। जब आप यह कहते रहोगें, मैं यह कार नहीं खरीद सकता, यूरोप की यात्रा नहीं कर सकता, यह घर नहीं खरीद सकता। यह सूट, यह पतलून नहीं खरीद सकता।' तब तक यह जान लो कि आपका अवचेतन मन आपके नकारात्मक आदेशों का पालन करता रहेगा और जीवन भर आप अभावों में जीते रहेंगे।

पिछले वर्ष क्रिसमस से पूर्व यूनिवर्सिटी की एक सुंदर छात्रा ने एक स्टोर विंडो में एक कीमती सफारी बैग देखा था। वह अपने घर न्यूयॉर्क जाने वाली थी। वह कहने वाली ही थी कि मैं यह बैग नहीं खरीद सकती, तभी उसे मेरा लेक्चर याद आया जिसमें उसने सुना था. कभी नकारात्मक वाक्य अधूरा मत छोड़ो, फौरन उसे उलट दो और देखोगे कि आपके जीवन में क्या जादू होता है?

उसने कहा, "यह बैग मेरा है। यह बिक रहा है। मैं मन में इसे स्वीकार करती हूँ और मेरा अवचेतन देखेगा कि यह मुझे मिलता है।"

उसी शाम क्रिसमस से पूर्व की संध्या में उसे उसके मंगेतर ने ठीक वैसा ही बैग उपहार के रूप में दिया जिसे उसने सुबह 10 बजे अपने मन की आँखों से देखा था। उसने अपने मन को आशापूर्ण भावनाओं से भर दिया और उसे भीतर के मन को सौंप दिया जो काम को पूरा करने में सिद्धहस्त है।

उस युवती ने जो साउथ कैलिफोर्निया यूनिवर्सिटी की छात्रा है, मुझे बताया, "मेरे पास उस बैग को खरीदने के लिए पैसे नहीं थे; लेकिन अब मुझे पता चल गया कि पैसा और वह सब कहाँ है, जिसकी मुझे जरूरत है और वह अनंत भंडार में है, जो मेरे पास है।"

दूसरा उदाहरण यह है, जब आप कहते हैं कि मुझे मशरूम पसंद नहीं है और वह अवसर आता है जब आपको सलाद या सॉसेज में परोसा जाता है और आपका पेट गड़बड़ हो जाएगा, क्योंकि आपका अवचेतन मन आपसे कहता है, गुरु (आपका चेतन मन) को मशरूम पसंद नहीं है। यह आपके चेतन मन और अवचेतन मन के काम करने के तरीकों में अंतर का एक दिलचस्प उदाहरण है।

एक महिला कहती है, "मैं रात में कॉफी पी लेती हूँ तो मेरी नींद रात में 3 बजे खुल जाती है। जब कभी वह कॉफी पीती है, उसका अवचेतन मन धीरे से टोक देता है, गुरु चाहता है कि आप रात भर जागती रहो।"

आपका अवचेतन मन दिन व रात चौबीसों घंटों काम करता है। और आपके लिए आपके फायदे के कामों में लगा रहता है। आपकी रोजमर्रा की आदतों के परिणाम आपकी गोद में डालता रहता है।

कैसे उसके अवचेतन मन ने जवाब दिया

कुछ महीने पहले मुझे एक महिला ने लिखा- "मैं पचहत्तर साल की एक विधवा हूँ। मेरे परिवार के लोग सब अपनी-अपनी जिंदगी में व्यस्त हैं। मैं अकेली पेंशन पर अपना जीवन निर्वाह करती हूँ। मैंने अवचेतन मन पर आपका व्याख्यान सुना था, जिसमें आपने कहा था कि विचारों को अवचेतन मन में बार-बार दोहराकर विश्वास और आशा के साथ कहा जाए तो वे सफल हो जाते हैं।

मैंने अक्सर आशापूर्ण भावना से दोहराना शुरू किया 'कोई मुझे चाहता है। मैं एक दयालु प्यार करने वाले आध्यात्मिक व्यक्ति से शादी करके सुखी और सुरक्षित जीवन व्यतीत कर रही हूँ। मैं इसे दो सप्ताह तक दिन में कई बार दोहराती रही। एक दिन पास की दवा की दुकान पर मेरी भेंट एक रिटायर्ड फार्मासिस्ट से हुई। मैंने महसूस किया कि वह एक समझदार, धार्मिक और दयालु प्रवृत्ति का व्यक्ति है। वह मेरी प्रार्थना का पूर्ण रूप से उत्तर था। एक सप्ताह के अंदर ही उसने मेरे सामने विवाह का प्रस्ताव रख दिया और अब मैं उसके साथ हनीमून पर यूरोप की यात्रा कर रही हूँ। अब मैं जान चुकी हूँ कि मेरे अवचेतन मन के विवेक ने हम दोनों को एक दैवी शक्ति के जरिए मिला दिया है।"

उस महिला को पहली बार यह पता चला कि खजाना उसी के पास है। उसकी प्रार्थना उसके हृदय से निकली थी और उसका निर्णय अवचेतन मन के रसाकर्षण में डूब गया, जो रचनात्मक माध्यम है। जैसे ही वह अपनी चाहत को मूर्तिमान करने में सफल हुई, उसके अवचेतन मन ने आकर्षण के सिद्धांत पर उत्तर खोज निकाला।

निर्णय करो कि आप जिन बातों को सोचते हो, वे सच्ची हैं, निष्कपट हैं, न्यायपूर्ण हैं, पवित्र हैं, सुंदर हैं, अच्छी मानी जाती हैं।

यदि कोई सद्गुण है और प्रशंसनीय है
तो उन्हीं बातों को सोचें। (PHIL : 4:8)

स्मरण योग्य बातें

1. खजाना आपके भीतर है। अपनी हार्दिक इच्छाओं की पूर्ति के लिए अपने भीतर झाँककर देखें।

2. सभी युगों में महापुरुषों का विलक्षण रहस्य यही था कि वे अवचेतन मन की शक्तियों से संपर्क करके उसका उपयोग करने में दक्ष थे। आप भी चाहकर ऐसा कर सकते हैं।

3. आपके अवचेतन के पास आपकी सभी समस्याओं का समाधान है। यदि आप अपने अवचेतन से सोने से पहले कहते हैं, 'मुझे 6 बजे उठना है; वह आपको समय पर उठा देगा।

4. आपका अवचेतन मन आपके शरीर का निर्माता है। रोज रात को स्वस्थ और प्रसन्न विचारों के साथ सोने जाएँ। आपका अवचेतन मन आपके वफादार नौकर की तरह आपके आदेश का पालन करेगा।

5. प्रत्येक विचार एक कारण है और प्रत्येक दशा उसका परिणाम है।

6. यदि आप पुस्तक लिखना चाहते हैं, नाटक या कहानी लिखना चाहते हैं, अपने दर्शकों के सामने प्रभावपूर्ण भाषण देना चाहते हैं तो अवचेतन मन को बड़े प्रेम व माधुर्य से बताओ और वह आपके लिए अनुकूल काम करेगा।

7. आप जहाज चलाने वाले कप्तान जैसे हो। उसे आपको सही आदेश देने चाहिए और इसी प्रकार आपको भी अपने अवचेतन मन को, जो आपके सभी अनुभवों को नियंत्रित करके चला है, सही आदेश (विचार और चित्र) देने चाहिए।

8. 'मेरे बस में नहीं या मैं नहीं कर सकता जैसे नकारात्मक शब्दों का प्रयोग कभी न करें। आपका अवचेतन मन आपके शब्दों को ज्यों-का त्यों ले लेगा और देखेगा कि आपके पास कभी पैसा न रहने पाए या आप में कुछ करने की क्षमता न रहने पाए। प्रतिज्ञा करें, 'मैं अपने अवचेतन की शक्तियों के माध्यम से सभी काम कर सकता हूँ।'

9. जीवन का नियम ही आस्था का नियम है। आपके मन का विचार ही आस्था है। नुकसानदेह और दुःखदायी बातों में विश्वास न करें। आपको संपन्न और मजबूत बनाने, आपको प्रेरणा देने, आपका उपचार करने वाली अवचेतन मन की शक्तियों पर विश्वास जमाओ। अपनी आस्था के अनुकूल आप बनेंगे।

10. अपने विचारों को बदलेंगे तो आपकी किस्मत बदलेगी।

अध्याय-2

दिमाग काम कैसे करता है

आपका एक मन है और आपको यह सीखना चाहिए कि उसका इस्तेमाल कैसे किया जाए? आपके मन के दो स्तर हैं-चेतन या विवेक-युक्त स्तर और अवचेतन या विवेक-रहित स्तर। आप चेतन मन से सोचते हैं और जो अपनी आदत के अनुकूल सोचते हैं, वह आपके भीतर के अवचेतन में डूब जाता है, जो आपके विचारों की प्रवृत्ति के अनुरूप रचना करता है। आपका अवचेतन मन अपनी भावनाओं का धरातल है और यही रचनात्मक मन है। यदि आप अच्छा सोचते हैं तो शुभ इच्छा आएगी. यदि आप बुरा सोचते हैं तो बुराई आएगी। इसी प्रकार आपका मन काम करता है।

याद रखने की महत्त्वपूर्ण बात यह है कि एक बार अवचेतन एक विचार को स्वीकार कर लेता है तो उस पर काम करना शुरू कर देता है। यह दिलचस्प और गूढ़ सत्य है कि अवचेतन मन का नियम अच्छे और बुरे दोनों विचारों पर समान रूप से काम करता है। यह नियम नकारात्मक ढंग से प्रयोग किया जाता है तो उसका परिणाम असफलता, निराशा और दुःख होता है और जब आपके विचार प्रेमपूर्ण

एवं सौहार्दपूर्ण तथा रचनात्मक होते हैं तो आपको स्वस्थ व सफल जीवन और खुशहाली मिलती है।

जब आप सही दिशा में सोचना और एहसास करना शुरू कर देंगे तो मन की शांति और स्वस्थ जीवन मिलेगा। जो कुछ आप मन और वचन से सच मानेंगे, आपका अवचेतन मन उसे स्वीकार करके उसे आपके अनुभव में ला देगा। आप उसका अनुभव करेंगे। आपके लिए केवल यह जरूरी है कि आपका अवचेतन मन आपके विचारों को स्वीकार कर ले। आपके अपने अवचेतन मन का नियम ही आपके लिए अच्छा स्वास्थ्य, शांति अथवा जो पद आप प्राप्त करना चाहते हैं, वह आपके सामने प्रस्तुत कर देगा। आप आदेश या निर्णय देते हैं और आपका अवचेतन मन वह विचार जो उसे दिया गया है। आपके सामने पूरी निष्ठा से प्रस्तुत कर देगा। आपके मन का नियम यह है आपको अपने अवचेतन मन से उन विचारों या चिंतन का प्रतिरूप या प्रतिफल मिलेगा जो आप अपने चेतन मन में रखते हैं। मनोवैज्ञानिकों और मनोचिकित्सकों ने साबित किया है कि जब विचार आपके अवचेतन मन को प्रेषित किए जाते हैं, उनकी छाप मस्तिष्क के पटल पर आ जाती है। जैसे ही आपका अवचेतन मन किसी विचार को स्वीकार करता है, वह तुरंत उसे मूर्तिमान करना शुरू कर देता है। वह विचारों से मिलकर काम करता है और आपके उस ज्ञान का पूरा प्रयोग करता है जो आपने जीवन भर एकत्र किया है वह इसके लिए आपके भीतर मौजूद अनंत शक्ति, ऊर्जा और विवेक का प्रयोग करता है। वह अपना काम कराने के लिए प्रकृति के सभी सिद्धांतों को प्रयोग में लेता है। कभी-कभी वह अपनी समस्याओं का समाधान तुरंत कर देता है किंतु कभी ऐसा भी होता है कि उसे काम पूरा करने में कुछ दिन कुछ सप्ताह या और भी देर हो सकती है; किंतु वह काम करके ही रहता है।

चेतन मन और अवचेतन मन में भेद क्या है?

आपको यह याद रखना चाहिए कि ये दोनों अलग-अलग मन नहीं हैं। ये केवल दो क्षेत्र हैं जिनका कार्यकलाप अलग है लेकिन मन एक ही है। आपका चेतन मन विवेकशील है अर्थात् हर चीज का कारण जानना चाहता है। यही क्षेत्र है जो अपनी चाहत का चुनाव करता है। उदाहरण के लिए आप पुस्तक चुनते हैं, अपना घर चुनते हैं और अपना जीवन साथी चुनते हैं। आप सारे तर्क-वितर्क चेतन मन से करते हैं। दूसरी ओर आपके किसी प्रयास के बगैर आपका हृदय स्वतः धडकता रहता है और पाचन-क्रिया, रक्त प्रवाह और साँस बराबर चलती रहती है। यह सब

आपका अवचेतन मन एक स्वतंत्र प्रक्रिया के माध्यम से चलाए रखता है। जिस पर आपके चेतन मन का कोई नियंत्रण नहीं होता।

आपका अवचेतन मन वह सब स्वीकर कर लेता है जिसकी छाप उस पर पड़ती है या वह जिस पर आप विश्वास करते हैं। वह चेतन मन की तरह कारण या प्रश्न नहीं पूछता, न ही आपसे कोई तर्क करता है। वह मिट्टी की तरह है जो सभी प्रकार के बीज स्वीकार कर लेता है; अच्छा हो या बुरा, उसे कोई फर्क नहीं पड़ता। आपके विचार हमेशा सक्रिय रहते हैं। हो सकता है उन बीजों में आपकी पसंद जुड़ी हो। नकारात्मक व विध्वंसात्मक विचार आपके अवचेतन मन में लगातार नकारात्मक रूप में काम करते रहते हैं और एक समय के बाद आपके अनुभवों में दिखाई देने लगेंगे। आप बुरे कामों में फँस जाते हैं।

याद रखें, आपका अवचेतन मन यह नहीं बताता कि आपके विचार अच्छे हैं या बुरे, सच्चे हैं या झूठे। उसका यह काम नहीं है। वह तो जो आप लाते हो अर्थात् जो विचार या सुझाव आप स्वीकार करते हैं या चुनते हैं, उसे स्वीकार कर अपना काम शुरू कर देता है। उदाहरण के लिए यदि आप अपने होशो हवास में कुछ अच्छा या सही सोचते हो, लेकिन वह झूठा है तो भी आपका अवचेतन मन उसे सही मानकर स्वीकार कर लेगा और उसी के अनुसार काम करेगा क्योंकि आपके चेतन मन ने उसे सही माना है।

मनोवैज्ञानिकों के परीक्षण

मनोवैज्ञानिकों और अन्य लोगों की ओर से अनेक परीक्षणों में यह पाया गया है कि आदमी हिप्नोटिक स्टेज या सुषुप्तावस्था में चुनाव और तुलना, जो कि एक आवश्यक तार्किक प्रक्रिया है, नहीं कर पाता। उसमें वह क्षमता नहीं होती। परीक्षणों में यह बार-बार स्पष्ट हुआ है कि आपका अवचेतन मन कोई भी सुझाव स्वीकार करेगा चाहे वह झूठा ही क्यों न हो। एक बार स्वीकार करने के बाद वह सुझाव के अनुकूल ही काम करेगा।

आपका अवचेतन मन आपका सुझाव कितनी आसानी से स्वीकार कर लेता है, इसका एक दिलचस्प उदाहरण मनोविज्ञान में हिप्नोटिक स्लीप या सुषुप्तावस्था है, जिसमें एक मनोवैज्ञानिक अपने एक रोगी को सुझाव देता है कि वह नेपोलियन बोनापार्ट है या वह बिल्ली या कुत्ता है। वह व्यक्ति उन्हीं के अनुकूल व्यवहार करने लगेगा। उसका व्यक्तित्व कुछ समय के लिए बदल जाएगा। वह उसी पर विश्वास करेगा जो उसका डॉक्टर कह रहा है।

एक दक्ष मनोचिकित्सक अपने एक छात्र को हिप्नोटिक स्लीप (अर्ध मूर्च्छावस्था) में ले जाकर उससे कहे कि उसकी कमर में दर्द हो रहा है, दूसरे छात्र से कहे कि उसकी नाक से खून बह रहा है, तीसरे से कहे कि वह संगमरमर की मूर्ति है-चौथे से कहे कि आप सर्दी से काँप रहे हो, टेंपरेचर जीरो से नीचे है। आप देखेंगे कि प्रत्येक छात्र उसी सुझाव पर काम करके वैसा ही व्यवहार कर रहा है जो उसे दिया गया है। उन सभी छात्रों का वर्तमान के वातावरण से कोई सरोकार नहीं होता क्योंकि वह सुझाव में नहीं है।

इस साधारण सुझाव से यह स्पष्ट होगा कि आपका अवचेतन मन वह सब स्वीकार कर लेता है, जिसे आपका चेतन मन देता है। इसलिए यह महत्त्वपूर्ण है कि चुनाव करते समय ऐसे विचार, चिंतन, भावनाएँ, तर्क और आधार चुने जाएँ जो कल्याणकारी हों उपचार कर सकें, प्रेरणा दे सकें और आपके हृदय को आनंदित करें।

उद्देश्यसूचक और विषयसूचक मन के नियमों की व्याख्या

आपका अवचेतन मन कभी-कभी उद्देश्यसूचक के नाम से भी जाना जाता है क्योंकि यह बाहरी दुनिया का काम-काज देखता है। उद्देश्यसूचक मन का माध्यम आपकी पाँचों इंद्रियाँ हैं। दैनिक जीवन की बातों, अपनी आसपास की समस्याओं के संबंध में उद्देश्यसूचक आपका मार्गदर्शक और निर्देशक होता है। आपका ज्ञान पाँचों इंद्रियों के जरिए होता है आपका मन देखकर, अनुभव करके और जानकारी लेकर ज्ञान प्राप्त करता है। जैसाकि पहले बताया जा चुका है, उद्देश्यसूचक मन का महत्त्वपूर्ण काम तर्क करके समझना है। मान लीजिए कि लॉस एंजेलिस आने वाले हजारों यात्रियों में एक आप भी हैं। आप उस शहर को देखकर यह कह सकते हैं, आपने वहाँ सुंदर पार्कों, बगीचों और बड़े-बड़े भवनों तथा खूबसूरत घरों को देखा और देखने के बाद आपका निर्णय है कि वह एक भव्य और सुंदर शहर है यह काम आपने उद्देश्यसूचक मन के माध्यम से किया है।

कभी-कभी आपके अवचेतन मन को विषय-सूचक कहा जाता है। आपका विषयसूचक मन आपके आस-पास के वातावरण को पाँच इंद्रियों को छोड़कर एक दूसरे माध्यम से देखता है, जिसे अंतर्ज्ञान अर्थात् आध्यात्मिक ज्ञान या छठी इंद्रिय भी कहते हैं।

यह अपनी भावनाओं, संवेदनाओं के अतिरिक्त अपनी स्मृतियों का स्टोर हाउस है। आपका विषयमूलक मन उस समय सबसे ज्यादा कार्य करता है जब आपका उद्देश्यसूचक मन नहीं रहता। दूसरे शब्दों में यह वह बुद्धि है जिसका चमत्कार तब होता है, जब आपका उद्देश्यसूचक मन निलंबित या सोया हुआ रहता है, सुषुप्तावस्था में होता है।

विषयसूचक मन को देखने के लिए आँखों की या किसी और प्राकृतिक इंद्रिय की जरूरत नहीं होती। उसके पास जो सामने नहीं है, उसे सुनने की क्षमता होती है अर्थात वह जो चाहता है, देख सकता है जो सुनना चाहता है, उसे सुन सकता है। वह आपके शरीर को त्यागकर दूसरे स्थानों, दूसरे देशों की यात्रा कर सकता है और वहाँ से जानकारी ला सकता है, जो हूबहू सत्य होती है। मनोवैज्ञानिक इसे ऐशट्रे ट्रैवलिंग कहते हैं। विषयसूचक मन के जरिए आप दूसरे की भावनाओं व विचारों को पढ़ सकते हैं, आप बंद लिफाफे के पत्र का विषय पढ़ सकते हैं। तिजोरी में बंद कागजों के विषय जान सकते हैं। आपका विषयसूचक मन किसी संचार साधन के बिना दूसरे व्यक्ति के मन की बात जान सकता है। इसलिए यह बहुत जरूरी है कि हम अपनी प्रार्थना का सही प्रयोग करने के लिए उद्देश्यसूचक और विषयसूचक मन के बीच संबंध या आदान-प्रदान को भली प्रकार समझ लें।

अवचेतन मन आपके चेतन मन की तरह तर्क नहीं कर सकता

आपका अवचेतन मन तर्क-वितर्क नहीं कर सकता। इसलिए यदि आप उसे गलत सुझाव देंगे, वह उसे सच मानकर अपना काम शुरू करके उन्हें दशा, अनुभव या घटनाओं के रूप में पेश कर देगा। आपके साथ जो बातें हुई हैं, वे आपके विचारों की छाप के आधार पर हुई हैं जो अपनी आस्था के अनुकूल आपने अवचेतन मन को दिए हैं। यदि आपने अपने अवचेतन को अशुद्ध या गलत विचार प्रेषित किए हैं और उन्हें आप हटाना चाहते हो तो उनके स्थान पर रचनात्मक और सौहार्दपूर्ण विचारों को बार-बार दोहराएँ जिससे आपका अवचेतन उसे स्वीकार करता है। इस प्रकार विचारों और जिंदगी की एक नई और स्वस्थ आदत डालें क्योंकि आपका अवचेतन मन आदतों का कार्यस्थल है।

आपके चेतन मन के रोजमर्रा के विचार आपके अवचेतन मन में गहराई से उतरकर एक आधार बना लेते हैं। यदि आपके दैनिक जीवन के विचार सौहार्दपूर्ण, शांतिमय और रचनात्मक हैं तो आपके लिए यह बहुत ही उपयोगी है।

यदि आप भय, परेशानी और विचारों के अन्य प्रकार के विध्वंसात्मक स्वरूप में मशगूल रहे हैं तो इसका उपाय यह है कि अवचेतन मन की दैवी शक्तियों को याद करें और स्वतंत्रता, सुख तथा संपूर्ण स्वास्थ्य का आदेश दें। आपका अवचेतन मन चूँकि रचनात्मक है तथा दैवी शक्ति से परिपूर्ण है, वह स्वतंत्रता और खुशी की संरचना करना शुरू कर देगा जिसका आपने आदेश दिया था।

सुझाव में प्रबल शक्ति है

आप अब तक जान चुके होंगे कि आपका चेतन मन आपके दरवाजे पर खड़ा चौकीदार है और उसका पहला काम आपके अवचेतन मन की झूठे प्रभावों से रक्षा करता है। आप अब मन के बुनियादी नियमों में एक नियम को जान चुके हैं।

आपका अवचेतन मन सुझाव को तुरंत ग्रहण कर लेता है और आप जानते हैं कि आपका अवचेतन मन तुलना नहीं कर सकता, विपरीत नहीं सोच सकता। न तो वह तर्क कर सकता है, न ही खुद अपने से सोच पाता है। अंतिम क्रिया आपका चेतन मन करता है। अवचेतन मन केवल चेतन मन की ओर से प्रेषित प्रभाव की प्रतिक्रिया-स्वरूप काम करता है। वह अपने काम में कोई परिवर्तन नहीं करता।

सुझाव की शक्ति कितनी प्रबल होती है, इसका एक अच्छा उदाहरण नीचे दिया जा रहा है। मान लें कि आप पानी के जहाज में यात्रा कर रहे हैं। आपको डॉक पर एक डरपोक जैसा दिखने वाला यात्री दिखाई देता है। आप उससे कहते हैं, "लगता है, आप बीमार हो! आपका चेहरा पीला जर्द हो गया है! मुझे डर है, कहीं आपको सी सिकनेस न हो जाए। चलिए, मैं आपको आपके केबिन तक पहुँचा देता हूँ।" यात्री सचमुच में पीला पड़ने लगता है। आपका सी सिकनेस का सुझाव उसके डर में मिल जाता है। वह आपका सहारा लेकर अपने केबिन में लेट जाता है और वहाँ आपका नकारात्मक सुझाव अपना कमाल दिखाना शुरू कर देता है क्योंकि उस यात्री ने आपके सुझाव को स्वीकार कर लिया और वस्तुतः वह कारगर होने लगता है।

एक ही सुझाव के विभिन्न परिणाम

यह सच है कि एक सुझाव की प्रतिक्रियाएँ विभिन्न लोगों में अपने अवचेतन मन की आस्थाओं के अनुकूल विभिन्न होती हैं। उदाहरण के लिए, यदि आप दया से अभिभूत होकर जहाज के नाविक से कहते हैं, "प्रिय दोस्त, आप बीमार लग रहे

हो। क्या आपको ऐसा नहीं लग रहा? मुझे तो लग रहा है कि आपको सी सिकनेस होने जा रही है।"

अपने सुझाव के अनुकूल वह आपके जोक पर या तो हँस देता है या आपको देखकर चिढ़ जाता है। आपके सुझाव का उस पर कोई प्रभाव नहीं पड़ा क्योंकि सी सिकनेस के बारे में वह अच्छी तरह से जानता था कि वह उसे हो ही नहीं सकती। इसलिए उसके मन में भय या चिंता के स्थान पर आत्मविश्वास दिखाई दिया।

डिक्शनरी में सुझाव की व्याख्या क्रिया या मन में या मानसिक प्रक्रिया में कुछ रख देना है, जिसके जरिए सुझाए गए विचार को स्वीकार कर उस पर कार्रवाई शुरू हो जाती है। आपको याद रखना है कि कोई भी सुझाव अवचेतन मन में चेतन मन की स्वीकृति के बिना नहीं रह सकता। दूसरे शब्दों में, चेतन मन वह शक्ति है जो किसी भी सुझाव को रद्द कर सकती है। नाविक के उदाहरण में उसे सी सिकनेस का भय नहीं था। उसे विश्वास था कि वह बीमारी उसे हो ही नहीं सकती और नकारात्मक सुझाव में वह शक्ति नहीं थी जो उसके विश्वास को भंग करके उसमें भय पैदा कर सके।

सी सिकनेस का सुझाव इससे पहले वाले यात्री पर कारगर हो गया क्योंकि उसमें सी सिकनेस का भय समाए बैठा था। हममें से प्रत्येक के अपने अंतर्मन में भय होते हैं, आस्थाएँ एवं विचार होते हैं और अंतर्मन की ये धारणाएँ हमारे जीवन में अपनी भूमिका निभाती हैं। एक सुझाव की अपनी कोई शक्ति नहीं होती जब तक कि उसे मानसिक रूप से स्वीकार नहीं कर लिया जाता। इसी कारणवश आपकी अवचेतन शक्तियाँ सुझाव की प्रवृत्ति के अनुसार सीमित तथा नियंत्रित रहती हैं।

उसने कैसे अपना हाथ खो दिया

प्रत्येक दो या तीन साल में लंदन यूथ फोरम कैक्सटन हॉल में मेरे व्याख्यानों की श्रृंखला आयोजित करता है। इस फोरम की स्थापना मैंने कई वर्ष पहले की थी। फोरम के डायरेक्टर डॉ. एवलिन फ्लीट ने मुझे सुझाव की शक्ति पर अंग्रेजी अखबार में छपे एक लेख के बारे में बताया। लेखक के अनुसार सुझाव यह था, जो उस व्यक्ति ने अपने अवचेतन मन को दो वर्षों तक दिया-'अगर मेरी बेटी ठीक हो जाए तो मैं अपना दायाँ हाथ दे दूँगा।' उसकी बेटी भयंकर गठिया रोग से पीड़ित थी। साथ में उसे चर्म रोग भी था, जो लाइलाज हो गया था। डॉक्टरों ने जवाब दे

दिया था किंतु उसके पिता को अपनी बेटी के ठीक हो जाने की तीव्र कामना थी और यही कामना उसने उन शब्दों में व्यक्त की, जो उसने अपनी बेटी के लिए कहे थे।

डॉ. एवलिन फ्लीट ने छपे हुए लेख का हवाला देते हुए बताया कि एक दिन वह परिवार कार से सफर कर रहा था जब उसकी टक्कर एक दूसरी कार से हो गई जिसमें उसके पिता का दायाँ हाथ कंधे से कट गया और तुरंत उसकी बेटी का गठिया एवं चर्म रोग दूर हो गया।

आपको यह निर्णय लेना होगा कि आप अपने अवचेतन मन को केवल ऐसे सुझाव देंगे जो आपका उपचार करके स्वस्थ करें, आपका भला करें, आपको ऊपर उठाएँ, आपको प्रेरणा दें। याद रखें, आपका अवचेतन मन मजाक पसंद नहीं करता। वह आपके प्रत्येक शब्द पर विश्वास करता है।

स्व-प्रेरणा भय से मुक्त करती है

स्व-प्रेरणा के उदाहरण : स्व-प्रेरणा का अर्थ है-अपने मन को कोई निश्चित तथा शिष्ट बात का सुझाव देना । हर्बर्ट पार्किन ने अपनी प्रसिद्ध पुस्तक 'ऑटोसजेशन' में एक दिलचस्प उदाहरण दिया है-'न्यूयॉर्क का एक यात्री शिकागो आकर अपनी घड़ी देखकर, जो शिकागो के समय से एक घंटा पहले के समय से चल रही थी, अपने शिकागो के मित्र से कहता है कि 12 बज गए। शिकागो का मित्र यह सोचे बिना कि शिकागो और न्यूयॉर्क के समय में एक घंटे का अंतर है, अपने न्यूयॉर्क के मित्र से कहता है कि उसे भूख लग रही है और वह खाने जा रहा है।'

स्व-प्रेरणा का प्रयोग तमाम तरह के डर और अन्य नकारात्मक दशाओं को हटाने के लिए करना चाहिए। एक युवा गायिका को गाने के ऑडिशन के लिए बुलाया गया। वह बड़ी आस लिये इंटरव्यू का इंतजार कर रही थी किंतु तीन बार वह ऑडिशन में फेल हो गई। उसका गला बहुत मधुर था। लेकिन वह हर बार अपने से कहती रही, "जब मेरे गाने का नंबर आए तो हो सकता है, वे मुझे पसंद न करें। मैं कोशिश करूँगी लेकिन मुझे बहुत डर लग रहा है। मैं बहुत व्याकुल हूँ।" उसके अवचेतन मन ने उसकी नकारात्मक स्व-प्रेरणा को स्वीकार करके उसके सामने उनको अनुभव के रूप में पेश कर दिया।

इसका कारण था-अनिच्छित प्रेरणा, यानी शांत भय में लिप्त विचार, जिन्होंने उसे भयाक्रांत कर दिया और वह असफल हो गई।

उसने अपने भय को इस प्रकार काबू किया। दिन में तीन बार वह एक कमरे में गई। आरामकुर्सी पर बैठकर उसने अपने शरीर को आराम से शिथिल कर दिया ! आँखें बंद करके उसने अपने मन व शरीर को शांत किया। शारीरिक शिथिलता से मन में एकाग्रता बढ़ जाती है और वह किसी भी सुझाव को स्वीकार करने के लिए तैयार हो जाता है। उसने अपने भय को दूर करने के लिए स्वयं से कहना शुरू किया, "मैं बहुत सुंदर गा सकती हूँ। मैंने मन बना लिया है। मैं पूरी तरह से गाने के लिए तैयार हूँ। मैं गाऊँगी और सुरीले स्वर में गाऊँगी।" उसने अपने शब्दों को शांत स्वर में विश्वास के साथ फिर से दोहराया। इसके बाद वह रोजाना दिन में तीन बार अभ्यास करती रही। प्रत्येक सिटिंग में वह पाँच से दस बार वही वक्तव्य दोहराती रही। सप्ताह के अंत तक वह पूरे जोश और विश्वास के साथ तैयार हो गई और जब उसे फिर से ऑडिशन के लिए बुलाया गया तो उसने बहुत ही सुरीली आवाज में गाना गाया। उसका चयन कर लिया गया।

कैसे उसने अपनी स्मृतियों को सँजोए रखा

सत्तर वर्ष की एक वृद्धा हमेशा अपने से कहती रहती थी, 'मैं भूलने लगी हूँ।' उसने स्व-प्रेरणा के जरिए भूलने की अपनी प्रक्रिया को बदल दिया। उसने कहना शुरू किया "आज से मेरी याददाश्त बढ़ने लगी है। मैं अब हमेशा अपनी जरूरत की बातों को याद रखूँगी। जो बातें मुझसे होंगी, वे स्पष्ट रूप से मुझे याद रहेंगी। मैं उन्हें स्वाभाविक रूप से बड़ी आसानी से अपने पास रखूँगी। जब भी मुझे जरूरत होगी, मैं उन्हें अपने मन में रखूंगी। मेरी याद दिन-पर-दिन बढ़ रही है और बहुत शीघ्र पहले से अच्छी हो जाएगी।"

तीन सप्ताह के प्रयास के बाद उसकी स्मृति सामान्य हो गई. जिससे उसका जीवन खुशनुमा हो गया।

कैसे उसने अपने भयंकर क्रोध को वश में किया

अनेक लोग जिन्हें चिड़चिडेपन और भयंकर क्रोध की शिकायत थी। उन्होंने स्वप्रेरणा की मदद से अद्भुत परिणाम प्राप्त किए हैं। इसके लिए उन्होंने विभिन्न वक्तव्य एक महीने में दिन में तीन से चार बार दोहराए हैं। सुबह, दोपहर और रात में सोने से पहले "आज के बाद मैं मृदुल स्वभाव का बनूँगा। मेरे मन में सुख और आनंद डेरा जमाएँगे जीवन की खुशियाँ मेरे पास होंगी। दिन-प्रतिदिन लोग मुझे पसंद करेंगे। मेरी समझ बढ़ेगी मेरे चारों ओर खुशियाँ हैं मैं प्रेम और माधुर्य का केंद्र

बन गया हूँ। खुशियाँ हरदम साथ रहती हैं। मेरा स्वभाव बदल गया है। मैं बहुत खुश हूँ और सबका आभारी हूँ।"

स्व-प्रेरणा की रचनात्मक और विध्वंसात्मक शक्तियाँ

विजातीय स्व-प्रेरणा के कुछ उदाहरण और विचार : विजातीय प्रेरणा का अर्थ है-दूसरे से प्राप्त सुझाव। सभी युगों में सुझाव की शक्ति ने दुनिया के सभी देशों के हर काल में आदमी के जीवन और उसके चिंतन में अपनी भूमिका अदा की है। अनेक देशों में यह धर्म की नियंत्रण शक्ति का काम करता है।

स्व-प्रेरणा का प्रयोग अपने को अनुशासित और नियंत्रित करने के लिए करना चाहिए। किंतु इसका प्रयोग उन लोगों को अपने नियंत्रण और आदेशों में रखने के लिए किया जा सकता है, जो मन के सिद्धांतों से अनभिज्ञ हैं। यह अद्भुत और शानदार है। किंतु इसका नकारात्मक रूप मन के सभी स्वरूपों में सर्वाधिक विध्वंसकारी है जिसका परिणाम दुःख, असफलता, संताप, बीमारी और विनाश है।

क्या आपने इनमें से किसी को स्वीकार किया है?

बचपन से हममें से अधिकांश लोगों को अनेक नकारात्मक सुझाव दिए जाते रहे हैं। इससे बचने के उपाय से अनजान होने के कारण स्वाभाविक रूप से हम इन्हें ग्रहण करते आए हैं। कुछ नकारात्मक सुझाव इस प्रकार हैं-आप नहीं कर सकते, आप कभी किसी लायक नहीं होगे, आपको चांस नहीं मिलेगा। आप पूरी तरह गलत हो, कोई फायदा नहीं, आप कौन हो, कोई मायने नहीं रखता, बल्कि मायने यह रखता है कि आप किसे जानते हो। दुनिया का पतन हो रहा है, क्या फायदा किसी को कोई मतलब नहीं, इतनी मेहनत करना बेकार है, आप अब बूढ़े हो गए हो। हालत और बिगड़ती जा रही है, जीवन एक कारावास है, प्यार कौन करता है, आप जीत ही नहीं पाओगे, जल्द ही आपका पैसा उड़ जाएगा। सावधान रहो, बीमारी आप पर हमला करेगी, आप किसी पर भी विश्वास नहीं कर सकते इत्यादि।

एक वयस्क होने के बाद जब तक आप रचनात्मक स्व-प्रेरणा का प्रयोग नहीं करेंगे, जो आपके दिमाग को बदल सकती है, तब तक आप पर पूर्व में पड़े प्रभाव आपके व्यवहार के तरीकों को बदलकर आपके निजी और सामाजिक जीवन में गड़बड़ी पैदा करके आपकी अच्छी आदतों के विकास में कठिनाई पैदा करते रहेंगे।

आप नकारात्मक सुझावों का निराकरण कर सकते हैं

अखबार उठाकर देखिए। आपको दर्जनों समाचार मिल जाएंगे, जो आपके दिमाग में खालीपन, भय, चिंता, परेशानी और आने वाले खतरे की आशंकाओं के बीज बो सकते हैं। अगर आप उन्हें स्वीकर करते हैं तो भय की चिंता आपके जीवन में रहने की अभिलाषा समाप्त कर देगी। यह जानते हुए कि आप अवचेतन मन को रचनात्मक सुझाव दे सकते हैं, आप इन सभी नकारात्मक सुझावों का निराकरण कर सकते हैं।

लोग जो नकारात्मक सुझाव देते हैं, उन्हें आप नियमित रूप से चेक करते रहें। आपको बाहर से किसी विध्वंसकारी सुझाव से प्रभावित होने की जरूरत नहीं है। हम सभी ने इन्हें बचपन में और किशोरावस्था में झेला है। अगर आप याद कर सकते हैं तो याद करें कैसे आपके माता-पिता ने रिश्तेदारों, अध्यापकों और सहयोगियों तक ने नकारात्मक अभियान चलाने में सहयोग दिया है। उन सब का अध्ययन करके देखें। आपको पता चलेगा कि वह सब एक था जिसका उद्देश्य आप पर नियंत्रण रखना था या आपमें भय पैदा करना था।

यह बाहरी स्व-प्रेरणा का चक्र हर घर, दफ्तर, कारखाने और क्लब में चलता है जिसके पीछे स्वार्थ है। सुझाव देनेवाले चाहते हैं कि आप वैसा सोचें और उस प्रकार काम करें जिनसे उनको लाभ हो।

कैसे सुझाव ने एक व्यक्ति की जान ले ली

विजातीय स्व-प्रेरणा का एक उदाहरण इस प्रकार है। मेरा एक मित्र भारत में एक तांत्रिक से मिला। उसने मेरे मित्र को बताया कि उसका हृदय रोगी हो चुका है और कहा कि अगली अमावस्या के बाद उसकी मृत्यु हो जाएगी। उसने अपने घरवालों को इस भविष्यवाणी के बारे में बताना शुरू किया और अपनी वसीयत तैयार करवा ली। इस शक्तिशाली सुझाव ने उसके अवचेतन मन में प्रवेश कर लिया था। मेरे मित्र ने मुझे यह भी बताया कि वह तांत्रिक तंत्र की विचित्र ताकतों में सिद्धहस्त माना जाता और वह एक व्यक्ति को हानि या लाभ दोनो पहुँचाने की क्षमता रखता है तांत्रिक की भविष्यवाणी के अनुरूप मेरा मित्र मर गया, यह जाने बगैर कि अपनी मौत का जिम्मेदार वह खुद है। मैं समझता हूँ, हम में से अनेक ने इसी प्रकार मूर्खतापूर्ण, हास्यास्पद एवं अंधविश्वास की कहानियाँ सुनी होंगी।

हमारा अवचेतन मन कैसे काम करता है, इसकी जो जानकारी हमें है उसके आधार पर हम देखेंगे कि मेरे मित्र के साथ क्या हुआ? आदमी चेतन मन अर्थात् तर्क-प्रधान मन से जो कुछ भी विश्वास करता है। अवचेतन मन उसे स्वीकार कर सकारात्मक काम करता है मेरा मित्र जब उस तांत्रिक से मिलने गया तो खुश था, स्वस्थ और मजबूत था। तांत्रिक ने बहुत सकारात्मक सुझाव दिया जिसे उसने स्वीकार कर लिया।

वह भय से आतंकित हो गया और बार-बार यही सोचता रहा कि अमावस्या के बाद वह मर जाएगा। उसने सबको बताना शुरू कर दिया और अपने अंत का इंतजाम भी कर लिया। यह प्रक्रिया उसके दिमाग की ही उपज थी, उसकी अपनी धारणा थी। वह अपने आप मृत्यु को ले आया या स्वयं अपने शरीर का अंत कर दिया और इसका जिम्मेदार खुद उसका डर था वह अपनी आशा के अनुकूल मृत्यु का इंतजार कर रहा था।

वह तांत्रिक जिसने मृत्यु की भविष्यवाणी की थी। वह ढोंगी था। उसके पास कुछ लाल व पीले पत्थरों को छोड़कर तांत्रिक शक्ति नाम की कोई चीज नहीं थी। उसके सुझावों में रचना करने या संहार करने की कोई शक्ति नहीं थी। यदि मेरा मित्र अपने मन के नियम जानता होता तो वह पूर्ण रूप से तांत्रिक के नकारात्मक सुझाव को रद्द कर देता, उसके सुझावों पर कोई ध्यान नहीं देता क्योंकि वह जान गया होता कि वह अपने विचारों और भावनाओं के अधीन है। उसको सुरक्षा प्रदान करने के लिए उसके विचार इस्पात के कवच के मानिंद हैं, जिस पर भविष्यवाणियाँ टकराकर टूट जाया करती हैं। यदि उसे अपने मन से बात करने का तरीका पता होता तो वह नकारात्मक सुझावों को रद्द करके आज तक जीवित और सुरक्षित रहता।

बाहर के सुझावों में अपनी कोई शक्ति नहीं होती। उन्हें शक्ति आपके विचारों से मिलती है। आपको अपनी मानसिक स्वीकृति देनी पड़ती है तब जाकर वे आपके बनते हैं और आप वैसा ही सोचने लगते हैं। याद रखें, आपके पास चुनने की क्षमता है अपना जीवन स्वयं चुनो, अपना स्वास्थ्य स्वयं चुनो, अपना प्यार स्वयं चुनो।

किसी धारणा को मान लेने की शक्ति

आपका मन तर्कों की मंजूषा है। इसका अर्थ है कि आपका चेतन मन जिस किसी धारणा को तर्क के आधार पर सत्य मान लेता है, उसे आपका अवचेतन मन में बैठे प्रश्न या समस्या का हल मानकर अपना लेता है। यदि आपके तर्क का आधार

सही है तो उसका परिणाम भी सही होगा। उदाहरण के लिए प्रत्येक गुण प्रशंसनीय है। दया गुण है, इसलिए दया प्रशंसनीय है।

एक अन्य उदाहरण-

प्रत्येक निर्मित वस्तु बदलती है और मिट जाती है। मिस्र के पिरामिड निर्मित किए गए पहाड़ हैं, इसलिए एक दिन वे मिट जाएंगे। पहला वक्तव्य एक प्रमुख धारणा है और सही निर्णय निश्चित रूप से सही धारणा है। कॉलेज के एक प्रोफेसर ने जो न्यूयॉर्क में मन के विज्ञान पर मेरा व्याख्यान सुन चुका था, मुझसे कहा, "मेरा सारा जीवन बर्बाद हो गया। रुपया-पैसा, धन-संपदा, दोस्त सब कुछ चला गया। जिस काम में हाथ लगाता हूँ, वही डूब जाता है।"

मैंने उसे समझाया कि वह अपने मन में पक्की धारणा बनाए कि उसके अवचेतन मन का असीमित ज्ञान उसे ले जा रहा है, उसका मार्गदर्शन कर रहा है और उसे आध्यात्मिक, मानसिक एवं भौतिक रूप से खुशहाल बना रहा है।

तब उसका अवचेतन मन स्वतः बुद्धिमानी से उसके धन का नियोजन करेगा, सही परामर्श देगा और शरीर को स्वस्थ करके उसके मन को सुख व शांति प्रदान करेगा।

प्रोफेसर ने अपने जीवन का पूरा नक्शा बदलकर उसे अपनी चाहत के अनुकूल ढाल लिया और निम्नलिखित को अपनी धारणा बना ली।

"असीमित ज्ञान सभी बातों में मेरा मार्गदर्शन कर रहा है। पूर्ण स्वास्थ्य मेरा है। मेरा मन एवं शरीर प्रेम और सौहार्द से भरा-पूरा है । सौहार्द, प्यार, शांति और संपन्नता मेरी है। मेरा पूरा शरीर और मन सही कर्मों और दैवी नियमों के अधीन चल रहा है। मैं जानता हूँ कि मेरी प्रमुख धारणा जीवन के अनंत सत्य पर आधारित है और मैं जानता हूँ, एहसास करता हूँ और विश्वास करता हूँ कि मेरा अवचेतन मन मेरे चेतन मन के विचारों की प्रवृत्ति के अनुकूल चलता है।"

उसने मुझे लिखा- "मैंने उपर्युक्त वक्तव्य को दिन में कई बार शांतिपूर्वक, बड़े प्यार से, धीरे-धीरे यह सोचकर दोहराया कि वह मेरे अवचेतन मन की गहराई में उतर रहा है और उसका परिणाम अब आएगा। आपने मुझे जो समय दिया, मैं उसके लिए आपका अत्यंत आभारी हूँ और यह कहना चाहता हूँ कि मेरे जीवन में परिवर्तन होने लगा है। वास्तव में, यह कारगर है।"

अवचेतन मन विवादों पर तर्क नहीं करता

आपका अवचेतन मन पूर्णतः बुद्धिमान है और सभी प्रश्नों का उत्तर जानता है। वह आपसे विवाद नहीं करता या आपसे उलटकर कुछ नहीं पूछता। वह यह नहीं कहता. आपको उसका प्रभाव मुझ पर नहीं डालना चाहिए। उदाहरण के लिए, जब आप कहते हैं, मैं यह नहीं कर सकता या अब मेरी उम्र हो गई है, अथवा मैं यह जिम्मेदारी नहीं निबाह सकता, या मेरा जन्म ही अभावों में हुआ, मैं सही राजनीतिज्ञ को नहीं जानता, तब आप अपने नकारात्मक विचारों को अपने अवचेतन मन में प्रेषित कर रहे हैं और स्वभावतः वह उसके अनुकूल काम करने लगता है। इस प्रकार आप अपना ही नुकसान कर रहे हैं।

जब आप अपने अवचेतन मन में इस प्रकार की बाधाएँ ला रहे हैं और अवचेतन मन को घेरकर रख रहे हैं, आप अपनी भलाई में बाधा पहुँचा रहे हैं और बदले में अपने जीवन में अभाव, बंदिशों को ला रहे हैं। अवचेतन मन में विवेक और बुद्धि के अवसरों को रोक रहे हैं तो आप दरअसल में यह कह रहे हैं कि आपका अवचेतन मन आपकी समस्याओं का हल नहीं कर सकता। इससे मानसिक और भावनात्मक रुकावट पैदा होगी, जिसकी वजह से बीमारी या मानसिक चिड़चिड़ापन पैदा होगा।

अपनी इच्छाओं को प्रभावशाली बनाने और अपनी निराशा दूर करने के लिए दिन में कई बार जोर से यह वक्तव्य दोहराएँ- "*असीमित ज्ञान, जिसने मुझे यह इच्छा दी है, वह मुझे मार्गदर्शन देगा और मुझे अपनी इच्छा को पूरा करने की योजना की ओर ले जाएगा। मुझे मालूम है कि मेरे अवचेतन मन का गहन विवेक अब जाग गया है और जो कुछ मैं अंदर महसूस कर रहा हूँ, अब वह होने जा रहा है। मेरे अंदर और बाहर का ज्ञान बराबरी के संतुलन में पहुँच गया है।*" अगर आप कहते हैं कि बाहर आने का कोई रास्ता नहीं है। मैं भटक गया हूँ। इस भटकाव से छुटकारा नहीं है। मैं बंदिश में हूँ और अड़चन में फँस गया हूँ, तो आपको कोई उत्तर नहीं मिलेगा अथवा आपके अवचेतन मन से कोई प्रतिक्रिया नहीं आएगी। यदि आप चाहते हो कि आपका अवचेतन मन आपके लिए काम करे तो आपको सही माँग करनी होगी और उसका सहयोग प्राप्त करना होगा। वह हमेशा आपके लिए ही काम करता है। वह आपके दिल की धड़कन को इस समय भी नियंत्रित कर रहा है और आपकी साँसों को भी चला रहा है। वह आपकी उँगली के कट जाने पर उसे ठीक करता है और उसकी प्रवृत्ति जीवन भर आपकी रक्षा करने और आपको

बनाए रखने की है। आपके अवचेतन का मन उसका अपना है किंतु वह आपके विचारों और कल्पनाओं के प्रकारों को स्वीकार करता है।

जब आप समस्या का समाधान ढूँढते हैं, तब आपका अवचेतन मन सजग हो जाता है। किंतु वह आशा करता है कि आप अपने चेतन मन में एक निर्णय पर पहुँचें और सही एवं न्यायोचित फैसला करें। आपको यह जान लेना है कि अपनी समस्या का उत्तर आपके अवचेतन मन में मौजूद है। लेकिन यदि आप कहते हैं, मैं नहीं समझता कि इस समस्या का कोई समाधान है। मैं सोच नहीं पा रहा हूँ। मैं भ्रमित हो गया हूँ। मुझे कोई हल क्यों नहीं सूझ रहा? तो आप अपनी प्रार्थना को प्रभावहीन बना रहे हैं। ठीक वैसे ही, जैसे एक सिपाही खड़ा सोच रहा हो, आपको कोई रास्ता नहीं दिखाई देगा।

अपने मन के पहिए को रोकें। ठहरें, फिर चलने दें और आहिस्ता से दृढ़ विश्वास के साथ कहें, मेरा अवचेतन मन समस्या का समाधान जानता है। वह अब जाग उठा है तथा समस्या को हल करने के लिए तैयार है। मैं जानता हूँ कि मेरे अवचेतन मन का असीमित ज्ञान सब कुछ जानता है और अब वह मेरी समस्या का सही समाधान देने जा रहा है। मेरे सही विश्वास ने अब मेरे अवचेतन मन के शक्ति-पुंज को, उसकी शान को मुक्त कर दिया है। मैं खुश हूँ कि मेरे मन की इच्छा पूरी हो रही है।

स्मरण योग्य बातें

1. शुभ सोचें, शुभ परिणाम मिलेंगे। अनिष्ट सोचेंगे तो अनिष्ट परिणाम मिलेंगे। आप वही हैं, जो दिन भर सोचते रहते हैं।
2. आपका अवचेतन मन आपसे विवाद नहीं करता। वह वही स्वीकार करता है जो आपका चेतन मन आदेश देता है। अगर आप कहते हैं, मेरे वश में यह नहीं है तो हो सकता है, यह सही हो; किंतु आप यह न कहें। कुछ बेहतर सोचें और आदेश दें, "मेरे वश में है। मैं कर लूँगा। मैं इसे स्वीकार करता हूँ।"
3. आपके पास चुनने की शक्ति है। स्वास्थ्य और खुशी को चुनें। आप दोस्ती को चुन सकते हैं अथवा दुश्मनी चुन सकते हैं। आप सहयोग और भाईचारा

चुनें, आनंद और दोस्ती चुनें, प्यार करना चुनें और दुनिया आपको पसंद करेगी, आपका इंतजार करेगी। यह आकर्षक व्यक्तित्व बनाने का सर्वोत्तम मार्ग है।

4. आपका चेतन मन दरवाजे का पहरेदार है। इसका प्रमुख कार्य आपके अवचेतन मन को झूठे प्रभावों से सुरक्षित रखना है। चुनाव यह करें कि आपके लिए यह शुभ हो सकता है और अब हो रहा है। आपके पास चुनने की बहुत बड़ी क्षमता है। खुशी और संपन्नता को चुनें।

5. दूसरे के दिए वक्तव्य और सुझावों के पास आपको नुकसान पहुँचाने की कोई शक्ति नहीं है। आप दूसरों के वक्तव्य और सुझाव को रद्द करना चुन सकते हैं। आप यह भी चुन सकते हैं कि आप कैसा व्यवहार करेंगे।

6. आप क्या कहते हैं, उस पर ध्यान दें। आपको प्रत्येक कहे शब्द का जवाब देना है। यह कभी न कहें कि मैं असफल हो जाऊँगा। मेरी नौकरी छूट जाएगी। मैं किराया नहीं दे सकता। आपका अवचेतन मन मजाक स्वीकार नहीं कर सकता। वह ऐसी बातों पर ध्यान नहीं देता।

7. आपका मन बुरा नहीं है। प्रकृति की कोई शक्ति बुरी नहीं है। यह आपके ऊपर है कि आप प्रकृति की शक्तियों को कैसे प्रयोग करते हैं।

8. कभी न कहें, मैं नहीं कर सकता। इस भय को यह कहकर भगा दें, *मैं अपने अवचेतन मन की शक्ति से सबकुछ कर सकता हूँ*।

9. अनंत सत्य और जीवन के सिद्धांतों पर खड़े होकर सोचना शुरू करें। भय, अज्ञान और अंधविश्वास पर खड़े होकर न सोचें। अपने लिए दूसरों को न सोचने दें। अपने विचार चुनें और अपने निर्णय करें।

10. आप अपनी आत्मा (अवचेतन मन के कप्तान और अपनी किस्मत के मालिक हैं। याद रखें, आपके पास चुनने की क्षमता है। अपना जीवन चुनें, अपना प्यार चुनें, अपना स्वास्थ्य चुनें, सुख और खुशियाँ चुनें।

11. आपका अवचेतन मन जो भी सत्य मान लेता है और उसके सच होने का विश्वास कर लेता है, उसे आपका अवचेतन मन स्वीकार कर अंगीकार कर लेता है। सुनहरे भविष्य में, दैवी मार्गदर्शन में, सही कर्म और सुखमय जीवन में विश्वास करना शुरू करें।

अध्याय-3

अवचेतन का जादू

आपके अवचेतन मन की शक्तियाँ अपार हैं। वह आपको प्रेरणा देता है, आपका मार्गदर्शन करता है और आपके स्मृतियों के भंडार से नामों तथ्यों, दृश्यों को लाकर आपके सामने उजागर करता है। आपके अवचेतन ने ही आपके दिल की धड़कन शुरू की। वह आपके रक्त संचार को नियंत्रित करता है और आपके पाचन तंत्र को आपके भोजन को हजम कर उसके निर्गम को संचालित करता है।

जब आप रोटी का एक टुकड़ा खाते हैं तो आपका अवचेतन मन उसे परिवर्तन करके कोशिकाओं, मांसपेशियों, हड्डियों और रक्त में पहुँचाता है। यह ऐसी जटिल प्रक्रिया है जो दुनिया के बड़े-से-बड़े समझदार इंसान की पहुँच से बाहर है। आपका अवचेतन मन आपके शरीर की सभी महत्त्वपूर्ण प्रक्रियाओं और कार्यों को नियंत्रित करता है और सभी समस्याओं का उत्तर भी जानता है।

आपका अवचेतन मन कभी सोता नहीं है, कभी आराम नहीं करता। वह हरदम काम पर लगा रहता है। आप अपने अवचेतन मन की चमत्कारी शक्तियों को जानने के लिए अपने अवचेतन मन को सोने से पहले सीधे शब्दों में बताएँ कि आप एक विशेष काम करना चाहते हैं। आपको यह जानकर प्रसन्नता होगी कि

आपके अंदर की शक्तियाँ काम पर लग जाएंगी और आपको इच्छित परिणाम मिल जाएगा। अवचेतन मन में उस शक्ति और विवेक का माध्यम मौजूद है जो आपको सर्वशक्तिमान या उस महाशक्ति से संपर्क कराती है, जो इस जगत् को चलायमान रखती है। सभी ग्रहों को उनकी परिधि पर बनाए रखती है और सूर्य को प्रकाश देती है। आपका अवचेतन मन आपके आदर्शों, अभिलाषाओं और परोपकारी माँगों का माध्यम है। अवचेतन मन के माध्यम से ही शेक्सपियर महान् सत्य की कल्पना कर पाए। जो आम आदमी की नजर से तब तक छिपा रहा था। अवचेतन मन के माध्यम से महान ग्रीक शिल्पकार फिदियस संगमरमर और काँसे पर सौंदर्य, और संगति को शिल्प में प्रस्तुत कर सके। इसी कारण इटालियन चित्रकार राफेल मैडोना का चित्र बना पाए और लुडविग वॉन बीथोवन सुरीला संगीत दे पाए।

सन् 1955 में मैंने भारत के ऋषिकेश में स्थित योगा फॉरेस्ट यूनिवर्सिटी में एक व्याख्यान दिया था। वहाँ मेरी भेंट मुंबई से आए एक युवा सर्जन से हुई। उन्होंने एक स्कॉट सर्जन जेम्स एसडेल के बारे में बताया, जिन्होंने आधुनिक प्रकार के एनेस्थेसिया के आविष्कार से पूर्व बंगाल में काम किया था। सन् 1843 से लेकर 1846 तक यानी तीन वर्षों में डॉ. जेम्स एसडेल ने सभी प्रकार के लगभग 400 बड़े ऑपरेशन किए जिनमें अंग-भंग, ट्यूमर को हटाना, कैंसर आदि के अलावा आँख, कान और गले के ऑपरेशन भी शामिल थे। वे सभी ऑपरेशन मानसिक एनेस्थेसिया में किए गए। ऋषिकेश में भारतीय डॉक्टर ने बताया कि ऑपरेशन के बाद मृत्यु संख्या बहुत ही कम शायद 2 या 3 प्रतिशत ही थी। रोगियों को दर्द नहीं हुआ और ऑपरेशन के दौरान कोई मृत्यु नहीं हुई।

डॉ. एसडेल ने रोगियों के अवचेतन मन को, जो सुषुप्तावस्था में था, सुझाव दिया कि किसी प्रकार का संक्रमण या सेप्टिक नहीं होगा।

आपको याद रखना चाहिए, यह लुई पाश्चर और जोजेफ लिस्टर के ईजाद से पहले की बात है जिसमें उन्होंने पहली बार बैक्टीरिया-जनित बीमारी और उसके संक्रमण के खतरे के बारे में चेतावनी दी थी। रोगियों को दिए गए सुझावों का परिणाम था। उन्होंने रोगियों के अवचेतन मन को ये सुझाव प्रेषित किए थे और रोगियों पर इनका प्रभाव पड़ा।

यह आश्चर्य नहीं तो क्या है कि 150 वर्ष पहले कैसे एक सर्जन ने अवचेतन मन की चमत्कारी कारगर शक्तियों का आविष्कार किया! क्या आपको आश्चर्य

नहीं होता कि वह कौन सा जादू है, जिसकी शक्तियाँ इतनी प्रभावशाली हैं? जरा रुककर सोचें, अपने अवचेतन की इन दैवी शक्तियों का अंदाजा लगाएँ। कैसे वह आपके शब्दों को उड़ाकर दूसरे अवचेतन मन को प्रभावित कर देती हैं। उनके लिए समय, काल, स्थान कुछ भी मायने नहीं रखता। उनकी क्षमता है कि वह आपको दर्द से मुक्ति दिला सकती हैं, आपके कष्ट दूर कर सकती हैं और सभी प्रकार की समस्याओं का समाधान कर सकती हैं। यह सब और अनेक दृष्टांत आपके सामने उजागर करते हैं कि आपके अंदर शक्ति और ज्ञान मौजूद है जो आपकी बुद्धि और विवेक को गतिमान रखती है। यह आपका अमोघ अस्त्र है। यह सब जानकर आपको हर्ष होना चाहिए और विश्वस्त होना चाहिए, आपके अवचेतन मन की शक्तियाँ अपार हैं।

आपका अवचेतन आपके जीवन की पुस्तक है

जो विचार, आस्थाएँ, विचारधाराएँ, नियम, सिद्धांत और मत आप अपने अवचेतन मन में लिखते हैं, अंकित करते हैं या सुझाव देते हैं, वे परिस्थितियों, दशाओं और घटनाओं के आकार में आपके समक्ष प्रदर्शित हो जाते हैं। आप जो अंदर जाकर लिखते हैं, वह बाहर अनुभव में आपको मिल जाता है। आपके जीवन के दो पहलू हैं- उद्देश्य-सूचक और विषय-सूचक दृश्य और अदृश्य, विचार और साकार ।

आपका मस्तिष्क आपके विचार प्राप्त करता है जो आपके चेतन तार्किक मन का अंग है। जब आपका चेतन या उद्देश्य सूचक, मन विचार को पूर्णतः स्वीकार कर लेता है-वह उसे शौर्य नेटवर्क में भेजता है जो आपके मन का मस्तिष्क है, जहाँ मांसल बनकर वह आपके अनुभव में परिवर्तित हो जाता है।

जैसे कि पहले कहा जा चुका है कि आपका अवचेतन मन विवाद नहीं कर सकता। वह वही करता है, जिसे आप उस पर लिख देते हैं। वह आपका निर्णय या आपके चेतन मन के निर्णय को अंतिम मान लेता है। यही कारण है कि आप हमेशा अपने जीवन की पुस्तक में लिख रहे हैं, क्योंकि आपके विचार आपके अनुभव बनते जा रहे हैं। अमेरिका के प्रसिद्ध लेखक राल्फ वाल्डो एमर्सन ने कहा है- "व्यक्ति वही है, जो वह दिन भर सोचता है।"

आपके अवचेतन पर जो अंकित होता है, वह अभिव्यक्त हो जाता है

अमेरिकी मनोविज्ञान के पितामह विलियम जेम्स ने कहा है कि दुनिया को हिलाने की शक्ति आपके अवचेतन मन में है। आपका अवचेतन मन वह अद्भुत वस्तु है जिसके पास अनंत ज्ञान और असीमित विवेक है। इसका पोषण करने वाला एक छिपा हुआ झरना है जिसे 'जीवन का सिद्धांत कहते हैं। जो कुछ आप अवचेतन मन पर अंकित करते हैं, अवचेतन मन उसे पूरा करने के लिए जमीन-आसमान एक कर देता है। इसलिए आपको इसमें सही और सकारात्मक विचार अंकित करने चाहिए।

दुनिया में इतनी अशांति और दुःख है क्योंकि लोग अपने चेतन और अवचेतन मन के आदान-प्रदान को नहीं समझते। जब ये दोनों मिलकर और सहमत होकर पूर्ण शांति में आपस से तालमेल में काम करते हैं तो आपको स्वास्थ्य, खुशी और आनंद प्राप्त होगा। जब चेतन और अवचेतन मिलकर सौहार्दपूर्वक शांति से काम करते हैं तो कोई अनबन नहीं होती, कोई बीमारी नहीं होती।

हेरमस की मजार को बड़ी उम्मीदों और चमत्कार की आशा से खोदा गया था; क्योंकि लोगों को विश्वास था कि उसमें सदियों के महान रहस्य छिपे होंगे। किंतु रहस्य जैसा अंदर था, वैसा ही बाहर था, वैसा ही नीचे था।

दूसरे शब्दों में, आपके अवचेतन मन में जो अंकित है, वही आकाश पर अंकित है। इसी सत्य का उपदेश मोजेज, जीसस, बुद्ध, जोरास्तर और हर युग के महान् ऋषि-मुनियों ने दिया है। जो भी सत्य आप विषय के अनुरूप स्वीकार करते हैं, वह परिस्थितियों, अनुभवों और धारणाओं में मूर्त रूप में प्रकट होता है। शांति और उद्गारों का संतुलन होना चाहिए। जैसे परलोक (आपका अपना मन) में है, वैसा ही पृथ्वी (आपका शरीर और उसके आस-पास का वातावरण) में है। यही जीवन का सबसे बड़ा नियम है।

आप प्रकृति के संपूर्ण क्षेत्रों में कर्म और उसके फल का नियम पाएंगे। इन दोनों का संतुलन होना चाहिए, तब जाकर सौहार्द और सामंजस्य बनता है। आप इस जीवन में इसलिए आए हैं ताकि आपके भीतर जीवन का नियम आप में एक लय और मृदुलता से समावेश होता रहे। जितना आए-उतना जाए। दोनों बराबर हैं। अंकन और अभिव्यक्ति बराबर होनी चाहिए। आपकी सारी निराशा आपके अपूर्ण विचारों के कारण है, जो पूरे नहीं हो पाए हैं।

यदि आप नकारात्मक, विध्वंसात्मक और दूषित रूप से सोचते हैं तो ऐसे विचार विनाशकारी भावनाओं को जन्म देंगे, जो बाहर जाकर रूप धारण करेंगे।

ऐसी भावनाएँ चूँकि नकारात्मक हैं, इसलिए उनका रूप आघात, हृदय की बीमारी, तनाव और परेशानियाँ होती हैं।

अब यह बताएँ कि आपका अपने बारे में क्या विचार या एहसास है? आपका प्रत्येक अंग यह बता रहा है। अपनी जीवन शक्ति, आपका शरीर, आर्थिक स्तर, आपके दोस्त, सामाजिक स्तर- यह सब मिलाकर आप अपने व्यक्तित्व की छवि को देखते हो।

इसका सही अर्थ यह है कि आपके अवचेतन मन में जो अंकित है, वही जीवन में अभिव्यक्त होता है। नकारात्मक विचार जो हम पाले रहते हैं, वे हमें क्षति पहुँचाते हैं। कितनी बार आपने क्रोधित होकर, डरकर, ईर्ष्या करके या बदले की भावना रखकर अपने को नुकसान पहुँचाया है? ये जहरीले विचार हैं जो आपके मन में अड्डा जमा लेते हैं। जन्म से आपके अंदर यह विचार नहीं थे। अपने अवचेतन मन को जीवन देनेवाले विचारों से भरें। इससे क्या होगा कि जो आपके नकारात्मक जहरीले विचार, जो अड्डा जमाए बैठे हैं, वे अंततः हमेशा के लिए बाहर निकल जाएंगे। इसके लिए आपको सतत प्रयास करना होगा।

अवचेतन त्वचा रोग का उपचार करता है

इस संबंध में एक व्यक्तिगत उदाहरण उचित होगा जो यह साबित कर देगा कि अवचेतन मन में वास्तव में उपचार करने की शक्ति होती है। लगभग 40 साल पहले मुझे त्वचा रोग हो गया था जिसे मैंने अपने अवचेतन मन की उपचार करने की शक्ति से ठीक कर लिया। मेरा रोग बढ़ गया था। मेडिकल उपचार असफल हो चुका था और रोग बढ़ता जा रहा था।

गिरजाघर के पादरी ने, जिसे मनोविज्ञान का गहन अध्ययन था, 'बाइबल की 139वीं आयत का गूढ़ अर्थ समझाया था। वह आयत इस प्रकार है-*अपनी पुस्तक में मेरे सभी सदस्यों के नाम लिखे हैं, जिन्हें आप ही ने बनाया जबकि पहले यहाँ कुछ भी नहीं था।* उसने इस आयत की व्याख्या करते हुए बताया कि यहाँ पुस्तक का अर्थ मेरा अवचेतन मन है, जिसने शरीर के सभी अंगों को अदृश्य कोशिका से बनाया और गढ़ा है। उसने यह भी बताया कि जैसे अवचेतन मन ने मेरे शरीर के अंगों को बनाया, वैसे ही वह उपलब्ध प्रक्रिया से दोबारा उन्हें गढ़कर उपचार भी कर सकता है।

उस पादरी ने मुझे अपनी घड़ी दिखाते हुए कहा, “इसको बनाने वाला कोई था और उस घड़ी निर्माता को इसे बनाने से पहले विचार आया होगा, जिससे उसने एक आकार के रूप में इसे निर्मित किया। यदि यह घड़ी खराब हो जाए तो घड़ीसाज इसे ठीक करके बना सकता है।” मेरे उस मित्र ने मुझे याद दिलाया कि अवचेतन ज्ञान, जिसने मेरे शरीर की रचना की है, घड़ीसाज की तरह है और सही रूप से जानता है कि उसे कैसे ठीक करके वापस उसी रूप में लाया जाए और वह इस दिशा में शरीर की महत्त्वपूर्ण प्रक्रियाओं एवं कार्यों को काम पर लगा सकता है किंतु इसके लिए मुझे स्वस्थ होने का विचार उसे प्रेषित करना होगा।

मैंने बहुत साधारण तरीके से यह प्रार्थना की- “मेरे शरीर और उसके अंगों की रचना मेरे अवचेतन मन के अनंत ज्ञान ने की है। उसके विवेक ने मेरे सभी अंगों, कोशिकाओं, मांसपेशियों और हड्डियों को आकार दिया है। मेरे भीतर जो अनंत उपचार प्रक्रिया है, वह अब मेरे शरीर की प्रत्येक कोशिका का उपचार कर मुझे पूर्णतः स्वस्थ बना रही है। मैं उपचार के लिए धन्यवाद देता हूँ। मेरे अंदर के इस ज्ञान के कार्य सचमुच में आश्चर्यजनक है।”

मैंने यह प्रार्थना पाँच मिनट में मुँह से बोलकर दिन में दो-तीन बार दोहराई। लगभग तीन महीने में मेरा त्वचा रोग दूर हो गया और इस प्रकार मैं पूर्ण रूप से स्वस्थ हो गया।

आपने देखा होगा कि मैंने केवल अपने अवचेतन मन को जीवन देनेवाले के तरीके दिए, सौंदर्य और संपूर्णता के सुझाव दिए और इस प्रकार अपने अवचेतन मन में बैठी नकारात्मक छवियों एवं नमूनों को बाहर निकाला जिनकी वजह से मेरे शरीर में रोग उत्पन्न हुआ था। कोई भी व्याधि आपके शरीर में प्रवेश नहीं कर सकती जब तक कि वह पहले मन में न प्रवेश करे और जैसे ही आप सकारात्मक विचारों के जरिए उसे डुबोकर नष्ट करते हैं, आपका मन बदलने लगता है और आपका शरीर उसी के अनुकूल बनने लगता है। सभी प्रकार के उपचार का यही आधार है।

आपके कार्य अद्भुत हैं और यह मेरी आत्मा पूर्णतः समझती है।

(PSALM 139:14)

अवचेतन मन शरीर के सभी कार्यों को कैसे नियंत्रित करता है

जब आप जागते रहते हैं और जब आप बिस्तर पर सो जाते हैं, उस दौरान आपका अवचेतन मन कभी न थकने वाले माध्यम से आपके चेतन मन की सहायता के बगैर आपके शरीर के सभी अंगों को निरंतर चलाए रखता है। उदाहरण के लिए, जब आप सो रहे होते हैं, आपके दिल की धड़कन एक लयबद्ध रूप से चलती रहती है, फेफड़े अपना काम करते रहते हैं, आपकी साँसें अंदर-बाहर चलायमान रहती हैं। यह सब वैसा ही चलता रहता है जैसा आपके जागे रहने में चलता है। आपका अवचेतन मन पाचन क्रिया, ग्रंथिमय स्राव तथा शरीर की अन्य अनेक रहस्यमय कारवाइयों को नियंत्रित करता है। चाहे आप सो रहे हों या जाग रहे हों, आपके सिर के बाल उगते रहते हैं। वैज्ञानिक हमें बताते हैं कि त्वचा से पसीना जागे रहने से ज्यादा सोते रहने में निकलता है।

सोने के दौरान अपनी आँखें, कान और अन्य इंद्रियाँ सक्रिय रहती हैं। उदाहरण के लिए, अनेक महान् वैज्ञानिकों को सोने के दौरान अपनी समस्याओं का समाधान मिला है। उन्होंने अपने समाधान सपनों में देखे।

कभी-कभी आपका चेतन मन चिंता, व्याकुलता, भय और निराशा पैदा करके आपके हृदय, फेफड़े और पेट की सामान्य प्रक्रिया में बाधा उत्पन्न कर देता है। इस प्रकार के विचार आपके अवचेतन मन के व्यवस्थित संचालन में गतिरोध पैदा करते हैं। जब कभी आप मानसिक रूप से परेशान होते हैं तो सबसे बढ़िया उपाय यह है कि शांत हो जाएँ। मन को धीरज दें और अपनी विचार-प्रक्रिया पर विराम लगा दें।

अपने अवचेतन मन से बात करें, उससे कहें कि वह शांतिपूर्वक दैवी नियम के अंतर्गत संयम बनाए रखे। आप देखेंगे कि आपके शरीर के सभी कार्य सामान्य हो गए हैं। याद रखें, आपको अपने अवचेतन मन को पूरे अधिकार और विश्वास के साथ कहना है। आप देखेंगे कि वह तुरंत आपके आदेश का पालन करेगा।

आपका अवचेतन मन किसी भी कीमत पर हमेशा आपके जीवन को बनाए रखना और आपको स्वस्थ रखना चाहता है। वह आपको अपने बच्चों से प्यार करने के लिए प्रेरित करता है, जो अपने आप में जीवन बनाए रखने की नैसर्गिक इच्छा का रूप है। मान लो गलती से आपने कोई बुरा खाद्य पदार्थ खा लिया है। आपका अवचेतन मन आप से उल्टी करवा देगा। आप उसे उगल दें। यदि आपने भूल से

जहर खा लिया तो आपका अवचेतन मन उसे बेअसर करने की प्रक्रिया में लग जाएगा। यदि आप उसकी चमत्कारी शक्तियों के भरोसे पर अपने आपको पूरी तरह छोड़ देंगे तो आप पूरी तरह से स्वस्थ बन जाएंगे।

अवचेतन मन आपके लिए कैसे काम करता है

पहली बात यह समझ लेनी है कि आपका अवचेतन मन हमेशा काम कर रहा है। वह दिन-रात सक्रिय है, चाहे आप उसके अनुरूप काम करें या न करें। आपका अवचेतन मन आपके शरीर का निर्माता है किंतु आप इसका एहसास नहीं कर पाते क्योंकि उसकी कार्य-प्रणाली बहुत ही शांतिपूर्ण और बेआवाज है आपका काम-काज हरदम चेतन मन से रहता है, अवचेतन मन से नहीं। आपको केवल यह करना है कि अपने चेतन मन को जीवन की अच्छी बातों में व्यस्त रखें और निश्चित करें कि आपके रोजमर्रा के विचारों का आधार सुंदर हो सत्य हो, न्यायोचित हो और सद्गुणों से संपन्न हो। अब जबकि आप हृदय से यह जान गए हैं कि आपका अवचेतन आपके रोजमर्रा के विचारों के अनुकूल अभिव्यक्त करता है, पुनर्निर्माण कर प्रदर्शित करता है तो आज ही से अपने चेतन मन को अपने नियंत्रण में रखना सीखें।

याद रखें, जैसे पानी पाइप में जाकर उसका आकार लेकर बहने लगता है, ठीक उसी प्रकार जीवन का नियम भी आपके अंदर आपके विचारों की प्रवृत्तियों के अनुरूप बहता है। मन में विश्वास जमा लें कि आपके अवचेतन की उपचार प्रक्रिया का आपके अंदर प्रवाह हो रहा है और चारों ओर सौंदर्य, स्वास्थ्य, शक्ति, आनंद एवं खुशहाली का साम्राज्य है। इस भावना को सजग रखकर उसे अपना प्रिय साथी बनाएँ। विश्वास करें कि यह जीवनधारा आपके भीतर निरंतर बह रही है, स्फूर्ति दे रही है, आपको समृद्ध कर रही है। उसकी प्रतिक्रिया ठीक ऐसी ही होगी, आपके विश्वास के अनुकूल होगी।

अवचेतन का उपचार-नियम आँखों की क्षतिग्रस्त नसों को सजीव करता है

एक बहुत ही प्रसिद्ध उदाहरण जिसका उल्लेख फ्रांस के चिकित्सा विभाग के संग्रहालय के रिकॉर्ड में भी किया गया है, फ्रांस की ही मैडम बायर का है। वे नेत्रहीन थीं। उनकी आँखों की नसें क्षतिग्रस्त होकर मृत हो गई थीं। वे इलाज के

लिए के लॉर्डस चिकित्सा अस्पताल में भर्ती हुई और उन्हीं के शब्दों में चमत्कारी उपचार हुआ। एक प्रोटेस्टेंट युवा महिला रुथ बॅस्टन ने उस केस की छानबीन करके मैकाल्स नामक पत्रिका के नवंबर 1955 के अंक में लिखा कि लॉर्डेस में आश्चर्यजनक रूप से उनकी आँखों की दृष्टि वापस आ गई, जबकि आँखों की नसें मृत और बेकार बनी रहीं, जैसाकि अनेक डॉक्टरों ने बार-बार परीक्षण के बाद यह प्रमाणित किया। एक महीने बाद दोबारा परीक्षण में पाया गया कि उनकी देखने की शक्ति सामान्य हो गई है। किंतु पहले, जैसाकि मेडिकल परीक्षण में बताया गया, वे मृत आँखों से देख रही थीं।

मैं भी अनेक बार लॉर्डस गया हूँ और मैंने भी इस प्रकार के उपचार देखे हैं तथा यह तय है, जैसाकि हम अगले अध्याय में व्याख्या करेंगे कि इसमें संदेह नहीं कि ऐसे चमत्कार-उपचार की घटनाएँ दुनिया के लगभग सभी धर्मों के तीर्थस्थलों में होती हैं।

जैसाकि हमने कहा कि तीर्थस्थल के किसी पवित्र जल से मैडम बायर का उपचार नहीं हुआ, बल्कि उनके अपने अवचेतन मन ने उनकी आँखों की रोशनी लौटाई, जिसको मन की आस्था ने चमत्कारी शक्ति प्रदान की। उनके अवचेतन मन के उपचार तंत्र ने उनके विचारों की प्रवृत्ति की प्रतिक्रिया स्वरूप कार्य किया। अवचेतन मन में आस्था एक विचार है। इसका अर्थ है कि वह स्वीकार करो जो सत्य है। विचार स्वीकृत होने पर स्वतः कर्मशील हो जाता है।

इसमें संदेह नहीं कि मैडम बायर उस तीर्थस्थल में पूरी आशा और आस्था के साथ यह विश्वास लिये गई थीं कि उनकी आँखों का उपचार होगा। उनके अवचेतन मन ने उसी के अनुकूल प्रतिक्रिया स्वरूप उपचार तंत्र को जाग्रत कर दिया। अवचेतन मन, जिसने आँख की रचना की है, वह मृत नस को पुनर्जीवित कर सकता है। अपनी आस्था के अनुकूल ही आपको मिलता है।

पूर्ण स्वास्थ्य का विचार आपके अवचेतन मन में कैसे पहुँचाया जाए

दक्षिण अफ्रीका स्थित जोहांसबर्ग के एक प्रोटेस्टेंट पादरी ने मुझे बताया कि पूर्ण स्वास्थ्य का विचार उन्होंने अपने अवचेतन मन को किस तरीके से पहुँचाया। उनके फेफड़ों में कैंसर था। उनका तरीका, जैसाकि उन्होंने अपने हाथ से लिखकर दिया, वह इस प्रकार था "मेरे पैर आराम में हैं, मेरे टखने आराम में है, मेरे पाँव आराम

में हैं। मेरे पेट की मांसपेशियाँ आराम में है, मेरा हृदय और फेफड़े आराम में है मेरा सिर आराम में है। मेरा पूरा शरीर आराम में है। लगभग पाँच मिनट में मैं सोने की तंद्रा में होऊंगा और तब मैंने निम्नलिखित सत्य की प्रतिज्ञा की ईश्वर की महानता अब मेरे जारिए अभिव्यक्त हो रही है। पूर्ण स्वास्थ्य का विचार अब मेरे अवचेतन मन में भरता जा रहा है। ईश्वर के समक्ष मेरी जो छवि है, वह पूर्ण छवि है और मेरा अवचेतन मन मेरी छवि ठीक वैसी प्रदर्शित कर रहा है, जो ईश्वर के मन में है।" उन पादरी में आश्चर्यजनक परिवर्तन हुआ। वे ठीक हो गए। यह एक आसान और साधारण तरीका है जिसकी मदद से पूर्ण स्वास्थ्य का विचार आपके अवचेतन मन में पहुँचाया जा सकता है। दूसरा तरीका अनुशासित अथवा वैज्ञानिक परिकल्पना है जिसके माध्यम से पूर्ण स्वास्थ्य का संदेश अवचेतन मन में पहुँचाया जा सकता है। मैंने एक व्यक्ति, जो लकवे से पीड़ित था, से कहा कि वह अपने मन में स्पष्ट कल्पना करे कि वह अपने कार्यालय में चारों ओर चल रहा है, मेज को हाथ लगाता है, टेलीफोन उठाकर फोन पर बात करता है और वह सब काम करता है, जो ठीक हो जाने के बाद करेगा। मैंने उसे स्पष्ट रूप से समझाया कि. यह विचार और पूर्ण स्वस्थ होने का उसका मानसिक विचार अवचेतन मन की ओर से स्वीकार कर लिया जाएगा।

उसने अपनी भूमिका दक्षता से निभाई और एहसास किया कि वह दोबारा अपने कार्यालय में पहुँच गया है। उसे मालूम था कि वह अपने अवचेतन मन को एक निश्चित काम सौंप रहा है, जिस पर वह काम करेगा। उसके अवचेतन मन में वह फिल्म थी, जिस पर यह चित्र अंकित था।

कई सप्ताह के इस मानसिक चित्र को मन में बार-बार बैठाने के बाद एक दिन एक पूर्व नियोजित योजना के तहत टेलीफोन की घंटी बजी और बार-बार बजती रही जबकि उसकी पत्नी और नर्स दोनों बाहर गई थीं। टेलीफोन करीब बारह फीट दूर रखा हुआ था, फिर भी वह उसका उत्तर देने में सफल हो गया और तभी से वह ठीक हो गया। उसके अवचेतन मन की उपचार शक्ति ने उसकी मानसिक कल्पना को प्रतिक्रिया स्वरूप स्वीकार कर लिया और उपचार की प्रक्रिया आरंभ हो गई।

उस व्यक्ति में मानसिक बाधा उत्पन्न हो गई थी जिसकी वजह से मस्तिष्क के आवेग उसके पैर तक नहीं जा पा रहे थे। इसलिए वह कहता कि वह चल नहीं

सकता। जब उसने ध्यान हटाकर अपने में मौजूद उपचार तंत्र पर लगाया तो उसमें केंद्रित ध्यान के जरिए शक्ति का संचार हुआ, जिसकी वजह से वह दोबारा चल पाया।

> विश्वास के साथ आप जो भी प्रार्थना में माँगोगे,
> आपको मिलेगा। (MATT 21:22)

स्मरण योग्य बातें

1. आपका अवचेतन मन आपके शरीर की प्रमुख प्रक्रियाओं को नियंत्रित करता है और सभी समस्याओं का समाधान जानता है।
2. सोने से पहले अपने अवचेतन मन को एक विशिष्ट माँग प्रेषित करें और उसकी जादुई शक्ति को अपने काम में लगाएँ।
3. जो कुछ आप अपने अवचेतन मन पर अंकित करते हैं, वह आकाश के पटल पर परिस्थितियों, अनुभवों और घटनाओं के रूप में अभिव्यक्त हो जाता है। इसलिए आपको अपने चेतन मन के सभी विचारों और धारणाओं पर सावधानी से नजर रखनी चाहिए।
4. क्रिया और उसकी प्रतिक्रिया का सिद्धांत सर्वव्यापी है आपका विचार क्रिया (कर्म) है और अवचेतन मन की स्वाभाविक प्रतिक्रिया आपके विचार की प्रतिक्रिया है।
5. सभी प्रकार की निराशा का कारण अपूर्ण इच्छाएँ होती हैं। यदि आप अड़चनों, विलंब और परेशानियों में फंसे रहेंगे तो आपका अवचेतन मन भी उसी के अनुकूल रहेगा और इस प्रकार आप अपना ही नुकसान कर रहे हैं।
6. जीवन का नियम आपके माध्यम से पूर्ण लय और एकरूपता के साथ प्रवाहित होगा। यदि आप विश्वास के साथ यह प्रतिज्ञा करें, "मेरा विश्वास है कि अवचेतन मन, जिसने मुझे यह इच्छा दी हैं, वह अब मेरे माध्यम से उसे पूरी कर रहा है।" यह सभी बाधाओं का अंत करेगा।

7. चिंता, व्याकुलता और भय आपके हृदय, फेफड़ों और अन्य अंगों की सामान्य गति में अवरोध पैदा करते हैं। अपने अवचेतन मन को यदि प्रेम, सौहार्द, स्वास्थ्य और शांति का संदेश देंगे तो आपके शरीर के सभी अवयव दोबारा सामान्य हो जाएंगे।

8. अपने चेतन मन को सर्वोत्तम आशाओं से व्यस्त रखें और आपका अवचेतन आपके रोजमर्रा के विचारों को पूरी वफादारी से पुनः प्रस्तुत करेगा।

9. हमेशा मंगलमय अंत की या अपनी समस्या के समाधान की कल्पना करें और पूर्णता के रोमांच का एहसास करें और आप जो कल्पना करते हैं या महसूस करते हैं, वह आपका मन स्वीकार करेगा और उसका परिणाम देगा।

अध्याय-4

मानसिक स्वास्थ्य के प्राचीन तरीके

सदियों से सभी देशों में लोगों में शायद अंतःप्रेरणा से या नैसर्गिक रूप से यह मान्यता रही है कि मानव शरीर में ही एक उपचार तंत्र है जो मानव शरीर के सामान्य कार्यों और संवेदनाओं को पुनर्जीवित कर देने की शक्ति रखता है। उनका विश्वास था कि इस विलक्षण शक्ति को किसी खास परिस्थिति में उद्बोधित किया जा सकता है और इससे मानवीय कष्टों का निराकरण हो जाएगा। सभी देशों के इतिहास इस बात की गवाही देते हैं।

प्राचीन काल में सभी देशों में मानव पर शुभ और अशुभ प्रभाव डालने तथा रोगी के उपचार करने जैसी गोपनीय शक्तियाँ संतों, महात्माओं एवं पुजारियों जैसे धार्मिक ज्ञानी जनों के पास हुआ करती थीं। यह माना जाता था कि उपचार करने की शक्ति उन्हें ईश्वर से प्राप्त होती है और उपचार के तरीके अलग-अलग हुआ करते थे। उपचार के तरीकों में धार्मिक समारोह भी शामिल थे जिनमें लोगों की आस्था थी कि ऐसे समारोहों में ईश्वर की उपस्थिति भी होती है, जैसे हाथों का छूना, तावीज देना, अंगूठी या लॉकेट पहनाना आदि।

उदाहरण के लिए, प्रागैतिहासिक काल के धर्मों में प्राचीन मंदिरों में पुरोहित रोगियों को दवा देते और रोगियों को सोने से पहले सम्मोहन निद्रा में सुझाव देते थे कि आपके पास ईश्वर आएगा और आपको ठीक कर देगा। उससे अनेक लोगों का उपचार हुआ। यह वास्तव में अवचेतन मन का ही प्रताप था जिसे सुझाव दिए गए थे।

प्रागैतिहासिक ग्रीक देवी हेकेट के उपासकों को निद्रा में उसके दर्शनों के लिए अनेक तंत्र-मंत्र के विधानों से गुजरना पड़ता था, तब कहीं जाकर वह नींद में दर्शन देती थी और रोग के उपचार की दवा बताती थी। दवा भी विकृत थी, जैसे कि छिपकलियों की लार और खुशबूदार गोंद को मिलाकर अर्द्ध चंद्रमा की रात में खुले आकाश के नीचे पीसकर लेप बनाओ। जो भी हो, इससे अनेक रोगियों का उपचार हुआ करता था।

स्पष्ट है इन विचित्र तरीकों में भी रोगी के अवचेतन मन को दिए गए सुझावों और उसे स्वीकार करके रोगी की कल्पना-शक्ति को बलवती बनाकर उपचार करने को प्रदर्शित किया गया है।

वस्तुतः ऐसे सभी उपचारों में रोगी का अवचेतन मन ही उपचार करने वाला होता है। सभी युगों में यह देखा गया है कि इन अनधिकृत उपचारकों ने अभूतपूर्व सफलता पाई है, जहाँ अधिकृत उपचारक असफल हो गए हैं। यह बड़ी विचित्र बात है और सोचने पर मजबूर करती है। विभिन्न देशों में ये अनधिकृत उपचारक कैसे उपचार करते हैं? इसका सीधा उत्तर रोगियों का उपचारक पर अंधविश्वास है जिसके माध्यम से उसके अवचेतन मन में मौजूद उपचार-शक्ति काम करने लगती है। अनेक उपचार के माध्यम और तरीके इतने विचित्र और आश्चर्यजनक होते हैं, जो रोगी की कल्पना-शक्ति को इतना प्रेरित कर देते हैं कि रोगी भावनाओं के सागर में डूब जाता है। ऐसे में, स्वास्थ्य के सुझावों को रोगी का चेतन और अवचेतन मन दोनों स्वीकार कर लेते हैं। इसकी व्याख्या अगले अध्याय में की जाएगी।

अवचेतन मन के प्रयोगों का 'बाइबल' में उल्लेख

जो इच्छाएँ आप करते हैं, जब आप उनके लिए प्रार्थना करते हैं और विश्वास करते हैं कि वे पूरी होंगी, तो वे आपको प्राप्त होंगी।

(MARK : 11.24)

इन पंक्तियों पर ध्यान दीजिए। समय और काल पर ध्यान दीजिए। प्रेरित लेखक कहता है कि इस बात पर विश्वास कीजिए और सच मानिए कि हमारी इच्छा पूरी हो गई है या कि पहले ही पूरी हो चुकी है और इसका अनुभव भविष्य में मिलने जा रहा है।

इस तकनीक की सफलता दृढ विश्वास पर निर्भर करती है कि विचार, धारणा, चित्र मन में पहले ही बन चुका है। मन के साम्राज्य में किसी वस्तु के तत्त्व का होना तभी हो सकता है। जब यह सोचा जाए कि वह वास्तव में वहाँ मौजूद है।

यहाँ कुछ रहस्यमय शब्दों में संक्षिप्त और विशिष्ट निर्देशन दिया जा रहा है कि अवचेतन मन में आप अपना मनचाहा विचार अंकित करने के लिए कैसे रचनात्मक शक्ति का प्रयोग करेंगे। आपका विचार, योजना या उद्देश्य उतना ही सत्य है जितना कि आपका हाथ या हृदय है। 'बाइबल' की तकनीक का अनुसरण करने के लिए आप वे तमाम दुःखदायी एवं शांति पहुँचाने वाले विचारों की आशंकाओं, परिस्थितियों या अन्य विचारों को अपने मन से पूर्ण जड़-मूल से निकाल दें। आप नए सिरे से एक बीज (विचार) का रोपण कर रहे हैं। यदि आप उसे बिना किसी छेडछाड़ के ज्यों-का-त्यों छोड़ देंगे तो निश्चित रूप से उसमें अंकुर फूटेगा, वह उग आएगा।

बुनियादी रूप से यह आस्था है जिस पर जीसस ने जोर दिया था। 'बाइबल' में आप बार-बार यही पढ़ते हैं। आपके विश्वास के अनुरूप ही आपको फल मिलता है।

यदि आप विशेष प्रकार के बीज बोते हैं तो आपको यकीन होता है कि पौधा उसी प्रकार का पैदा होगा। बीज पर विश्वास करने का यही तरीका है, विकास का या खेती का भी नियम है-बीज का पौधा वही होगा, जिसका वह बीज है। बाइबल में विश्वास या आस्था को जीवन का नियम, मन का व्यवहार, एक दृढ़ निश्चय कहा गया। यह जानते हुए कि जिस विचार को आप चेतन मन में पूर्णतः स्वीकार कर लेंगे, वह अवचेतन मन में जाकर फलीभूत होता है।

आस्था एक मायने में उस सच को स्वीकार करना है, जिसे आपका तर्क और आपका विवेक इनकार कर रहा है। जैसे चेतन मन के छोटे-मोटे तर्कों और वितर्कों आदि को बाहर करके अपने अवचेतन मन की आंतरिक शक्ति पर पूर्ण भरोसा करना आस्था है।

'बाइबल' की तकनीक का एक अभूतपूर्व दृष्टांत मैथ्यू (Matthew : 9:28-30) में दिया गया है- *और जब वह घर में आया, अंधे लोग उसके पास आए तथा जीसस ने उनसे कहा, "विश्वास करो कि आप यह कर सकते हो?"* उन्होंने उससे कहा, "हाँ प्रभु!" तब उसने उनकी आँखों को यह कहते हुए छुआ, "अपनी आस्था के अनुकूल हो" और उनकी आँखें खुल गईं, और जीसस ने आदेश दिया कि कोई यह जान न पाए।

"अपनी आस्था के अनुकूल हो," इन शब्दों में आप देख सकते हैं कि जीसस वास्तव में अंधे व्यक्ति के अवचेतन मन से सहयोग की प्रार्थना कर रहे थे। उनकी आस्था ही उनकी सबसे बड़ी आशा थी। उनकी आंतरिक भावना, उनका आत्मिक विश्वास था कि कुछ चमत्कार होगा, उनकी प्रार्थना का फल मिलेगा और वही हुआ। दुनिया भर के सभी धर्मों में उपचार की यही तकनीक सदियों से मानी जाती आई है।

कोई यह जान न पाए, शब्दों में जीसस उन उपचारित लोगों की ताकीद कर रहे थे। रोगियों को अपने उपचार के बारे में चर्चा नहीं करनी चाहिए क्योंकि वे अविश्वास के पात्र माने जाएंगे। इससे वे उस लाभ से वंचित हो सकते हैं जो जीसस ने उनके अवचेतन मन के भय, संदेह और व्याकुलता को अपने पास जमा करके उन्हें दिया। क्योंकि उन्होंने अधिकार और शक्ति से म्लेच्छ आत्माओं को आदेश दिया और वे बाहर आ गईं। (Luke : 4:36)

जब रोगी जीसस के पास ठीक होने को आए तो वे अपनी आस्था तथा अपने अवचेतन मन की उपचार-शक्ति की समझ-दोनों से ठीक हुए। उन्होंने जो कहा, वह उसने अपने अंतर्मन में सच मानकर कहा। वह और जो लोग सहायता माँग रहे थे- दोनों सार्वभौमिक सत्य में एकाकार हो गए और उसके शांत अंतर्यामी ज्ञान तथा उपचार-शक्ति के विश्वास ने रोगी के अवचेतन मन में बसे नकारात्मक व विध्वंसकारी विचारों को बदल दिया। रोग से मुक्ति आंतरिक मानसिक परिवर्तन का स्वाभाविक परिणाम थी। उसका आदेश रोगियों के अवचेतन मन से प्रार्थना थी, जिसके साथ था ज्ञान, भावना और अवचेतन मन को उसकी ओर से दिए गए आदेश की प्रतिक्रिया पर संपूर्ण विश्वास ।

दुनिया के विभिन्न धार्मिक स्थलों पर हुए चमत्कार

यह एक स्थापित सत्य है कि विश्व भर में विभिन्न धार्मिक स्थलों पर ऐसे उपचार हुए हैं; जैसे-जापान, भारत, यूरोप तथा अमेरिका। मैंने जापान के अनेक धार्मिक स्थलों को देखा है। दिआबुत्सु में भगवान् बुद्ध की विशाल कांस्य प्रतिमा है, जिसमें बुद्ध दोनों हाथ जोड़कर बैठे हैं और उनके मुख पर प्रकाश दीप्तिमान होकर जगमगा रहा है। उस प्रतिमा की ऊँचाई 42 फीट है और वह 'बुद्ध महान' के नाम से विख्यात है। यहाँ मैंने बूढ़े और जवानों को प्रार्थना करते देखा है। उपासक यहाँ मोमबत्तियाँ जला रहे थे।

गाइड ने मुझे एक युवती की प्रार्थना का अर्थ समझाया जो दो सतरों का भोग लगाकर झुकी हुई खड़ी थी। उसने मोमबत्ती भी जलाई। गाइड ने बताया कि उसकी आवाज गायब हो गई थी और उस तीर्थस्थल पर आने के बाद उसकी आवाज लौट आई। वह बुद्ध को अपनी आवाज के लिए धन्यवाद दे रही थी। उसके मन में आस्था थी कि उसकी गाने वाली सुरीली आवाज फिर से लौट आएगी यदि वह कुछ औपचारिकता निभाए और उपवास रखे तथा कुछ विशिष्ट भेंट अर्पित करे। इन सब से उसमें विश्वास और आशा ने जन्म लिया. जिससे प्रेरित होकर उसके मन में आस्था उत्पन्न हो गई।

कल्पना एवं आस्था के एक और उदाहरण के रूप में मैं अपने एक मित्र के बारे में बताता हूँ जो तपेदिक का रोगी था। उसके फेफड़े क्षतिग्रस्त हो चुके थे उसके पुत्र ने उसका उपचार करने का निर्णय लिया। वह अपने पिता के पास पर्थ (ऑस्ट्रेलिया) गया। वहाँ उसने अपने पिता को बताया कि उसे एक संत मिला है जो अभी-अभी यूरोप के उपचार की मन्नत वाले तीर्थस्थल से होकर आया है। सत ने उसे एक असली क्रॉस दिया है। उसने बताया कि उसने क्रॉस के लिए उस संत को 500 डॉलर दिए हैं।

वास्तव में उस युवक ने राह चलते लकड़ी का एक टुकड़ा उठा लिया था, जिसे उसने सुनार को देकर अंगूठी के आकार का एक रिंग बनवा लिया, जो देखने में सचमुच की अंगूठी लगती थी।

उसने अपने पिता को बताया कि इसको सिर्फ छूने से अनेक लोगों की बीमारी दूर हो गई है। उसने उस अंगूठी का इतना गुणगान किया कि उसके पिता की काल्पनिक शक्ति इतनी प्रेरित हो गई कि उनसे रहा नहीं गया और उस अंगूठी को उसने अपने पुत्र के हाथ से छीन लिया और अंगूठी को अपने सीने से लगाकर

शांत होकर प्रार्थना में लीन हो गया तथा अंततः गहरी निद्रा में सो गया। सुबह उठा तो उसका तपेदिक रोग गायब था। वह स्वस्थ हो गया। उसने सभी तरह के टेस्ट करवाए। पता चला कि सभी टेस्ट नेगेटिव है। अर्थात तपेदिक से रोग मुक्त हो गया है।

अब आप अच्छी तरह से जानते हैं कि वह लकड़ी का एक टुकड़ा नहीं था जिसे उसने रास्ते से उठा लिया था बल्कि वह उस गहन कल्पना-शक्ति सहित रोग मुक्त होने की आशा, विश्वास और उत्कंठा थी। कल्पना और रोगी के विश्वास ने रोग का उपचार कर दिया। पिता को अपने पुत्र की चाल का पता कभी नहीं चला। अगर पता चलता तो संभवतः रोग दोबारा हो सकता था। वह पूर्ण स्वस्थ हो गया तथा पंद्रह वर्ष और जी कर 89 वर्ष की आयु में उसने इस दुनिया से विदा ली।

उपचार का एक सत्य व्यापी सिद्धांत

यह एक जाना-माना सत्य है कि उपचार के विभिन्न तंत्रों से अपने-अपने तरीकों से आश्चर्यजनक उपचार होते रहे हैं। इन सबके सार तत्त्व में यह सिद्ध होता है कि कहीं कोई परम सिद्धांत है जो सभी तरीकों में इस्तेमाल किया जाता है और वह है अवचेतन मन, जो सभी उपचारों की आधारशिला है।

अब समय आ गया है कि आपके ध्यान को एक बार फिर निम्नलिखित आधारभूत सत्यों की ओर आकृष्ट किया जाए :

पहला सत्य : आप जो भी काम करते हैं, वे दो भागों में विभक्त होकर किए जाते हैं- एक चेतन मन की ओर से, दूसरे अवचेतन मन की ओर से।

दूसरा सत्य : आपके अवचेतन मन का रुझान हमेशा सुझाव की शक्ति के प्रति होता है। इसके अतिरिक्त, आपके अवचेतन मन का आपके शरीर के कार्यों, दशाओं और संभावनाओं पर पूरा नियंत्रण होता है।

मैं अब विश्वास के साथ कह सकता हूँ कि इस पुस्तक के पाठक इस सच्चाई को भलीभाँति जान चुके हैं कि सभी प्रकार की बीमारियों के लक्षणों को मानसिक तंद्रा में (हिप्नोटिक स्लीप) दिए गए सुझावों के जरिए प्रभावित किया जा सकता है। उदाहरण के लिए मानसिक तंद्रा में रोगी का तापमान बढ़ सकता है। उसका मुँह

लाल हो सकता है या सर्दी से उसके शरीर में कँपकँपी हो सकती है, यदि उसे उसी प्रकार के सुझाव दिए जाएँ। प्रयोग के लिए आप एक व्यक्ति को सुझाव दे सकते हैं कि उसे लकवा मार गया है और वह चल नहीं सकता। आप देखेंगे कि वह सचमुच में नहीं चल पा रहा है। प्रदर्शन के लिए तंद्रा में आप रोगी की नाक के पास कप में ठंडा पानी ले जाकर कह सकते हैं. देखो, इसमें गोल मिर्च है। सूँघकर देखो। वह छींकने लगेगा। क्या कारण है कि उसको एकाएक छींक आ गई?

यदि एक व्यक्ति कहता है कि उसे धनिया की पत्तियों से एलर्जी है तो आप घास उसकी नाक के सामने रखो जब वह तंद्रा में हो और कहो कि ये धनिया की पत्तियाँ हैं। वह तुरंत उसको सूँघकर नाक भौ सिकोड़ेगा और अपनी अनिच्छा दिखाएगा।

यह सिद्ध करता है कि रोग का कारण मन में है। रोग का उपचार भी मानसिक रूप से किया जा सकता है।

आपको मालूम है कि ऑस्टिओपैथी, किरोप्रैक्टिक मेडिसिन और नेचुरोपैथी के अतिरिक्त दुनिया की विभिन्न धार्मिक संस्थाओं की ओर से अभूतपूर्व उपचार किए जाते हैं लेकिन अक्षुण्ण सत्य यह है कि ये सभी उपचार अवचेतन मन के माध्यम से ही किए जाते हैं जो एकमात्र उपचारक है।

गौर करें, शेव करते समय आपके मुँह पर एक छोटा सा कट लग जाता है। कैसे आपका अवचेतन मन उसे ठीक कर देता है। एक डॉक्टर घाव पर मरहम-पट्टी करता है और कहता है, नेचर ठीक कर देगा। नेचर मायने प्रकृति, प्रकृति का नियम, अवचेतन मन का नियम या इसे अपनी इच्छा-शक्ति कह लो, जो घूम-फिरकर वहीं अवचेतन मन पर पहुँचती है। अपने को सुरक्षित रखने की इच्छा-शक्ति प्रकृति का पहला सिद्धांत है। आपके सर्वाधिक शक्तिशाली अंतर्मन की भावना ही अपनी स्व-प्रेरणा है, इच्छा-शक्ति है।

विभिन्न सिद्धांतों में अंतर

विश्व भर में विभिन्न धार्मिक पंथों की प्रार्थना उपचार संस्थाएँ, जो अलग अलग सिद्धांत प्रतिपादित करती हैं, उन पर बड़े पैमाने पर लंबी-चौड़ी चर्चा करना बहुत उबाऊ और व्यर्थ होगा। इनसे भी ज्यादा संख्या उन प्रतिष्ठानों की है, जो यह दावा

करते हैं कि चूँकि उनके सिद्धांत परिणाम देते हैं, इसलिए वे ही सही हैं। लेकिन जैसाकि अध्याय में वर्णन किया गया है वे सही नहीं कहे जा सकते।

आप यही भली प्रकार जानते है कि उपचार के अनेक तरीके या तकनीकें हैं। प्रसिद्ध ऑस्ट्रियन फिजिशियन फ्रैंज एटन मेसभर (1734-1815), जो पेरिस में प्रैक्टिस करते थे, ने खोज की कि वे रोगी के शरीर में मैगनेट का प्रयोग करके चमत्कारी उपचार कर सकते हैं। उन्होंने उपचार करने के लिए अनेक प्रकार के शीशे और धातुओं का प्रयोग किया। बाद में चलकर उन्होंने इस तकनीक को बदलकर दावा किया कि उनके उपचार पशु-जनित मैगनेटिज्म से हो रहे थे और कहा कि ये तत्त्व उपचार के माध्यम से सीधे रोगी में जा रहे थे।

उसके बाद उनका उपचार माध्यम हिप्नोटिज्म हो गया जिसे उस जमाने में सम्मोहन' के नाम से जाना जाता था। दूसरे डॉक्टरों ने कहा कि उनके तमाम उपचार और कुछ नहीं, केवल सुझाव प्रक्रिया हैं।

ये सभी समूह जिनमें मनोचिकित्सक, मनोवैज्ञानिक, ऑस्टिओपैथ्स, किरोप्रैक्टर्स, फिजिशियंस तथा सभी चर्च आदि केवल एक सार्वभौमिक शक्ति केंद्र हैं जो मनुष्य के अवचेतन मन में वास करते हैं। उपचार की सभी प्रक्रियाएँ निश्चित, सकारात्मक, मानसिक या आंतरिक व्यवहार अथवा विचार हैं जिसे आस्था कहा जाता है। उपचार का केंद्रबिंदु विश्वस्त आशा है जो शक्तिशाली सुझाव का रूप धारण कर तथा अवचेतन मन को प्रभावित कर उपचार शक्ति का निर्गम करवाती है।

उपचार के लिए कोई अलग से शक्ति का उपयोग नहीं किया जाता। यह सही है कि उपचार करने की प्रक्रिया अलग हो सकती है किंतु उपचार-शक्ति केवल आपका अवचेतन मन है। आप चाहे कोई सिद्धांत या प्रक्रिया चुन लें किंतु यह जान लें कि आपकी उस पर आस्था है तो आप रोग मुक्त हो जाएंगे।

प्रसिद्ध स्विस एलकेमिस्ट तथा फिजिशियन फिलिप्स पार्सेलस, जो सन् 1493 से लेकर 1541 तक जीवित रहे, अपने समय के प्रमुख उपचारक थे। उन्होंने जो कहा था वह आज एक वैज्ञानिक सत्य माना जाता है। उन्होंने कहा था- माना विश्वास की वस्तु वास्तविक हो या काल्पनिक, आपको परिणाम एक जैसा ही मिलेगा। जैसे यदि मेरा विश्वास सेंट पीटर की प्रतिमा पर वैसा ही है, जैसा स्वयं सेंट पीटर होना चाहिए तो मुझे वही परिणाम मिलेगा जैसा मुझे सेंट पीटर पर विश्वास करने पर मिलता। लेकिन यह अंधविश्वास है। आस्था चाहे जो हो, चमत्कार करती है और चाहे सच हो या झूठ. वह हमेशा वही चमत्कार करेगी।

पार्सेलस की विचारधारा का समर्थन सोलहवीं शताब्दी में इटालियन दार्शनिक पेट्रो पोम्पोनाजी ने भी किया, जिसने कहा कि विश्वास और कल्पना मिलकर जो अभूतपूर्व परिणाम दिलाते हैं, उनकी कल्पना हम बहुत ही सहज रूप से कर सकते हैं। विशेष रूप से उस समय जबकि रोगी और उपचारक दोनों के बीच उन गुणों के आदान-प्रदान का एक सेतु बन जाता है

किसी स्मृति चिह्न या अवशेष के प्रभाव से उपचार की घटनाएँ होती हैं। दरअसल इसकी पृष्ठभूमि में भी कल्पना और विश्वास होता है। नीम-हकीम व डॉक्टरों से लेकर मनोवैज्ञानिक तक सब जानते हैं कि यदि संत की हड्डियों के स्थान पर कोई भी कंकाल रख दिया जाए और अगर रोगी को उस पर आस्था है तो उसे वही परिणाम मिलेंगे जो संत से मिलते। इस प्रकार यदि आपको विश्वास है कि आपका उपचार संत की हड्डियों से होगा या आप किसी पवित्र जल की उपचार शक्तियों पर विश्वास रखते हैं तो आपको परिणाम मिलेगा। क्योंकि आपके अवचेतन मन को शक्तिशाली सुझाव दिया गया है। उपचार का केंद्रबिंदु अवचेतन मन ही है।

बर्नहेम के प्रयोग

फ्रांस के मेडिसिन के प्रोफेसर हिलोलाइट बर्नहेम (1840-1919) ने इस सिद्धांत को विस्तार से समझाते हुए कहा कि डॉक्टर रोगी को जो सुझाव देता है, वह अवचेतन मन के माध्यम से देता है।

बर्नहेम अपनी पुस्तक 'सजेस्टिव थेराप्यूटिक्स' के पृष्ठ संख्या 197 में एक व्यक्ति की चर्चा करते हैं जिसकी जीभ में लकवा मार गया था और सभी प्रकार के चिकित्सकीय उपचार व्यर्थ हो गए थे।

उसके डॉक्टर ने रोगी को बताया कि उसके पास एक यंत्र है, जिससे उसे विश्वास है कि उसका इलाज हो जाएगा। डॉक्टर ने पॉकेट थर्मामीटर रोगी के मुँह में लगा दिया। रोगी ने उस नए यंत्र की कल्पना की जो उसे ठीक करने के लिए लगाया गया था। कुछ मिनटों में वह खुशी से चिल्ला उठा कि उसकी जीभ फिर से चलने/ काम करने लगी है।

बर्नहेम ने बताया कि हमारे अन्य मामलों में भी यही मिलेगा। एक युवती मेरे कार्यालय में आई। उसने लिखकर बताया पिछले चार सप्ताह से उसकी आवाज बंद हो गई है। मैंने जाँच में सही पाया। मैंने उसे बताया कि गुम हुई आवाज कभी-

कभी बिजली प्रयोग से लौट आती है और यह तरकीब आसानी से सुझाव के प्रभाव से भी की जा सकती है। मैंने बिजली का वह अपरेटस मँगवाया और उसके स्विच को दबाकर उसके पास खिसकाया। मैंने कहा, "अब आप जोर से बोल सकती हो।" मैंने उसे 'ए अक्षर दिखाया, फिर 'बी' और बाद मारिआ। वह धीरे-धीरे बोलने लगी। गुम हुई आवाज लौट आई।

यहाँ बर्नहेम ने रोगी की आस्था और आशा की शक्ति दर्शाया है जो अवचेतन मन को शक्तिशाली सुझाव देने का काम करती है।

सुझाव से फोड़ा पैदा करना

बर्नहेम ने कहा कि उसने एक रोगी के गले के पीछे एक डाक टिकट लगाकर यह सुझाव दिया कि उसके गले के पीछे एक फोड़ा पैदा हो गया है। रोगी सच में समझने लगा कि फोड़ा हो गया है। डॉक्टर के अनेक सुझावों से यह साबित हो चुका है और इसमें कोई शक या शुबहा नहीं है कि रोगी को जबानी सुझावों से उसमें रचनात्मक परिवर्तन किया जा सकता

रक्तस्राव का कारण

मनोवैज्ञानिक हडसन अपनी पुस्तक 'लॉ ऑफ साइकिक फेनोमिना' के पृष्ठ 153 पर लिखते हैं कि किन्हीं रोगियों में रक्तस्राव और रक्तिम अंकन भी सुझावों की मदद से किया जा सकता है। है डॉ. एम. बोउरू ने अपने एक रोगी को सम्मोहन की दशा में ले जाकर निम्न सुझाव दिए-आज शाम को 4 बजे सम्मोहन क्रिया के पश्चात् आप मेरे कार्यालय में आओगे, कुर्सी पर बैठोगे, अपने दोनों बाज़ुओं को सीने पर रखोगे और आपकी नाक से खून निकलने लगेगा। निर्देशित समय पर रोगी ने वही किया, जो कहा गया था। रक्त की बूँदें उसकी नाक से गिरीं। एक अन्य दृष्टांत में उसी डॉक्टर ने एक रोगी के दोनों बाज़ुओं में बिना धार वाले एक यंत्र से उसका नाम लिख दिया। बाद में वह रोगी जब सम्मोहन निद्रा में था तो डॉक्टर ने कहा, "आज शाम 4 बजे आप सोने जाओगे और आपकी बाज़ुओं में उन लाइनों में रक्त उभरने लगेगा, जो मैंने तुम्हारी बाज़ुओं में बनाई है और आपका नाम दिखने लगेगा।" 4 बजे उस पर नजर रखी गई। वह नींद में सो गया। उसके दाएँ बाज़ू में रक्त था और उसमें उसका नाम चमकने लगा और दो-एक जगह रक्त भी निकल आया। नाम के अक्षर कई महीने तक बाज़ू पर दिखाई देते रहे।

यह तथ्य दो बुनियादी विचारों के सत्य को प्रतिष्ठित करता है, जिनकी चर्चा पहले भी की जा चुकी है। पहला, अवचेतन मन का रुझान सदैव सुझावों की शक्ति के प्रति होता है और दूसरा, अवचेतन मन का पूरा नियंत्रण शरीर के सभी कार्यों, संवेदनाओं और दशाओं एवं परिस्थितियों पर होता है।

सभी प्रदर्शित उदाहरणों में जो भी नाटकीय घटनाएँ वर्णित की गई हैं, उनका प्रमुख कारण सुझाव रहा है और यही सार तत्त्व भी है कि जैसा मनुष्य हृदय (अवचेतन मन) में सोचता है, वैसा ही वह है।

स्मरण योग्य बातें

1 अपने को बराबर याद दिलाते रहें कि उपचार शक्ति आपके अपने अवचेतन मन में मौजूद है।

2 यह जान लें कि आस्था जमीन में बोया जानेवाला एक बीज है। जैसा बीज डालोगे, उसका फल वैसा ही होगा। अपने मन में बीज की बुआई करो और उसमें आशा का पानी एवं खाद डालो, फिर देखें, वैसा ही फल मिलेगा जिसकी आशा आपने की थी।

3. आपके मन में पुस्तक के लिए जो विचार हैं, जो नया आविष्कार है या नाटक है, वह आपके मन का सच है। अपनी विचार योजना या आविष्कार की वास्तविकता पर विश्वास करो। जैसे ही विश्वास करोगे, वह आपका हो जाएगा।

4. दूसरे के लिए प्रार्थना करते समय यह जान लें कि आपके अंदर के मन की संपूर्णता, सौंदर्य और सही रूप देने की क्षमता दूसरे व्यक्ति के अवचेतन मन के नकारात्मक विचारों को बदलकर अभूतपूर्व परिणाम दे सकती है।

5. विभिन्न धार्मिक स्थलों के चमत्कारी उपचारों के बारे में जो आपने सुना है, वे काल्पनिक और अंधविश्वासों के कारण हुए हैं। जो अवचेतन मन के कहने पर उपचार शक्ति को निर्गत करता है।

6. सभी रोगों का उद्गम मन से होता है। शरीर पर रोग का प्रभाव तब तक नहीं होता, जब तक मन में उसके लिए हरी झंडी नहीं मिल जाती।

7. सम्मोहन के सुझावों से आपके शरीर में किसी भी रोग के लक्षण पैदा किए जा सकते हैं। यह सिद्ध करता है कि आपके विचार कितने शक्तिशाली हैं!

8. उपचार का केवल एक तरीका है और वह आस्था है। उपचार-शक्ति केवल एक है और वह आपका अवचेतन मन है।

9. आपके लक्ष्य की आस्था वास्तविक हो या नकली, आपको परिणाम मिलेंगे। आपका अवचेतन मन आपके मन के विचारों को प्रकट करता है। अपनी आस्था को अपने मन का विचार समझें और बस, इतना ही पर्याप्त है।

अध्याय-5

आधुनिकता और अवचेतन मन

शारीरिक उपचार और मानव से संबंधित बातों में हरेक व्यक्ति की दिलचस्पी होती है। वह क्या विद्या है जो उपचार करती है? यह उपचार-शक्ति कहाँ है? यही प्रश्न सभी के मन में रहता है। इसका उत्तर यह है कि उपचार-शक्ति का तंत्र प्रत्येक व्यक्ति का अवचेतन मन है और रोगी का परिवर्तित मानसिक व्यवहार इस शक्ति को निर्गत करता है।

किसी भी मानसिक या धार्मिक विज्ञान के चिकित्सक, मनोवैज्ञानिक, मनोचिकित्सक अथवा मेडिकल डॉक्टर ने कभी रोगी का उपचार नहीं किया है। पुरानी कहावत है, "डॉक्टर जख्म पर पट्टी बाँधता है, किंतु ईश्वर उपचार करता है।" एक मनोवैज्ञानिक या मनोचिकित्सक रोगी की मानसिक बाधाओं को हटाता है ताकि उपचार- क्रिया लागू हो सके और रोगी पुनः स्वस्थ हो जाता है। इसी प्रकार एक सर्जन शारीरिक अवरोधों को हटाता है ताकि उपचार तंत्र सामान्य रूप से कार्य कर सके। कोई फिजिशियन, सर्जन या मानसिक रोग चिकित्सक यह दावा नहीं कर सकता कि मैंने रोगी को रोग मुक्त किया। उपचार की शक्ति, जो अपने आप में एक ही है लेकिन वह कई नामों से जानी जाती है- प्रकृति, जीवन, ईश्वर, रचनात्मक विवेक तथा अवचेतन मन।

जैसाकि पहले भी वर्णन किया जा चुका है कि हमें सजीव रखने वाले उपचार के जीवन सिद्धांत की गति में बाधा पहुँचाने वाले मानसिक, भावनात्मक और शारीरिक अवरोधों को दूर करने के लिए अनेक तरीके व तकनीकें अपनाई जाती हैं। उपचार का तंत्र, जो आपके मन में स्थित है, वह यदि उचित रूप से आपके या किसी और व्यक्ति की ओर से निर्देशित किया जाए तो वह आपके शरीर को सभी रोगों से मुक्त कर सकता है और करेगा। यह उपचार तंत्र सभी व्यक्तियों में काम कर सकता है, चाहे वह किसी भी धर्म, संप्रदाय, रंग या कौम का हो। आपके लिए यह जरूरी नहीं कि आप किस चर्च या मंदिर अथवा धार्मिक पंथ के अनुयायी हैं। आप उपचार-क्रिया में शामिल होकर रोग मुक्त हो सकते हैं।

आपका अवचेतन मन आपके हाथ के जख्म को या फोड़े को ठीक कर देगा, भले ही आप नास्तिक हों।

आधुनिक मानसिक उपचार तंत्र इस सत्य पर आधारित है कि आपके अवचेतन मन का असीमित विवेक और शक्ति आपकी आस्था से प्रेरित होती है। मानसिक चिकित्सक या चर्च का पादरी 'बाइबल' के सिद्धांत को रखकर चलता है जो इस प्रकार है-वह अपने प्रकोष्ठ में जाता है और दरवाजा बंद कर लेता है, जिसका अर्थ है कि वह अपने मन को शांत करके शिथिल कर देता है और अपनी मनमर्जी के अनुसार महसूस करता है कि असीमित उपचार उसके भीतर मौजूद है। वह अपने मन के दरवाजे को, सभी अवरोधों एवं छवियों को बाहर करके बंद कर देता है और तब वह आहिस्ता से सचेत होकर अपनी प्रार्थना या इच्छा को उसकी विशिष्ट जरूरतों के अनुकूल परिणाम देता है ।

सबसे बड़ी आश्चर्यजनक बात यह है कि-परिणाम की कल्पना करो और उसकी वास्तविकता को महसूस करो और तब अनेक जीवन-नियम आपके सचेत चयन और आपकी सचेत इच्छा को पूरी करेंगे। इसका यही अर्थ है कि विश्वास करें कि आपको मिला और आपको मिलेगा। आधुनिक मानसिक उपचारक प्रार्थना-उपचार में यही करता है।

उपचार की एक प्रक्रिया

उपचार की एक ही सर्वव्यापी प्रक्रिया है जो हर वस्तु में लागू होती है। यह प्रक्रिया कुत्ते-बिल्ली में, घास व वृक्ष में तथा हवा और पृथ्वी सब में समान है, समान रूप से लागू है। जीवन का नियम पशु में, सब्जी में, खनिज पदार्थों में उतना ही जीवित है,

जितना कि विकसित होने का सिद्धांत है। मनुष्य इस जीवन सिद्धांत से भलीभाँति परिचित है और वह सजग रूप में अनेक माध्यमों से इसे चलायमान रखकर अपना विकास कर सकता है।

इस सर्वव्यापी शक्ति का प्रयोग करने के माध्यम, तरीके और तकनीकें अलग अलग हैं; किंतु उपचार का तरीका केवल आस्था है। क्योंकि अपनी आस्था के अनुरूप ही आप बन सकते हैं।

आस्था का नियम

दुनिया के सभी धर्म आस्था के विभिन्न रूप प्रस्तुत करते हैं और इन आस्थाओं की व्याख्या भी अनेक हैं। जीवन का नियम एक आस्था है। आप अपने बारे में, जीवन और संसार के बारे में क्या सोचते हैं, वह वही है जो आप सोचते हैं।

आस्था आपके मन का विचार है जो आपके अवचेतन मन की शक्ति को आपके सोचने की आदतों के अनुकूल आपके जीवन के सभी चरणों में बाँट देता है। आपको यह जानना जरूरी है कि 'बाइबल' किसी कर्मकांड, धार्मिक अनुष्ठान, आकृति, संस्थान, व्यक्ति या फॉर्मूले की चर्चा नहीं करती; केवल आस्था की चर्चा करती है। आपके मन की आस्था केवल आपके मन का विचार है।

> यदि आपमें विश्वास नहीं है तो सबकुछ उसे मिलेगा,
> जिसमें विश्वास है। (MARK 9:23)

यह सोचना मूर्खता है कि आपको कोई क्षति या नुकसान पहुँचा सकता है। याद रखें, आपके सोचने से आपको क्षति या नुकसान नहीं होता बल्कि मन में आस्था या धारणा ही परिणाम की रचना करती है। आपके सभी अनुभव, आपके सभी कर्म और आपके जीवन की सभी घटनाएँ एवं परिस्थितियाँ केवल आपकी अपनी धारणाएँ, प्रतिक्रियाएँ और परिणाम हैं।

प्रार्थना-उपचार चेतन मन और अवचेतन मन

प्रार्थना-उपचार वैज्ञानिक रूप से निर्देशित एक संयुक्त विद्या है। यह किसी विशिष्ट उद्देश्य के लिए मन के चेतन और अवचेतन स्तरों को एक समान, सुसंगत और विवेकपूर्ण प्रयोग करने की एक विद्या है। वैज्ञानिक प्रार्थना या प्रार्थना उपचार में आपको यह नहीं मालूम होना चाहिए कि आप क्या कर रहे हैं और उसे क्यों कर

रहे हैं? आप उपचार-नियम पर भरोसा रखें। प्रार्थना-उपचार को मानसिक उपचार कहा जाता है और इसका दूसरा नाम वैज्ञानिक प्रार्थना है।

मानसिक उपचार में आप सजग रूप से एक विचार, एक मानसिक चित्र या किसी योजना को चुनते हैं जिसका अनुभव आप करना चाहते हैं। आप अपनी क्षमता जानते हैं कि आप इस विचार या मानसिक चित्र को उसकी वास्तविकता के एहसास के साथ अवचेतन मन में प्रेषित कर सकते हैं। आपके मानस की यह निष्ठा आपकी प्रार्थना का परिणाम दिला देगी। प्रार्थना-उपचार विशिष्ट उद्देश्य के लिए एक निश्चित मानसिक क्रिया है।

मान लें कि आप किसी खास परेशानी या बीमारी से छुटकारे के लिए प्रार्थना करते हैं। आप जानते हैं कि आपकी परेशानी या बीमारी जो भी हो, आपके अवचेतन मन में बैठे नकारात्मक विचारों के भय के कारण उत्पन्न हुई है और यदि आप इन विचारों को अपने मन से निकाल देंगे तो आपकी बीमारी या परेशानी दूर हो जाएगी।

इस प्रकार आप अपने अवचेतन मन की उपचार - शक्ति की ओर मुड़ते हैं और अपने को उसकी सभी स्थितियों में उसकी उपचार करने की असीमित शक्ति और क्षमता की याद दिलाते हैं। जैसे ही आपका विश्वास इन सत्यों पर जमने लगेगा आपका भय दूर होना शुरू हो जाएगा। इन सत्यों की पुनरावृत्ति अशुद्ध आस्थाओं को भी सुधारती है।

आप उपचार के लिए धन्यवाद देते हैं, यह जानते हुए कि वह होगा और तब आप अपने दिमाग से परेशानी को तब तक दूर रखते हैं, जब तक कि एक अंतराल के बाद प्रार्थना के लिए आपको प्रेरणा नहीं मिल जाती।

प्रार्थना के समय आप नकारात्मक परिस्थितियों को सशक्त बनाने या यह मानने के लिए कि उपचार नहीं होगा, पूर्णतः इनकार कर देते हैं। मन का ऐसा व्यवहार चेतन और अवचेतन मन दोनों में समरसता लाकर उपचार-शक्ति को सक्रिय कर देता है।

आस्था से उपचार: इसका अर्थ क्या है और कैसे अंधविश्वास काम करता है?

आस्था से उपचार की आस्था वह आस्था नहीं है जो बाइबल में वर्णित है, जिसका अर्थ चेतन मन और अवचेतन मन के आदान-प्रदान का ज्ञान है। आस्था से उपचार करने वाले उपचारक को उपचार की शक्तियों की समझ बूझ या ज्ञान नहीं होता। वह केवल दावा करता है कि उसके पास उपचार-शक्ति है जो उसने प्राप्त की है। रोगी का उसमें या उसकी शक्तियों में अंधविश्वास ही रोग को दूर करने में सफल होता है।

दक्षिण अफ्रीका या किसी और देश के बुडू डॉक्टर जादू-टोना करके या किसी संत महात्मा के नाम, शरीर को छूकर या पढ़कर रोगी का उपचार कर सकते हैं। इससे रोगी उनके उपचार पर विश्वास करने लगते है।

कोई भी प्रक्रिया, जो आपको डर और परेशानी से दूर करके आशा और आस्था की ओर ले जाती है, वह आपको रोग मुक्त कर सकती है। ऐसे अनेक लोग हैं जिनमें हर एक यह दावा करता है कि चूँकि उसकी उपचार-प्रक्रिया से रोग ठीक हो जाता है। इसलिए उसकी उपचार क्रिया ही सही है। यह जैसाकि पहले अध्याय में कहा गया है, सही नहीं हो सकता।

अंधविश्वास का एक ज्वलंत उदाहरण है-आपको याद होगा कि हम स्विस फिजिशियन फ्रीज एंटन मेस्मर के बारे में पहले चर्चा कर चुके हैं। सन् 1776 में उन्होंने रोगियों के शरीर में कृत्रिम मैग्नेट को छुआकर अनेक लोगों को रोगमुक्त किया। बाद में उन्होंने मैगनेट उपचार को छोड़ दिया और पशु मैग्नेटिज्म के सिद्धांत का आविष्कार किया। उनके अनुसार यह एक प्रकार का तरल पदार्थ था जिसकी पहुँच सर्वव्यापी है किंतु मानव शरीर में यह बहुत सक्रिय होता है। उनका दावा था कि यह चुंबकीय तरल पदार्थ उनके पास से रोगी के शरीर में जाता है और जाकर उसे रोग मुक्त करता है। लोगों की भीड़ जुटने लगी। लोगों को उस पर विश्वास हो गया। उन्होंने रोग-मुक्ति के अनेक चमत्कार किए।

मेस्मर पेरिस आ गए। वहीं उनके उपचार की सत्यता की जाँच करने के लिए सरकार ने डॉक्टरों और एकेडमी ऑफ मेडिकल साइंस के सदस्यों का एक आयोग नियुक्त कर दिया। बेंजामिन फ्रैंकलिन भी उसके एक सदस्य थे।

आयोग की रिपोर्ट में मेस्मर के उपचार के दावों को सही पाया गया किंतु उन्हें मेस्मर के मैग्नेटिक फ्लूड सिद्धांत का कोई प्रमाण नहीं मिला। इस सिद्धांत को कि उसके पास से तरल पदार्थ रोगी के शरीर में जाकर उसे रोग मुक्त करता है, आयोग ने खारिज करके कपोलकल्पित करार दिया और कहा कि यह केवल रोगी की कल्पना है।

उसके बाद मेस्मर को 'देशनिकाला दे दिया गया और सन् 1815 में उनकी मृत्यु हो गई। उसके फौरन बाद मैनचेस्टर के डॉ. ब्रेड ने अपनी जाँच में बताया कि डॉ मेस्मर के मैग्नेटिक तरल पदार्थ का रोग के उपचार से कोई लेना-देना नहीं था। उन्होंने बताया कि सुझावों से रोगियों को सम्मोहन तंद्रा (हिप्नोटिक स्लीप) में ले जाया जा सकता है जिसमें मेस्मर के तमाम फॉर्मूलों की व्याख्याओं को रोगी के मन में प्रेषित किया जा सकता है।

आप अब समझ गए होंगे कि ऐसे सभी उपचार निस्संदेह सक्रिय सुझावों के जरिए संभव हो पाए जिनमें रोग मुक्ति के साथ-साथ पूर्ण स्वास्थ्य का संदेश रोगियों के अवचेतन मन में पहुँचाया गया। यह सब अंधविश्वास ही कहा जा सकता है क्योंकि उस समय तक यह जानकारी नहीं थी कि उपचार कैसे किया जा सकता है।

विषय-सूचक आस्था और इसके अर्थ क्या हैं?

आपको याद होगा कि हम पहले विषय-सूचक और उद्देश्य सूचक अवचेतन मन के बारे में चर्चा कर चुके हैं जिसमें हम यह बता चुके हैं कि व्यक्ति के विषय सूचक और उद्देश्य सूचक अवचेतन मन पर चेतन मन या उद्देश्य सूचक मन का प्रभाव उतना ही होता है। जितना कि किसी अन्य व्यक्ति की ओर से दिए गए सुझावों का होता है। इसके अनुसार, अपनी उद्देश्य सूचक आस्था, चाहे कुछ भी हो, यदि आप उसे तन-मन से मानते हैं तो आपका अवचेतन मन सुझाव से नियंत्रित हो सकता है और आपकी इच्छा पूरी सकती है।

मानसिक उपचार की आस्था विशुद्ध रूप से विषय-सूचक है और तभी संभव है जब चेतन मन या उद्देश्य सूचक मन की ओर से विरोध समाप्त हो जाए। अर्थात् अपनी आस्था का अवचेतन और चेतन मन से सामंजस्य होना चाहिए तभी रोग का उपचार होगा। रोगी के उपचार में यह हमेशा जरूरी नहीं है कि आप तंद्रा की स्थिति

में पूर्णतः शिथिल होकर निद्रामग्न हो जाएँ। तंद्रा की स्थिति में शिथिलता सुझाव के प्रभावों को स्वीकार करती है।

हाल ही में मुझसे एक व्यक्ति ने प्रश्न किया, "यह कैसे संभव हुआ कि एक पादरी ने मुझे रोग मुक्त कर दिया?" मुझे उसके कथन पर विश्वास नहीं हुआ जब उसने कहा कि रोग नाम की कोई चीज नहीं है और ये सब फिजूल की बातें हैं।

उस व्यक्ति ने पहले यह सोचकर कि उसे बेवकूफ बनाया जा रहा है, उसने उसको बेवकूफी कहकर विरोध किया। इसके उत्तर में बड़ा आसान-सा स्पष्टीकरण है। उसका विरोध पादरी के शांत और गंभीर शब्दों से दूर होता गया। पादरी ने उससे कहा कि वह शांत होकर मन एकाग्र करे, सोचना बंद करे, शरीर को शिथिल अवस्था में ले जाए और मानसिक क्रियाओं पर विराम लगा दे। इसके साथ वह पादरी भी शांत हो गया। उसने धीरे-धीरे शांत स्वर में पूर्ण स्वास्थ्य, शांति, सौहार्द और संपूर्णता का सुझाव उस व्यक्ति को देना शुरू किया। पादरी के चेतन मन और रोगी के अवचेतन मन के बीच एक सेतु बन गया । रोगी को राहत मिलनी शुरू हो गई। उसने स्वास्थ्य लाभ कर लिया।

यह बड़ी आसानी से देखा जा सकता है कि उसकी विषय-सूचक आस्था ने उसके रोग की सक्रियता को निर्मूल करके पूर्ण स्वास्थ्य के उन सुझावों को स्वीकार करना शुरू कर दिया जो पादरी उसके अवचेतन मन को प्रेषित कर रहा था। रोगी और उपचारक दोनों के विषय-सूचक मन के मिलन से रोग-मुक्ति का मार्ग प्रशस्त हुआ।

रोगी के मन में उठने वाले पादरी की उपचार-शक्ति के विरोध में संदेह करने वाले विचारों का पादरी पर कोई असर नहीं पड़ा। तंद्रा में रहने के कारण रोगी के चेतन मन का विरोध धीरे-धीरे कम होता गया और पादरी के सुझावों का प्रभाव बढ़ता गया और परिणाम आने शुरू हो गए। रोगी का अवचेतन मन चूँकि सुझावों के नियंत्रण में रह चुका था, अतः स्वास्थ्य लाभ में विलंब समाप्त हुआ और रोगी रोगमुक्त हो गया।

अनुपस्थित उपचार का अर्थ क्या है?

मान लें कि आपको पता चला कि अपनी माँ न्यूयॉर्क शहर में बीमार हैं और आप लॉस एंजिल्स में रहते हैं। आपकी माँ आपके पास नहीं है किंतु आप उनके लिए प्रार्थना कर सकते हैं। यह ईश्वर आप में है, जो आपका काम करता है।

मन का रचनात्मक नियमः अवचेतन मन आपकी सेवा करता। और आपका काम करेगा। आपके प्रति उसकी प्रतिक्रिया स्वाभाविक है। आपका उपचार अपने मानस में स्वास्थ्य और सामंजस्य की आंतरिक वास्तविकता को प्रेरित करना है।

आंतरिक वास्तविकता अवचेतन मन के माध्यम से अपनी माँ अवचेतन मन के जरिए काम करती है, क्योंकि रचनात्मक मन एक होता है। आपका स्वास्थ्य, शक्ति और पूर्णता का विचार उस एक सर्वव्यापी विषय सूचक मन के माध्यम से काम करता है और जीवन के विषय-सूचक भाग में गति प्रदान करता है जो आपकी माँ के शरीर के उपचार के रूप में प्रकट होता है।

मन के सिद्धांत में समय और दूरियाँ नहीं होतीं। यह वही मन है, जो आपकी माँ के माध्यम से काम करता है, चाहे वह कहीं भी हो। वस्तुतः उपस्थित उपचार के विपरीत अनुपस्थित उपचार कुछ नहीं होता क्योंकि सर्वव्यापी मन सर्वशक्तिमान है। आपका उपचार सचेत क्रिया है। और जैसे ही आप स्वास्थ्य शुभेच्छा और आराम के गुणों के प्रति सचेत हो जाएंगे, ये सभी गुण आपकी माँ के अनुभवों में पुनर्जीवित हो जाएंगे और परिणाम आने शुरू हो जाएंगे।

नीचे दिया गया उदाहरण अनुपस्थित उपचार को स्पष्ट कर देगा। हाल ही में हमारे रेडियो कार्यक्रम की एक महिला दर्शक ने लॉस एंजेलिस में अपनी माँ के लिए प्रार्थना की, जिसे कोरोनरी थ्रॉम्बोसिस की शिकायत थी। प्रार्थना इस प्रकार थी- "उपचार तंत्र वहीं है, जहाँ मेरी माँ हैं। उसके शरीर की दशा, उसके विचारों की प्रतिच्छाया मुझे सजीव रूप में दिखाई दे रही है। मुझे ज्ञान है कि प्रतिच्छाया के रूप को बदलने के लिए मुझे इसके सृजन को बदलना होगा। मेरा मन सृजन स्थल है और अब मैं अपने मन में नए सिरे से सृजन करके अपनी माँ के लिए संपूर्णता, सामंजस्य और पूर्ण स्वास्थ्य की छवि प्रदर्शित करूँगी। अनंत उपचार, जिसने मेरी माँ के शरीर और उनके सभी अंगों की संरचना की है, वह अब उनके सभी अंगों के प्रत्येक तंतु को भर रहा है और शांति की एक नदी उनके शरीर के सभी अवयवों में बह रही है। डॉक्टर दैवी दिशा-निर्देशन में कार्यरत है और जो भी मेरी माँ का स्पर्श कर रहा है, वह सही कार्य करने के लिए निर्देशित है। मुझे ज्ञान है कि बीमारी की अंततः वास्तविकता शून्य है। यदि वास्तविकता होती तो कोई भी बीमारी से मुक्त नहीं होता। मैं अब प्रेम और जीवन के सिद्धांत को आत्मसात् करती हूँ और मैं जानती हूँ और निर्दिष्ट करती हूँ कि सामंजस्य स्वास्थ्य एवं शांति अब मेरी माँ के शरीर में प्रदर्शित हो रहे हैं।

उस महिला ने उपर्युक्त प्रार्थना दिन में अनेक बार की और उसकी माँ ने कुछ ही दिनों में इस आश्चर्यजनक रूप से स्वास्थ्य लाभ किया कि विशेषज्ञ भी आश्चर्य में रह गए। डॉक्टर ने भी मेरी माँ को ईश्वर पर आस्था के लिए धन्यवाद दिया।

बेटी के मन में जो निर्णय की संरचना हुई, उसने मन के रचनात्मक नियम को अनुप्राणित किया और वह जीवन के विषय-सूचक पक्ष को सक्रिय करके उसकी माँ के शरीर में संपूर्ण स्वास्थ्य एवं सामंजस्य के रूप में प्रदर्शित हुआ। बेटी ने अपनी माँ के बारे में जिस सच की कल्पना की थी, वह साथ-ही-साथ उसकी माँ में परिलक्षित हो गए।

अवचेतन मन का शीघ्र उपचार

मेरे एक मनोवैज्ञानिक मित्र ने बताया कि उनका एक फेफड़ा क्षतिग्रस्त है। एक्स-रे और जाँच से पता चला कि उसमें तपेदिक के लक्षण हैं। रात में सोने से पहले वे शांत शब्दों में प्रतिज्ञा करते, "मेरे फेफड़े की प्रत्येक कोशिका, नस ऊतक और मांसपेशी अब संपूर्ण शुद्ध और स्वस्थ हो रही हैं। मेरा पूरा शरीर अब स्वस्थ और संपूर्ण हो रहा है।"

ये दरअसल उनके कहे शब्द नहीं हैं, किंतु सार में वही दर्शाते हैं, जो उन्होंने कहा था। एक महीने के अंदर वे पूर्णतः स्वस्थ हो गए। बाद में लिये गए एक्स-रे और जाँच में यह साबित भी हो गया।"

मैं उनके तरीके को जानना चाहता था इसलिए मैंने पूछा कि ये शब्द उन्होंने सोने से पहले क्यों दोहराए? उनका उत्तर था, "अवचेतन मन का दद्रुतगामी कर्म रात भर आपके सोने के समय चलता है। इसलिए सोने से पहले अपने अवचेतन मन को कोई अच्छा काम दो।" वस्तुतः यह एक विवेकपूर्ण उत्तर था। संपूर्ण स्वास्थ्य और सामंजस्य के बारे में सोचते समय उन्होंने कभी बीमारी का नाम नहीं लिया।

मैं पूरी निष्ठा से आपको सुझाव देता हूँ कि अपनी बीमारी या उसका कोई और नाम लेना बंद करो। ये विकार अपनी खुराक आपके भय में से खाते हैं। उपर्युक्त मनोवैज्ञानिक की तरह मानसिक डॉक्टर बनें। तब आपके सभी दुःख और परेशानियाँ पेड़ की सूखी शाखों की तरह झड़ जाएंगी।

यदि आप अपने दर्दों और तकलीफों का हमेशा नाम लेते रहेंगे तो द्रुतगामी कर्म में अवरोध पैदा करेंगे। इसका अर्थ हुआ कि आप अवचेतन मन की ऊर्जा और उपचार शक्ति के काम में बाधा पहुँचाएंगे। इसके अतिरिक्त, आपके मन के नियम के अनुसार ऐसी कल्पनाएँ वस्तुतः अपना रूप धारण कर लेती हैं, जैसे कि वही हुआ, जिसका मुझे डर था। अपने मन में जीवन के महान् सत्यों को प्रतिष्ठित करें और प्रेम के वातावरण में जीवन का मार्ग प्रशस्त करें।

स्मरण योग्य बातें

1. जानने की कोशिश करें कि वह क्या है जो आपका उपचार करता है! यह जान लें कि आपके अवचेतन मन को दिए गए सही निर्देश आपके शरीर और मन का उपचार करेंगे।
2. अपनी प्रार्थनाओं या इच्छाओं को अपने अवचेतन मन तक पहुँचाने के लिए एक निश्चित योजना को विकसित करें।
3. इच्छा-पूर्ति के परिणामों की वास्तविकता में विश्वास करें। उसकी कल्पना करें और उसकी वास्तविकता में विश्वास करें।

4 निश्चित करें कि आस्था क्या है? यह जान लें कि आस्था आपके मन का एक विचार है और जो आप सोचते हैं, आप उसकी रचना करते हैं।

5 बीमारी में या आपको क्षति पहुँचाने अथवा आपको नुकसान पहुँचाने में विश्वास करना मूर्खता है। पूर्ण स्वास्थ्य और खुशहाली में विश्वास करें; शांति, संपदा, दैवी शक्ति और मार्गदर्शन में भरोसा करें।

6. ऊँचे और उदार विचार, जिन पर आप चला करते हैं, वे महान कार्य बनते हैं।
7. अपने जीवन में प्रार्थना उपचार को शामिल करें। एक निश्चित योजना, विचार या मानसिक छवि को चुनें। मानसिक और भावनात्मक रूप से उससे जुड़ें और जैसे ही आपकी निष्ठा मानसिक व्यवहार पर जमने लगेगी, आपकी प्रार्थना का फल मिल जाएगा।

8. सदा याद रखें कि यदि वास्तव में आप उपचार की शक्ति चाहते हैं तो उसे अपनी आस्था के जरिए प्राप्त करें जिसका अर्थ आपके चेतन और अवचेतन मन के काम-काज का ज्ञान है। आस्था समझने से आती है।

9. अंधविश्वास का अर्थ है- उपचार में प्रयुक्त शक्तियों और क्रियाओं की वैज्ञानिक समझ-बूझ के बिना एक व्यक्ति रोग से मुक्त हो सकता है।

10. रोग से ग्रस्त अपने प्रिय व्यक्तियों के लिए प्रार्थना करना सीखें। अपना मन शांत रखें और आपके स्वास्थ्य, शक्ति एवं पूर्णता के विचार सर्वव्यापी विषय-सूचक मन के माध्यम से काम करने लगेंगे और आपके प्रिय व्यक्ति के मन में पुनर्जीवित होकर परिलक्षित होंगे।

अध्याय-6

मानसिक उपचार के व्यावहारिक तरीके

एक इंजीनियर के पास एक पुल या इंजन बनाने की तकनीक होती है। इंजीनियर की तरह आपके मन के पास भी आपके जीवन में संचालन, नियंत्रण और निर्देशन के लिए एक तकनीक है। आपका यह जानना जरूरी है कि प्रणाली और तकनीकें किसी भी रचना की बुनियाद होती हैं।

पुल का मुख्य दरवाजा बनाने से पहले चीफ इंजीनियर ने रचना के सिद्धांतों, तनावों और मेहनत की थकावट का अंदाजा लगाया। दूसरे, उसने अपने जेहन में खाड़ी के पार बने पुल की छवि का आकलन किया। तीसरे कदम में उसने उस सफल एवं सिद्ध प्रणाली और तकनीक का प्रयोग किया जिनके जरिए रचना के सिद्धांत तब तक लगे रहे, जब तक कि पुल पूरा होकर यातायात के लिए तैयार नहीं हो जाता। इसी प्रकार तकनीकें और प्रणालियाँ हैं जिनके जरिए आपकी प्रार्थनाओं का उत्तर मिलता है। यदि आपकी प्रार्थना का उत्तर मिलता है तो इसका भी एक मार्ग है जिसके माध्यम से उत्तर मिलता है और यह एक वैज्ञानिक मार्ग है। अचानक कुछ नहीं होता। यह संसार नियम और व्यवस्था पर चलता है। इस अध्याय में आप अपने आध्यात्मिक जीवन से साक्षात्कार कर उसे विकसित करने की व्यावहारिक

तकनीकों की जानकारी पाएंगे। आपकी प्रार्थनाएँ आसमान में गुब्बारे की तरह नहीं रहनी चाहिए। उन्हें कहीं जाकर आपके जीवन को सफल बनाना चाहिए।

जब हम प्रार्थना की व्यवस्था करते हैं तो हमारे सामने तरह-तरह की छवियाँ दिखाई देती हैं। यहाँ हम उस प्रार्थना की चर्चा नहीं करने जा रहे जो धार्मिक प्रार्थनाएँ होती है, जिन्हें हर धर्म में अपने-अपने तरीके से किया जाता है।

प्रार्थनाएँ सामूहिक रूप से की जाती हैं। हम यहाँ व्यक्तिगत प्रार्थना की चर्चा करेंगे क्योंकि यह आपके दैनिक जीवन से संबंधित है और किसी अन्य व्यक्ति के लिए की जाती है।

इस प्रार्थना में किसी से संबंधित एक विचार को एक आकार देना होता है जिसे हम चाहते हैं। प्रार्थना आत्मा की सत्यनिष्ठ इच्छा है। आपकी इच्छा ही आपकी प्रार्थना है यह आपके भीतर के मन से निकलती है और उन बातों को बताती है जो जीवन में आप चाहते हैं। ये लोग किस्मतवाले हैं जिनकी भूख और प्यास अच्छाई में तृप्त होती है क्योंकि वह उन्हें प्राप्त होगी। वस्तुतः यही प्रार्थना है। यह जीवन भी शांति, सामंजस्य, स्वास्थ्य, आनंद और जीवन की अन्य खुशियों के लिए भूख व प्यास है।

अवचेतन मन को संपुष्ट करने के लिए प्रेषण की तकनीक

यह बुनियादी रूप से आपकी प्रार्थना को, जो आपको चेतन मन से मिलती है, अवचेतन मन में पहुँचाने की तकनीक है। यह संप्रेषण साधना के रूप में भली प्रकार होती है। यह जान लें कि आपके अंतर्मन में असीमित ज्ञान और असीमित शक्ति का खजाना है। बस शांत मन से सोचें, आपको क्या चाहिए? उस क्षण के बाद मन की आँखों से देखना शुरू करें कि जो आपने सोचा वह पूर्ण होकर आ रहा है। उस छोटी बच्ची की तरह बन जाएँ जिसका गला खाँसी से खराब है और वह पूरे विश्वास से कहती है "ठीक हो रहा है। देखो अब ठीक हो रहा है।" और एक घंटे में उसे खाँसी से आराम मिल जाता है। इस तकनीक को पूरी निष्ठा और अपनेपन से अपनाओ।

आपका अवचेतन आपके कच्चे नक्शे को स्वीकार करेगा

यदि आप अपने और अपने परिवार के लिए नया घर बना रहे हैं तो आप जरूर उसके लिए अपना एक कच्चा नक्शा तैयार करेंगे और चाहेंगे कि निर्माता आपके

नक्शे को स्वीकार कर ले। आप अपने घर के लिए सबसे बढ़िया लकड़ी, लोहा और सभी अन्य सामग्रियों को चुनेंगे। आप अपने बारे में क्या सोचते हैं? अपने मानसिक घर और खुशियों तथा संपन्नता के नक्शे के बारे में क्या सोचते हैं? आपके जीवन में आपके सभी अनुभव और सबकुछ, जो आपके जीवन में आता है, वह मानसिक निर्माण सामग्री की प्रवृत्ति पर आधारित होता है जिसे आप अपने मानसिक घर के निर्माण में लगाते हैं। यदि आपका कच्चा नक्शा भय, परेशानी, घबराहट या कमियों की मानसिक प्रवृत्तियों से भरा है और अगर आप दुःखी निराश एवं चिडचिडे स्वभाव के हैं तो आप अपने मन में जिस प्रकार के मानसिक निर्माण का ताना-बाना बुन रहे हैं, वह और उलझने, तनाव, घबराहट तथा सभी तरह की कमियाँ लाएगा।

जीवन में सर्वाधिक बुनियादी और दूरगामी गतिविधि वह है जो हर समय आप अपने मन में निर्मित करते रहते हैं। आपके शब्द शांत और अदृश्य जरूर हैं, पर वास्तविक हैं।

आप हर वक्त अपना मानसिक घर बनाते रहते हैं और आपकी धारणा व कल्पना आपके निर्माण के नक्शों में प्रतिबिंबित होती जाती है। घंटा-दर-घंटा, पल-दर-पल आप सुंदरता, स्वास्थ्य, सफलता और खुशियाँ अपने उन विचारों से निर्मित कर सकते हैं, उन धारणाओं से निर्मित कर सकते हो जो आप बनाते हैं, उन विश्वासों से निर्मित कर सकते हैं जो आप स्वीकार करते हैं और उन दृश्यों से निर्मित कर सकते हैं जिनका अभिनय आप अपने मन के छिपे स्टूडियो में करते हैं। यह राजप्रासाद, जिसके निर्माण में आप लगातार लगे रहे हैं, वह आपका व्यक्तित्व है, इस धरती पर आपकी पहचान है, आपके जीवन की कहानी है।

एक नया नक्शा लाएँ; इस वर्तमान जीवित क्षण के शुभ संसार में शांत रहकर, प्रेममय परिवेश में आनंद के मन-वृंदावन में निर्माण कार्य शुरू करें। इन विचारों पर टिके रहकर और उन्हें अपनाकर आपका अवचेतन आपके नक्शे को स्वीकार कर लेगा और यह सब आपके जीवन में प्रस्तुत करेगा। उनके फल से आप उन्हें पहचान लेंगे।

आपकी सच्ची प्रार्थना की कला और विज्ञान

विज्ञान का अर्थ है-ज्ञान जो संयोजित, व्यवस्थित एवं प्रणालीबद्ध है। प्रार्थना चूँकि जीवन का बुनियादी सिद्धांत है और चूँकि प्रार्थना की तकनीकें व प्रक्रियाएँ आपके

और सभी के जीवन में परिलक्षित होती हैं, इसलिए यह जरूरी है कि हम विज्ञान और कला के परिवेश में प्रार्थना की बारीकियों की समीक्षा करें। प्रार्थना का फल तभी प्राप्त होता है, जब हम उसे पूर्ण आस्था और लगन से करें। प्रार्थना का कला पक्ष आपका है अर्थात् यह आपकी प्रक्रिया और तकनीक है कि आप कैसे प्रार्थना करते हैं और विज्ञान पक्ष आपके रचनात्मक मन की निश्चित प्रतिक्रिया है जो आपकी मानसिक छवि या आपके विचार के आधार पर बनती है।

माँगो और वह आपको दी जाएगी, ढूँढो और आपको मिल जाएगी। दरवाजे पर दस्तक दो और आपके सामने दरवाजा खुल जा एगा।

(Matthew : 77)

यहाँ आपको बताया गया है कि आप जिसकी माँग करेंगे, वह आपको मिल जाएगी और जिसके लिए आप दरवाजे पर दस्तक दे रहे हैं, वह आपके सामने खुल जाएगा तथा आप जिसे ढूँढ रहे हैं; वह आपको मिल जाएगा। यह उपदेश मानसिक व आध्यात्मिक नियम को निश्चित करता है। आपके चेतन और अवचेतन मन के असीमित ज्ञान की सीधी प्रतिक्रिया लगातार चेतन मन में प्राप्त होती रहती है। यदि आप रोटी माँगते हैं तो आपको पत्थर नहीं मिलेगा। यदि आपको चाहिए तो विश्वास के साथ माँगना होगा। आपका मन विचार से वस्तु पर पहुँचता है। आपके मन में पहले छवि नहीं आएगी तो वह अपना काम नहीं कर पाएगा क्योंकि जब तक उसके सामने लक्ष्य नहीं होगा, वह कैसे काम करेगा?

अपनी प्रार्थना आपकी मानसिक क्रिया है। इससे पहले कि अवचेतन मन की शक्ति आपकी प्रार्थना को मूर्त रूप देने की प्रक्रिया शुरू करे, आपके मन में आपकी प्रार्थना की छवि बन जानी चाहिए। मन में छवि तभी बनती है, जब मन अपनी छवि को बिना किसी संदेह के पूर्ण रूप से स्वीकार कर लेता है।

इस इरादे के साथ अपनी इच्छाओं की पूर्ति की अभिलाषा में आपका मन आनंद और संतोष की भावनाओं से प्लावित हो जाना चाहिए। आपकी प्रार्थना को कला और विज्ञान का पुष्ट आधार है। आपका यह ज्ञान और पूर्ण विश्वास है कि आपके चेतन मन की गतिविधियाँ आपके अवचेतन मन से एक निश्चित प्रतिक्रिया प्राप्त कर लेंगी, जो स्वयं में एक असीमित ज्ञान और शक्ति का केंद्र है। इस प्रक्रिया का अनुसरण करने पर आपकी प्रार्थना का फल मिलेगा।

सजीवकरण की तकनीक

विचार की रचना का सबसे आसान और सहज तरीका है कि अपने मन की आँखों में उसकी छवि बनाओ, जैसे कि वह सजीव है। खुली आँखों से वह आपको तभी दिखाई देगी जब वह भौतिक जगत में मौजूद हो। इसी प्रकार जिसे आप मन की आँखों से देखेंगे, वह आपके मन की अदृश्य दुनिया में मौजूद है। आपके दिमाग में जो छवि है, वह वस्तु की कल्पना का एक मिला-जुला रूप है, जो कल्पना आप करते हो, वह उतनी ही वास्तविक है जितना वास्तविक आपके शरीर का अंग है। विचार एवं धारणा वास्तविक है और एक दिन आपकी दुनिया में दिखाई देगी, यदि आप अपनी मानसिक छवि के प्रति निष्ठावान बने रहेंगे।

विचार की प्रतिक्रिया आपके मन में अंकित होती है, जो बदलकर आपके जीवन में घटनाओं और अनुभवों के रूप में प्रकट होती है।

भवन निर्माता अपनी इच्छा के अनुरूप भवन की कल्पना करता है। वह उसे अपनी इच्छा के रूप में देखता है, जिसे उसको पूरा करना है। उसकी कल्पना और विचार प्रक्रिया प्लास्टिक के एक ढाँचे के समान है जिसमें से वह भवन बनकर निकलता है, चाहे वह सुंदर हो या भोंडा हो, एक गगनचुंबी इमारत हो या एक छोटा सा मकान। उसकी कल्पना कागज पर एक चित्र के समान होती है। अंततः ठेकेदार और उसके कर्मचारी सब निर्माण सामग्री एकत्रित करते हैं और भवन बनना शुरू होता है और भवन निर्माता की मानसिक छवि के अनुकूल बनकर तैयार होता है।

मैं भाषण देने से पहले सजीवीकरण की तकनीक का प्रयोग करता हूँ। मैं अपने मन को शांत करता हूँ ताकि मैं अपने अवचेतन मन के समक्ष अपने विचारों की छवि प्रस्तुत कर सकूँ। इसके बाद मैं ऑडिटोरियम में बैठे स्त्री-पुरुषों के चेहरों पर नजर दौड़ाता हूँ जो असीमित उपचार की भावना से प्रज्ज्वलित और दीप्तिमान हैं। मैं उनके चेहरों पर खुशी और प्रफुल्लता की चमक पाता हूँ।

पहले कल्पना में अपने विचार को स्थिर करके मैं चुपचाप उस विचार की मानसिकता को बनाए रखता हूँ और कल्पना करता हूँ कि मैं स्त्री-पुरुषों की आवाजें सुन रहा हूँ; "मैं रोग मुक्त हो गया, मुझे बड़ा अच्छा लग रहा है, मेरी बीमारी फौरन दूर हो गई, मेरा कायाकल्प हो गया।" मैं इस क्रम को लगभग दस मिनट तक बनाए रखता हूँ, यह जानकर और महसूस करके कि उनसे प्रत्येक व्यक्ति का मन और शरीर प्यार, पूर्णता, सौंदर्य एवं संपूर्णता से प्लावित है। तब मेरा मन उस

बिंदु तक पहुँच जाता है, जहाँ मेरे अपने मन में हजारों की संख्या में स्वास्थ्य और खुशी से भरी आवाजें गूंजने लगती हैं और तब मैं संपूर्ण चित्र को महसूस करके प्लेटफॉर्म पर जाता हूँ। लगभग प्रत्येक रविवार को अनेक व्यक्ति कहते हैं कि उनकी प्रार्थनाओं के परिणाम उन्हें मिल गए।

मानसिक चलचित्र तकनीक

चीनी कहावत है- 'एक चित्र हजार शब्द का होता है।' अमेरिकन मनोविज्ञान के पितामह विलियम जेम्स इस तथ्य पर जोर देते हैं कि अवचेतन मन किसी भी चित्र को स्वीकार करेगा जिसमें मन की आस्था है। आप जैसा बनना चाहोगे, वैसा बनोगे।

वर्षों पूर्व मैं मध्य पश्चिम के अनेक राज्यों में भाषण दे रहा था। मेरी इच्छा थी कि कोई स्थायी केंद्र बनाऊँ जहाँ से सभी राज्यों में जाकर उन लोगों की सहायता कर सकूँ जो मुझसे सहायता चाहते हैं। मैं दूर-दूर तक गया, पर मेरी इस इच्छा ने मेरा पीछा नहीं छोड़ा। एक शाम मैं वॉशिंगटन स्थित स्पोकेन के एक होटल में आराम से सोफे पर चुपचाप बैठा था और तब शांत मन से मैंने कल्पना करनी शुरू की कि मैं दर्शकों से भरी सभा में दर्शकों से बात कर रहा हूँ। उनसे कह रहा हूँ कि मैं यहाँ आकर बहुत खुश हूँ। मैंने इस आदर्श अवसर के लिए प्रार्थना की है। मैंने अपने मन की आँखों से काल्पनिक दर्शकों को देखा और उसकी वास्तविकता का एहसास किया, मानसिक चलचित्र को अभिनीत किया और मन में संतोष का एहसास किया कि यह चित्र मेरे अवचेतन मन में प्रेषित किया जा रहा है जिसे वह अपनी प्रतिक्रिया के माध्यम से मूर्त रूप दे पाएगा। अगले दिन सुबह उठने पर मुझे बहुत शांति एवं संतोष का एहसास हुआ और कुछ ही दिनों में मुझे मिडवेस्ट में एक संस्थान को सँभालने का टेलीग्राम मिल गया। मैंने उसे स्वीकार किया और अनेक वर्षों तक मेरा प्रवास आनंद में बीता।

मैंने जिस प्रक्रिया का वर्णन किया है, बहुत लोगों ने उसकी प्रशंसा की। उन्होंने इसे मानसिक चलचित्र प्रक्रिया बताया है। मुझे उन दर्शकों के अनेक पत्र मिले, जो रेडियो पर मेरी वार्ता सुनते हैं और मेरे साप्ताहिक सार्वजनिक व्याख्यानों में शामिल होते हैं। अपने पत्रों में उन्होंने बताया कि इस तकनीक का उन्होंने प्रॉपर्टी बेचने में इस्तेमाल किया और उन्हें आश्चर्यजनक परिणाम मिले। मैं उन लोगों को, जो अपना घर या संपत्ति बेचना चाहते हैं, सुझाव देता हूँ कि वे अपने मन में यह

विश्वास जमा लें कि जो मूल्य उन्होंने रखा है, वह सही है। तब मैं दावे के साथ कह सकता हूँ कि असीमित ज्ञान उन खरीदारों, जो वाकई उस संपत्ति को लेना चाहते हैं, के प्रति आकर्षित करेगा। उसे खरीदने पर उनकी खुशहाली बढ़ेगी। यह सब करने के बाद मेरा सुझाव है कि वे अपने मन को शांत करें, आराम दें और धीरे-धीरे तंद्रा में चले जाएँ, निद्रा की स्थिति में पहुँच जाएँ। इससे उनकी मानसिक क्रिया स्थिर हो जाएगी। इसके बाद उन्हें यह चित्र देखना है कि उनके हाथ में चेक है। खुशी का इजहार करें, चेक के लिए धन्यवाद दें और फिर इस एहसास के साथ सो जाएँ कि मन में जो चलचित्र बना था, वह एक स्वाभाविक क्रिया थी। वे ऐसा व्यवहार करें जैसे कि वह एक वास्तविकता थी और अवचेतन मन उसे अंकित कर लेगा तथा मन की भीतरी शक्तियों के माध्यम से खरीदार एवं बेचनेवाला, दोनों मिल जाएंगे। मन का चित्र आस्था के बल पर परिणाम प्रस्तुत करेगा।

बडोइन तकनीक

चार्ल्स बडोइन रॉउसी इंस्टीट्यूट में प्रोफेसर थे। एक सफल मनोचिकित्सक के साथ-साथ न्यू नैंसी स्कूल ऑफ हीलिंग के रिसर्च डायरेक्टर भी थे। उन्होंने सन् 1910 में अवचेतन मन को प्रभावित करने के लिए एक नायाब तकनीक की जानकारी दी। उस तकनीक के अनुसार अवचेतन मन में प्रवेश करने की सर्वोत्तम तकनीक है कि तंद्रा में अर्थात् सुषुप्त अवस्था में चले जाओ, जिसमें शरीर कम-से-कम हो जाएँ। उसके बाद शांत, स्थिर और मृदुल आवाज में अपने विचार को अवचेतन मन में पहुँचा दो .

उनका फॉर्मूला इस प्रकार है-अवचेतन मन में विचार को प्रेषित करने का आसान तरीका यह है कि जिस विचार को अवचेतन मन में प्रेषित करना हो, उसके सारांश को छोटे वाक्यों में बना लें जिसे आप आसानी से कह सकते हैं और आपका अवचेतन मन उसे तुरंत स्वीकार कर लेगा। उन वाक्यों को शांत स्वर में बार-बार इस प्रकार दोहराएँ. जैसे बच्चे को सुनाने के लिए लोरी गाई जाती है।

कुछ वर्ष पूर्व लॉस एंजेलिस की एक युवा महिला लंबे समय से पारिवारिक वसीयत से संबंधित एक मुकदमे में फँसी हुई थी। उसके पति ने सारी जायदाद वसीयत में उसके नाम कर दी थी जिसको लेकर पति की पूर्व पत्नी के बेटे और

बेटियों ने संपत्ति पर अपने अधिकार के लिए मुकदमा कर दिया था। उस महिला को बडोइन तकनीक के बारे में बताया गया। उसने उस तकनीक का प्रयोग इस प्रकार किया। वह एक आरामकुरसी पर बैठ गई। शरीर को पूर्ण शांत और आरामदेह बनाकर उसने अपनी आँखें बंद कर लीं और सोने की स्थिति में आ गई। उसके बाद उसने अपने विचार को सात शब्दों के एक वाक्य में स्थिर और मृदुल आवाज में कहना शुरू किया "दैवी शक्ति से यह खत्म हो गया।" एक वाक्य का यह संदेश आसानी से अवचेतन मन में प्रविष्ट हो गया। इन शब्दों का महिला के लिए महत्त्व यह था कि अवचेतन मन के नियम असीमित ज्ञान सामंजस्य के सिद्धांत से अनुकूल सामंजस्यपूर्ण स्थिति बना देगा। उसने इस तकनीक को दस दिनों तक सोते समय दोहराया। रात को सोने से पूर्व वह आहिस्ता से शांत स्वर में पूर्ण निष्ठा के साथ बार-बार दोहराती, "दैवी शक्ति से यह खत्म हो गया है।" उसके बाद वह शांत होकर संतोष के साथ गहरी नींद में सो जाती।

दस रातों को संदेश दोहराने के बाद ग्यारहवें दिन जब वह सुबह उठी तो उसे विश्वास हो गया कि वह मुकदमा खत्म हो गया है। उसी दिन उसके वकील का टेलीफोन आ गया। उसने बताया कि दूसरी पार्टी समझौते के लिए राजी हो गई है। बाद में सामंजस्यपूर्ण समझौता हो गया। मुकदमा वापस ले लिया गया।

सोने की तकनीक

सोने की मुद्रा में या तंद्रा की स्थिति में प्रयास कम पड़ता है। अवचेतन मन नींद के समय बहुत शांत हो जाता है। इसका कारण यह है कि नींद से पूर्व और नींद के फौरन बाद अवचेतन मन से बड़े पैमाने पर विचार निकल जाते हैं और वह खाली हो जाता है। ऐसे समय में नकारात्मक विचार अवचेतन मन में नहीं रहते जो अपनी इच्छाओं को स्वीकार करने में बाधा पहुँचाते हैं।

मान लीजिए कि आप अपनी किसी बुरी आदत से छुटकारा पाना चाहते हैं। इसके लिए आप एक आरामदेह अवस्था में बैठ जाएँ या लेट जाएँ। शरीर को शांत और शिथिल कर लें। सोने का प्रयास करें और उस अवस्था में आहिस्ता से इन शब्दों को बार-बार इस प्रकार कहें जैसे कि आप लोरी सुना रहे हों, "मुझे इस आदत से छुटकारा मिल गया है। मेरे मन में अब सामंजस्य और शांति का

वातावरण है।” यही संदेश बड़ी आत्मीयता से शांत स्वर में सुबह और रात में पाँच या दस बार दोहराएँ। जितनी बार दोहराएंगे, उतना ही उसका प्रभाव बढ़ जाएगा। जब भी आपको अपनी बुरी आदत की चाहत हो, इस फॉर्मूले को ऊँची आवाज में दोहराएँ। इस तकनीक से आप अवचेतन मन को संदेश स्वीकार करने लिए प्रेरित करेंगे और आपकी बुरी आदत गायब हो जाएगी तथा धीरे-धीरे छूट जाएगी।

धन्यवाद तकनीक

'बाइबल' में पॉल अनुशंसा करते हैं कि हम अपनी माँग को प्रशंसा और धन्यवाद के माध्यम से जाहिर करते हैं। प्रार्थना की इस अत्यंत सरल तकनीक के असाधारण परिणाम मिले हैं। सृष्टि के कर्म और प्रतिकर्म सिद्धांत के अनुसार धन्यवाद देने वाला हृदय विश्व की रचनात्मक शक्तियों के निकट होता है जो पारस्परिक संबंधों के नियमानुसार अनगिनत शुभेच्छाओं को आपके हृदय तक पहुँचाती है। उदाहरण के लिए एक पिता अपने बेटे से ग्रेजुएट होने पर उसे कार देने का वायदा करता है।

बेटे को कार नहीं मिली है लेकिन वह मन-ही-मन में धन्यवाद देता है और खुश होता है, जैसे वास्तव में उसे कार मिल गई हो! उसे मालूम है कि उसके पिता अपना वायदा पूरा करेंगे और वह खुशी में आभार प्रकट करता है जबकि वास्तविक रूप में उसे अभी तक कार नहीं मिली है। जो भी हो, उसने मन में कार को पा लिया है। वह खुश है और मन में आभार प्रकट कर रहा है।

मैं एक दूसरे उदाहरण में यह दिखाऊँगा कि मि. ब्रोक ने इस तकनीक को अपनाकर कैसे अभूतपूर्व परिणाम प्राप्त किए। वे अपनी चिंता में कहते है- देनदारियाँ बढ़ती जा रही हैं और मैं बेरोजगार हो गया हूँ। मेरे तीन बच्चे हैं और हाथ में एक पैसा नहीं, मैं करूँ तो क्या करूँ? नियमित रूप से तीन सप्ताह तक उन्होंने रोजाना रात को सोते समय और सुबह उठने पर इन शब्दों को पूरे आराम में शांत होकर और मन में आभार की भावना के साथ दोहराया “हे ईश्वर ! मेरी दौलत के लिए धन्यवाद।” उन्होंने कल्पना की कि वे अपने भीतर स्थित असीमित शक्ति और ज्ञान को संबोधित कर रहे हैं, जबकि रचनात्मक ज्ञान या असीमित मन को वे देख नहीं पा रहे हैं। वे आध्यात्मिक शक्ति से जनित मन की आँखों से देख रहे थे कि धन-दौलत की छवि पहली वजह है, जो धन प्रतिष्ठा तथा आहार के लिए जरूरी है। उनके विचारों की भावना का तत्त्व संपदा था जो किसी पूर्व दशा से किसी प्रकार

जुड़ा नहीं था। 'धन्यवाद ईश्वर!' को बार-बार दोहराने से उनका मन और हृदय ऊपर उठकर स्वीकार बिंदु तक पहुँच गया और जब कभी भय-अभावों के विचार, गरीबी तथा परेशानियाँ उनके मन में दस्तक देतीं, वे यही कहते, "धन्यवाद ईश्वर।" वे जान गए कि चूँकि उन्होंने धन्यवाद का व्यवहार बनाए रखा है, वे अपने मन को परिवर्तित करके उसमें धन-संपदा का विचार पैदा कर देंगे और हुआ भी वही।

उनकी प्रार्थना का उत्तर बड़ा दिलचस्प है। इस तकनीक से प्रार्थना करने के बाद उन्हें राह चलते 20 साल पुराना उनका एक नियोक्ता मिल गया। उसने उन्हें अपने प्रतिष्ठान में बहुत बढ़िया नौकरी का ऑफर दिया और साथ में 500 डॉलर का एडवांस भी दे दिया। आज मि. ब्रोक उस कंपनी के वाइस प्रेसीडेंट हैं। उन्होंने हाल ही में मुझसे कहा, "धन्यवाद, मैं ईश्वर के चमत्कार को कभी नहीं भूलूँगा। उसने मुझे नया जीवन दिया।"

स्वीकारात्मक तकनीक

आपका स्वीकार कितना प्रभावशाली होगा यह बहुत कुछ इस बात पर निर्भर करता है कि आप में सच्चाई की और शब्दों की समझ कितनी है। प्रार्थना केवल शब्दों को दोहराना नहीं है। अर्थात् प्रार्थना तभी प्रभावशाली होती है। जब आप उसकी सच्चाई को स्वीकार करके उस पर विश्वास करते हैं। आपके विश्वास की शक्ति आपके निश्चित और विशिष्ट सत्य की बौद्धिक समझ में निहित है। उदाहरण के लिए एक बालक क्लास में बोर्ड पर 3 और 3 का योग 7 लिखता है। शिक्षक गणित के सत्य को स्वीकार करके 3 और 3 का योग 6 बताता है। इसलिए बालक उसी के अनुरूप अंक बदलकर 6 कर देता है। यह 3 और 3 का योग शिक्षक के कहने पर नहीं हुआ बल्कि वह पहले से गणित का स्थापित सत्य है। गणित के सत्य ने बालक से अंक बदलवाए। रोगग्रस्त होना अस्वाभाविक है, स्वस्थ रहना स्वाभाविक है। आपके जीवन के लिए स्वास्थ्य एक सत्य है। जब आप अपने लिए अथवा दूसरे के लिए स्वास्थ्य, सौहार्द एवं शांति स्वीकार करते हैं और जानते हैं कि यह आपके जीवन के लिए विश्वव्यापी सिद्धांत है तो आप अपनी समझ के अनुरूप, जिसे आप स्वीकार करते हैं, अपने अवचेतन मन की नकारात्मक प्रवृत्तियों को बदलेंगे।

स्वीकारात्मक तकनीक की प्रार्थना का परिणाम आपके जीवन-नियम की अनुकूलता पर निर्भर करता है, आप चाहे कोई भी हों। एक क्षण के लिए मान

लीजिए गणित का एक सिद्धांत है और कोई गलती नहीं सत्य का एक सिद्धांत है, लेकिन बेईमानी नहीं।

ज्ञान का सिद्धांत है लेकिन अज्ञान नहीं, सौहार्द का सिद्धांत है लेकिन मन-मुटाव नहीं। स्वास्थ्य का सिद्धांत है, लेकिन रोग नहीं और संपन्नता का सिद्धांत है, लेकिन अभाव या गरीबी नहीं। स्वीकारात्मक तकनीक का प्रयोग लेखक ने अपनी बहन पर किया जिसका इंग्लैंड के एक अस्पताल में गॉल ब्लेडर में पथरी का ऑपरेशन होना था। स्थिति की जानकारी विभिन्न परीक्षणों तथा एक्स-रे रिपोर्ट से मिली। उसने मुझसे प्रार्थना करने को कहा। हम दोनों के बीच 6500 मील की दूरी थी किंतु मन के सिद्धांत के लिए समय और दूरियाँ कोई मायने नहीं रखतीं। असीमित मन या ज्ञान प्रत्येक स्थान पर प्रत्येक क्षण एक साथ प्रस्तुत रहता है। मैंने रोग के सभी लक्षणों और शारीरिक व्याधियों के इरादों अथवा विचारों को अपने मन से निकाल दिया और मन में निम्नलिखित प्रार्थना को स्वीकार किया, "यह प्रार्थना मेरी बहन कैथरीन के लिए है। वह आराम से है, शांति में है, आत्मविश्वास में है, संतुलन में है और शांत है। उसके अवचेतन मन का उपचार- ज्ञान, जिसने उसके शरीर की रचना की है, अब उसके शरीर की प्रत्येक कोशिका को, नस को, प्रत्येक ऊतक, मांसपेशी और हड्डी को उसके अवचेतन मन में रखे सभी परिष्कृत अंगों के नमूनों के अनुरूप रूपांतरित कर रही है। शांति से आहिस्ता-आहिस्ता उसके मन की सभी विकृत प्रवृत्तियाँ हट रही हैं, समाप्त हो रही हैं और जीवन-सिद्धांत की शक्ति, संपूर्णता एवं सौहार्द उसके शरीर के प्रत्येक तंतु में प्रदर्शित हो रहा है। वह अब उपचार के वेग को स्वीकार करने के लिए तैयार है जो उसके शरीर में नदी के प्रवाह की तरह बह रहा है और उसमें पूर्ण स्वास्थ्य, सौहार्द एवं शांति स्थापित कर रहा है। सभी विकृतियाँ और कुरूप छवियाँ अब प्रेम के अथाह सागर में विलीन हो चुकी हैं और उसके शरीर में शांति का साम्राज्य स्थापित है, ऐसा ही हो।"

मैंने उपर्युक्त प्रार्थना दिन में कई बार की और दो सप्ताह के अंत में मेरी बहन ने परीक्षण करवाया जिसमें अभूतपूर्व उपचार के लक्षण दिखाई दिए और एक्स-रे की रिपोर्ट भी नेगेटिव आई।

स्वीकार करने का अर्थ है-उसे मान लेना और जब आप मन के इस व्यवहार को सत्य मान लेंगे, तब चाहे इसके विपरीत कितने भी तथ्य क्यों न हों, आपको अपनी प्रार्थना का उत्तर मिलेगा। आपका विचार केवल स्वीकार करेगा, क्योंकि यदि आप इनकार करते हैं तो आप दरअसल में उसको स्वीकार कर रहे हैं, जिसे आप इंकार कर रहे हैं।

स्वीकार को दोहराना यह जान लेना है कि आप जो कह रहे हैं और क्यों कह रहे हैं। यह आपके मन को चेतना की उस अवस्था तक ले जाता है, जहाँ वह आपके कहे को सच स्वीकार कर लेता है। जीवन के सत्य को दोहराते रहें, जब तक कि आपको अवचेतन मन की प्रतिक्रिया नहीं मिल जाती, जो आपको संतोष देगी।

तर्कात्मक तकनीक

यह उपाय वही है, जो इसका शाब्दिक अर्थ है। इसका आविष्कार करने का श्रेय डॉ. फाइनीस को जाता है, जो लगभग सौ वर्ष पहले बेलफास्ट में मानसिक व आध्यात्मिक उपचार की प्रैक्टिस करते थे। सन् 1921 में न्यूयॉर्क स्थित थॉमस वाई क्रोवेल कंपनी ने उनकी पुस्तक 'द क्विबी मैनुस्क्रिप्ट्स' प्रकाशित की थी। उसका संपादन होरेटियो ड्रेसर ने किया था। यह पुस्तक आपकी लाइब्रेरी में उपलब्ध है। इस पुस्तक में समाचार-पत्रों में छपे उनके उपचार के अभूतपूर्व परिणामों का विवरण दिया गया है। क्विबी के उपचार के अनेक चमत्कारों का विवरण 'बाइबल' में मिलता है।

संक्षेप में, क्विबी के तर्कात्मक उपाय आध्यात्मिक तर्क पर आधारित हैं जिसमें आप रोगी को और अपने को आश्वस्त कर लेते हैं कि रोगी के रोग का कारण उसका तथ्यहीन विश्वास, आधारहीन भय और अवचेतन मन में बैठी उसकी नकारात्मक प्रवृत्तियाँ हैं। आप अपने मन को तर्क के आधार पर आश्वस्त कर लें और रोगी को भी आश्वस्त कर दें कि अपनी बीमारी या रोग आपके दिमाग के विकृत विचारों और गलत प्रवृत्तियों की महज एक उपज है, जो आपके शरीर पर हावी हो गई है। कुछ बाहरी शक्तियों ने बाहरी कारणों से गलत धारणाओं को रोग का रूप दे दिया है। विचारों की प्रवृत्तियों को परिवर्तित करके रोग को परिवर्तित किया जा सकता है।

आप रोगी को स्पष्ट करें कि आस्था का परिवर्तन ही सभी रोगों के उपचार का आधार है। आप उसे यह बताएँ कि अवचेतन मन ने ही आपके शरीर की रचना की है, इसलिए वह जानता है कि वह कैसे उपचार करे और वह कर सकता है और इस समय जब आप बोल रहे हैं, वह उपचार कर रहा है। आप अपने मन की अदालत में तर्क दीजिए कि यह रोग एक रोगग्रस्त और रुग्ण विचार की कल्पित मानसिक दशा की छाया मात्र है।

आप आंतरिक उपचार-शक्ति के समर्थन में, जिसने शरीर के सभी अवयवों की रचना की है और जिसके पास शरीर के सभी सेलों, नसों एवं मांसपेशियों के

परिष्कृत नमूने हैं, जितना हो सके प्रमाण जुटाने का प्रयास करें। उसके बाद आप अपने मन की अदालत में अपने और रोगी के समर्थन में फैसला सुना दें। आप रोगी को आस्था और आध्यात्मिक समझ से रोग मुक्त करेंगे। आपकी मानसिक एवं आध्यात्मिक साक्ष्य भावना प्रबल है। दोनों के योग से मन संपुष्ट है तो जो सच आप महसूस करते हैं वह रोगी के अनुभव में पुनर्निर्मित होगा। इसी उपाय को डॉ. क्विबी ने सन् 1849 से लेकर 1869 तक तार्किक तकनीक के रूप में उपयोग किया।

पूर्ण उपाय आधुनिक ध्वनि तरंग (साउंड वेव) उपचार जैसा है

विश्व भर में अनेक लोग प्रार्थना के इस उपाय को करते हैं। जिसके आश्यचर्यजनक परिणाम मिले हैं। जो व्यक्ति पूर्ण उपाय का प्रयोग कर रहा है, वह रोगी का नाम लेता है जैसे कि जॉन जोस। इसके बाद शांत होकर ईश्वर का और उसके गुणों तथा उसकी विशेषताओं का ध्यान करता है जैसे कि ईश्वर परमानंद है, उसका प्यार असीमित है, उसका ज्ञान असीमित है, वह सर्वशक्तिमान है, अतुलनीय सौंदर्य और संपूर्णता का प्रतीक है। जैसे-जैसे वह शांत होकर यह सब सोचने लगता है, वह चेतना की अवस्था में ऊपर उठकर एक नई आध्यात्मिक तरंग में पहुँच जाता है जहाँ वह महसूस करता है कि वह ईश्वर के प्यार का असीमित सागर सब कुछ जॉन जोस के मन और शरीर में विलीन होता जा रहा है। वह अब महसूस करता है कि ईश्वर की सारी शक्ति और प्यार अब जॉन जोस की ओर केंद्रित हो गया है और जो भी उसको चिंता या कष्ट दे रहा है, वह जीवन के असीमित सागर एवं प्यार की उपस्थिति में पूर्णतः ध्वस्त हो रहा है।

पूर्ण प्रार्थना का यह उपाय मुझे ध्वनि तरंग उपाय या सोनिक थैरेपी जैसा लगा, जिसे हाल ही में लॉस एंजेलिस के प्रसिद्ध फिजिशियन ने मुझे दिखाया था। उनके पास एक अल्ट्रा ध्वनि तरंग की मशीन है जो बड़ी तेज रफ्तार से घूमती है और रोगी के शरीर के निपोषित भाग में ध्वनि तरंग पहुँचाती है। इन ध्वनि तरंगों को नियंत्रित किया जा सकता है। उन्होंने बताया कि इस माध्यम से उन्होंने आर्थराइटिस कैलोरियस जैसे रोगों का आश्चर्यजनक उपचार किया है। इसके अलावा, शरीर के दर्द आदि व्याधियों का भी उपचार किया है।

अवचेतन मन में ईश्वर के गुणों और विशेषताओं का ध्यान करते हुए जिस ऊँचाई तक हम उठ पाते हैं, उतना ही सौहार्द, स्वास्थ्य और शांति की आध्यात्मिक ऊर्जा तरंगें हम उत्पन्न करते हैं। इस उपाय से अनेक अभूतपूर्व परिणाम प्राप्त हुए हैं।

एक लँगड़ा चलने लगा

डॉ. फाइनीस, जिनकी चर्चा हम पिछले अध्याय में एक कर चुके हैं, इस पूर्ण तकनीक का प्रयोग कई वर्षों तक करते रहे। वे वास्तव में साइकोसोमेटिक मेडिसिन के पितामह थे। साथ ही वे सफल मनोचिकित्सक भी थे। रोगी के कष्ट, उसके दर्द और पीड़ाओं के कारणों को पहचानने की उनमें अद्भुत क्षमता थी। उनकी पुस्तक 'द क्विंबी मैनुस्क्रिप्ट्स' में दर्ज इस उपाय के प्रयोग का संक्षिप्त वर्णन है जिसमें उन्होंने एक अपाहिज महिला के लँगड़ेपन को आश्चर्यजनक रूप से दूर कर दिया।

डॉ. क्विंबी को एक बुजुर्ग महिला का उपचार करने के लिए बुलाया गया जो अपने पैरों से चल नहीं पा रही थी और हमेशा बिस्तर पर लेटी या बैठी रहती थी।

डॉ. क्विंबी का कहना है कि उसकी बीमारी का कारण दिमाग का एक धार्मिक संकुचित अंधविश्वास था जिसने उसके शरीर को जकड़कर रखा था और वह उठकर खड़ी नहीं हो पा रही थी। वह चर्च के डर और उपेक्षा में जी रही थी। ऊपर से 'बाइबल' में वर्णित पाठ को सच मान रही थी, लिहाजा वह हरदम भयभीत रहती थी। डॉ. क्विंबी ने कहा, "इस मकबरे में ईश्वर की शक्ति है, जो सभी बंधनों और जालों को तोड़कर मृतावस्था से पुनः जीवित हो रही है।" जब उसने अन्य लोगों से 'बाइबल' के कुछ अंशों को समझाने के लिए कहा तो वे समाधान असमर्थ रहे और उसके बाद वह जिंदा रहने के लिए भटकने लगी। डॉ. क्विंबी ने उसका परीक्षण करके पाया कि 'बाइबल' के अंश के सही मायने न समझ पाने के कारण उसका मन संदेह और भय के बादलों से भर गया है। व्याकुलता और भय के कारण वह 'बाइबल' के उस अंश को समझ नहीं पा रही है और उसके चारों ओर भय का एक जाल बन गया है। मस्तिष्क के इस भार से उसके शरीर में जकड़न और शिथिलता ने घर कर लिया है, जिसका कारण लकवा हो सकता है।

इसके बाद डॉ. क्विंबी ने उससे पूछा कि 'बाइबल' के इस अंश का अर्थ वह क्या समझती है "इस क्षण के लिए मैं आपके पास हूँ। उसके बाद मैं दूसरे के पास जाता हूँ, जिसने मुझे भेजा। आप मुझे ढूँढोगे और मैं आपको नहीं मिलूँगा। जहाँ मैं हूँ, वहाँ आप नहीं आ सकते।'

महिला ने बताया कि जीसस स्वर्ग में चले गए। डॉ. क्विंबी ने स्पष्ट किया कि 'एक क्षण के लिए आपके पास हूँ' का अर्थ है कि वे आपके लक्षणों, भावनाओं और कारणों का स्पष्टीकरण दे रहे थे, जैसे आपके लिए क्षण भर के लिए दया और

अनुकंपा दिखाई। किंतु वे इस स्थिति में रह नहीं सकते थे। अगला कदम, मैं दूसरे के पास जाता हूँ, जिसने मुझे भेजा, जिसका मतलब है कि ईश्वर की रचनात्मक शक्ति हम सब में है।

डॉ. क्विंबी ने अपने मन में आध्यात्मिक यात्रा की और अपने में विश्वास पैदा किया कि दैवी आदर्श अर्थात् दैवी शक्ति, ज्ञान, सामंजस्य और ईश्वर की शक्ति उस महिला के शरीर में कार्य कर रही है। इसलिए उन्होंने महिला से कहा था- "इसलिए जहाँ मैं हूँ, आप वहाँ नहीं आ सकतीं क्योंकि आप अपनी संकुचित एवं प्रतिबंधित आस्था में बंद हो और मैं पूर्ण स्वास्थ्य में हूँ।" इस प्रार्थना और उसके स्पष्टीकरण ने महिला में एक नए जीवन की भावना का संचार किया और परिवर्तन ने अपना रूप ले लिया। वह बिना किसी सहारे के चलने लग गई। डॉ. क्विंबी ने इस उपचार को अपनी सब सफलताओं में सबसे ऊँचा बताया है। वह लगभग मृतावस्था में पहुँच चुकी थी और उसे जीवन या सत्य तक लाना एक प्रकार से मरणावस्था से ऊपर उठाकर जीवन देना था। क्विंबी ने 'बाइबल' के जीसस के पुनर्जीवन को उस महिला के अपने जीसस या उसके स्वास्थ्य से जोड़ दिया। इसका उस पर अद्भुत प्रभाव पड़ा। उन्होंने महिला को यह भी स्पष्ट किया कि जिस सत्य को उसने स्वीकार किया, वह एक फरिश्ता या विचार था, जिसने उसके मन में बैठे भय, अज्ञान और अंधविश्वास के पत्थर को तोड़कर बाहर निकाल दिया, जिसके परिणामस्वरूप ईश्वर की उपचार - शक्ति के कारण वह पूर्णतः स्वस्थ हो गई।

आदेशात्मक तकनीक

जिन शब्दों को हम बोलते हैं, उनमें हमारी भावना और विश्वास की शक्ति निहित होती है और जब हम समझ लेते हैं कि जो शक्ति दुनिया को चला रही है, वह हमारे लिए काम कर रही है तो हमारा विश्वास और भरोसा बढ़ जाता है। आप एक शक्ति में दूसरी शक्ति को जोड़ने का प्रयास नहीं करते, इसलिए आपके भीतर कोई प्रयास, दबाव डालने या शक्ति का प्रयोग करने अथवा मानसिक उथल-पुथल नहीं होती। एक लड़की ने आदेशात्मक तकनीक का प्रयोग एक युवक पर किया, जो फोन पर उससे छेड़छाड़ करता था और मिलने पर जोर देता था। वह युवती बहुत परेशान थी और उससे पीछा छुड़ाने की तरकीब सोच रही थी। अंततः उसने आदेशात्मक तकनीक का प्रयोग करने के लिए यह कदम उठाया। उसने ध्यान लगाया और कहा, "मैं ईश्वर की शरण में जाती हूँ। वह अपने सही स्थान पर हमेशा

उपस्थित हैं। मैं स्वतंत्र हूँ। वह स्वतंत्र है। मैं अब आदेश देती हूँ कि मेरे शब्द असीमित मन में पहुँच जाएँ और वह उन्हें स्वीकार करके कार्रवाई करें। ऐसा ही हो।" उसने बताया कि वह युवक गायब हो गया। उसके बाद वह कभी दिखाई नहीं दिया। लगा जैसे धरती उसे निगल गई !

आप एक वस्तु पर आदेश देंगे और वह आप जाएगी और आपका मार्ग प्रशस्त होगा।

स्मरण योग्य बातें

1. एक मानसिक इंजीनियर बनकर उत्तम और शानदार जीवन के लिए पक्की और सफल तकनीकों का प्रयोग करें।
2. आपकी इच्छा आपकी प्रार्थना है। अपनी इच्छाओं की पूर्ति का चित्र आज ही बनाएँ और उसकी पूर्णता का एहसास करें।
3. अपनी इच्छाओं की पूर्ति के लिए आसान मार्ग चुनें – यह सुनिश्चित मार्ग मानसिक विज्ञान है।
4. वैज्ञानिक रूप से परीक्षण करते रहें, जब तक कि आप व्यक्तिगत रूप से आश्वस्त नहीं हो जाते कि आपके अवचेतन मन के असीमित ज्ञान की सारी प्रतिक्रियाएँ हमेशा आपके चेतन विचार में पहुँचती रहती हैं।
5. अपने मन में छिपे स्टूडियो में सोचने वाले विचारों से आप उत्तम स्वास्थ्य, सफलता और खुशियों का निर्माण कर सकते हैं।
6. अपनी इच्छाओं की निश्चित पूर्णता की कल्पना करके आनंद और विश्राम का एहसास करें। मन में जो छवि है, वह अपनी चाहत की तसवीर और अदृश्य का साक्ष्य है।
7. एक मानसिक चित्र हजार शब्दों के बराबर होता है। आपका अवचेतन मन आपके मन के किसी भी चित्र को पूर्ण करेगा, यदि आपकी उस पर आस्था है।

8. प्रार्थना के समय सभी प्रकार के प्रयासों और मानसिक हलचल से दूर रहें। सोने की तंद्रा में पहुँचे, निद्रा का आह्वान करें, यह सोचते और जानते हुए कि आपकी प्रार्थना का फल मिल गया है।

9. याद रखें, धन्यवाद देने वाला हृदय हमेशा ब्रह्मांड के खजाने के निकट होता है।

10. स्वीकार करने का अर्थ है कि जैसे ही आप अपने मन के व्यवहार को इस सच में रखेंगे तो सभी विपरीत साक्ष्यों के बावजूद आपको अपनी प्रार्थना का उत्तर मिलेगा।

11. ईश्वर के प्रताप और प्यार को ध्यान में रखकर सौहार्द, स्वास्थ्य एवं शक्ति की यांत्रिक तरंगों की रचना करें।

12. आप जो आदेश देते हैं और उसे सत्य मानते हैं, वह पूरा होगा। प्रेम, सौहार्द, स्वास्थ्य, शांति और संपन्नता का आदेश दें।

अध्याय-7

अवचेतन मन की वृत्तियाँ

आपके मानसिक जीवन का 90 प्रतिशत जीवन अवचेतन है इसलिए जो स्त्री और पुरुष इस अदभुत शक्ति का प्रयोग नहीं कर पाते.. उनका जीवन अभाव / तनाव में बीतता है।

आपकी अवचेतन प्रक्रियाएँ हमेशा जीवन रक्षक और रचनात्मक होती हैं। आपका अवचेतन मन आपके शरीर का निर्माता है और उसके सभी प्रमुख कार्यों को बनाए रखता है वह दिन के चौबीस घंटे काम करता रहता है और कभी नहीं सोता। वह हमेशा सहायता करने का प्रयास करता है और नुकसान से आपकी रक्षा करता है।

आपके अवचेतन मन का संपर्क असीमित जीवन और ज्ञान के अपार भंडार से है और इसकी भावना व विचार हमेशा जीवन रक्षक होते हैं।

उत्तम और शानदार जीवन की अभिलाषाएँ, प्रेरणाएँ एवं सपने अवचेतन मन में पैदा होते हैं। आपके गहन विश्वासों की वास्तविकता पर आप तर्क नहीं कर सकते क्योंकि ये आपके चेतन मन से नहीं आते हैं। ये अवचेतन मन से आते हैं,

जो आवेगों, संदेशों और प्रेरणाओं तथा विचारों के माध्यम से आपसे बात करता है और वह हमेशा आपको आगे बढ़ने, ऊँचाइयों को छूने, उत्कृष्ट बनने, विकसित होने, जोखिम उठाने के लिए प्रेरित करता है। प्यार करने की ललक, दूसरे का जीवन बचाने की इच्छा अवचेतन मन की गहराइयों से आती है। उदाहरण के लिए अप्रैल 1906 में सैन फ्रांसिस्को में जो भयानक भूकंप आया। उसमें घायल व अपंग हुए लोगों ने, जो एक लंबे समय से बिस्तरों पर पड़े हुए थे। उठकर बहादुरी और कठोर मेहनत के आश्चर्यजनक काम किए। उनमें लोगों को हर हाल में बचाने की उत्कृष्ट इच्छा ने उनमें नया जीवन फूँक दिया और अवचेतन मन ने उनके अनुकूल काम किया।

महान कलाकार, संगीतकार, कवि, वक्ता तथा लेखक अपने अवचेतन मन की तरंगों से प्रेरित होकर अपनी रचनाओं को आकार प्रदान करते हैं। उदाहरण के लिए, रॉबर्ट लुइस स्टीवेंसन सोने से पहले अवचेतन मन को यह काम सौंपते थे कि जब वे सो रहे होते हैं, उस समय वह उनकी कहानी का प्लॉट तैयार करे। उन्हें आदत थी कि जब कभी उनका बैंक अकाउंट घटकर नीचे आ जाया करता था तो वे अवचेतन मन से कहते थे कि वह उन्हें ऐसा रोमांचकारी प्लॉट दे ताकि उसे लिखकर वे कुछ पैसे कमा सकें। स्टीवेंसन कहते हैं कि उनके अंतर्मन का ज्ञान सीरियल की तरह एक के बाद एक ऐसे प्लॉट दिया करता था। यह साबित करता है कि अवचेतन मन कैसे विवेकपूर्ण कार्यों में लीन रहता है जिसका ज्ञान आपके चेतन मन को नहीं रहता।

मार्क ट्वेन ने कई अवसरों पर कहा है कि उसने जीवन में कभी काम नहीं किया। उसने जो कुछ लिखा है, वह उसे अवचेतन मन से मिला है।

मन के कार्य-कलापों का शरीर को योगदान

आपके चेतन और अवचेतन मन के आदान-प्रदान में इसी प्रकार का योगदान दोनों के स्नायुमंडल का भी होता है। चेतन मन का अंग सेरीब्रोस्पाइनल सिस्टम अर्थात् मस्तिष्क और रीढ़ की हड्डी का स्नायुमंडल है। इसी प्रकार अवचेतन मन का अंग सहानुभूति प्रणाली है। सेरीब्रोस्पाइनल सिस्टम वह संपर्क चैनल है जिसके माध्यम से आप शरीर की पाँच इंद्रियों से जनित छवियाँ प्राप्त करते हैं। इसके अतिरिक्त

यह चैनल आपके शरीर की क्रियाओं पर भी नियंत्रण रखता है। इस प्रणाली की नसें मस्तिष्क में हैं। यही चैनल आपकी इच्छा-शक्ति और चेतन मानसिक कर्म की भी है। स्वैच्छिक सहानुभूति प्रणाली, जिसे कभी-कभी स्वैच्छिक स्नायुमंडल भी कहते हैं, इसका केंद्रबिंदु पेट के पीछे एक नाड़ी तंत्र में है, जिसे सोलर प्लेक्सस अर्थात् स्नायु तंतु जाल या उदर-मस्तिष्क भी कहते हैं। यह मानसिक क्रिया का चैनल है जो अवचेतन रूप में शरीर के प्रमुख कार्यों में सहयोग देता है।

ये दोनों प्रणालियाँ अलग-अलग या मिलकर काम करती हैं। न्यायाधीश थॉमस ट्रोवार्ड कहते हैं, "एक छोटी सी नस मस्तिष्क से स्वैच्छिक प्रणाली के एक अंग के रूप में निकलती है जिसके माध्यम से हम वाणी पर नियंत्रण रखते हैं। वह आगे चलकर सीने में जाती है और अपनी शाखाओं को हृदय एवं फेफड़ों में भेजती है। अंत में सीने और पेट के मध्य से गुजरती है जहाँ वह स्वैच्छिक प्रणाली का स्वरूप छोडकर सहानुभूति प्रणाली में विलीन होकर दोनों प्रणालियों के बीच एक लिंक बनकर मनुष्य को शारीरिक रूप से एकल इकाई का स्वरूप प्रदान करती है।"

इसी प्रकार मस्तिष्क के विभिन्न क्षेत्र मन की उद्देश्य सूचक और व्यक्ति सूचक गतिविधियों के अनुकूल अपने संपर्क बनाते हैं और साधारण शब्दों में कहें तो मस्तिष्क के सामनेवाले भाग को उद्देश्य-सूचक और पीछे वाले भाग को विषय सूचक कह सकते हैं जबकि बीच भाग, जिसे 'मध्य भाग' कहते हैं, दोनों के कार्यों में भाग लेता है।

मानसिक और शारीरिक पारस्परिक लेन-देन को आसानी से समझने के लिए यह जानना जरूरी है कि आपका चेतन मन जब एक विचार को ग्रहण करता है तो उसकी झंकार नसों की स्वैच्छिक प्रणाली को प्रेरित करती है जो अपनी प्रतिक्रिया स्वरूप नसों की स्वैच्छिक प्रणाली में इसी प्रकार की लहर बनाती है और अंतत: उस विचार को आपके अवचेतन मन को सौंप देती है, जो रचना का माध्यम है। इस प्रकार आपके विचार जीवंत रूप लेते हैं ।

आपके चेतन मन की ओर से ग्रहण किया गया और उसे सच मानकर स्वीकार किया गया प्रत्येक विचार आपके मस्तिष्क की ओर से आपके स्नायु नाडी ग्रंथि को भेजा जाता है, जो आपके अवचेतन मन का मस्तिष्क है और जो उसे आपके जीवन में एक यथार्थ के रूप में उपस्थित करता है।

एक बुद्धि ऐसी है जो आपके शरीर की देखभाल करती है

जब आप स्नायुमंडल प्रणाली और आँख, नाक, कान, यकृत, हृदय, ब्लैडर आदि अंगों की रचना का अध्ययन करते हैं तो आपको पता चलता है कि ये स्नायु के समूह हैं, जो मिलकर विवेक का समूह बनाते हैं, दोनों सुझावों पर आधारित निष्कर्षों का पालन करते हैं।

यदि आप एक स्नायु संगठन का निकटता से अध्ययन करेंगे तो आपको पता चलेगा कि आपका यह विशाल शरीर कैसे चलता है। एक स्नायु संगठन का कोई अंग नहीं है, फिर भी वह आपके अंगों के कामकाज में उनकी गति को तेज या धीमी करने जैसे बुनियादी कार्य में मस्तिष्क की भूमिका अदा करता है।

अनेक लोग कहते हैं कि आपके शरीर में एक विवेक है जो यदि आप अपने शरीर को छोड़ दें तो वह स्वयं उसकी देखभाल करेगा। यही सही है किंतु दिक्कत यह है कि चेतन मन अपनी पाँच कार्रवाइयों के माध्यम से हमेशा उसके कार्य में बाधा पहुँचाता रहता है। इंद्रियों की कार्रवाइयों में झूठी आस्थाएँ, भय और अन्य नकारात्मक प्रवृत्तियाँ होती हैं। और जब ऐसी नकारात्मक प्रवृत्तियाँ मनोवैज्ञानिक तथा भावनात्मक दशा में आपके अवचेतन मन में जाती हैं तब उसे सौंपे गए आधारभूत ब्लू प्रिंट के अनुरूप काम करने के अलावा उसके पास कोई अन्य मार्ग नहीं रह जाता।

अवचेतन मन निरंतर सार्वजनिक हित में काम करता है

आपके अंदर का व्यक्तित्व निरंतर सार्वजनिक हित में काम करता है। लेकिन आप इसको बनते हुए न तो देख सकते हैं, न उसकी कोई आवाज सुन सकते हैं और न ही उसका कोई एहसास कर सकते हैं क्योंकि यह सब एक शांत प्रक्रिया है। आपके अवचेतन मन का अपना एक जीवन है जो हमेशा सामंजस्य, स्वास्थ्य और शांति की ओर प्रयत्नशील रहता है। उसका दैवी स्वरूप वही है जिसकी अभिव्यक्ति आपके माध्यम से सदैव होती रहती है।

प्रेम और सामंजस्य के स्वाभाविक सिद्धांत में मनुष्य कैसे व्यवधान पहुँचाता है?

सही और वैज्ञानिक रूप से खरे विचारों के चिंतन के लिए हमें सत्य की जानकारी होनी चाहिए। सत्य को जानने के लिए आपको अवचेतन के असीमित ज्ञान और

शक्तियों के सान्निध्य में अर्थात् प्रेम और सौहार्द के सामंजस्य में आना होगा जो हमेशा जीवन की रक्षा के लिए कार्यरत रहता है। ऐसा प्रत्येक विचार और कार्य, जो प्रेम और सौहार्द के अनुकूल नहीं है, चाहे वह अज्ञान के कारण हो या जान-बूझकर बनाया गया है, वह सभी प्रकार के मतभेद और अभाव पैदा करेगा।

वैज्ञानिक हमें बताते हैं कि आप प्रत्येक ग्यारह महीने बाद एक नया शरीर बनाते हैं। इसलिए यदि आप एक शारीरिक तिथि से ग्याहर महीने के हैं और भय, क्रोध और ईर्ष्या के विचारों को दोबारा अपने शरीर में लाना चाहते हैं तो इसके लिए और कोई नहीं, बल्कि आप स्वयं जिम्मेदार हैं।

आप अपने विचारों के प्रतिबिंब हैं, अर्थात् वही हैं जो आप सोचते हैं। आप चाहें तो नकारात्मक विचारों और कल्पनाओं को अपने से दूर रख सकते हैं। अंधकार को दूर करने के लिए प्रकाश की जरूरत होती है। सर्दी को दूर करने के लिए गरमी की जरूरत होती है। विचारों से छुटकारा उन्हें अच्छे विचारों में बदलने से मिल सकता है अच्छे विचारों को स्वीकार करें, बुरे विचार गायब हो जाएंगे।

स्वास्थ्य, शक्ति और मजबूती क्यों स्वाभाविक है? बीमार होना क्यों अस्वाभाविक है?

एक सामान्य शिशु दुनिया में जन्म लेता है तो वह पूर्णतः स्वस्थ होता है, उसके सभी अंग पूर्ण से रूप काम कर रहे होते हैं। यह सामान्य स्थिति है और हमें स्वस्थ, शक्तिशाली और मजबूत बने रहना चाहिए। अपने को बनाए रखने की इच्छा अपनी प्रकृति की सबसे शक्तिशाली इच्छा है और अपनी प्रकृति में निहित सर्वशक्तिमान, सदा उपस्थित और चलायमान अक्षुण्ण सत्य है। इसलिए यह स्वाभाविक है कि आपके सभी विचारों, धारणाओं एवं आस्थाओं को यह जानते हुए कि वे नैसर्गिक जीवन नियम के सामंजस्य में हैं और जो आपके जीवन की रक्षा करती हैं, पूरी सक्रियता से काम करना चाहिए। इससे यह स्पष्ट हो जाता है कि शरीर की सामान्य दशा निश्चित रूप से और आसानी से ठीक की जा सकती है। इसके विपरीत, असामान्य दशा को लाना मुश्किल होगा।

बीमार होना असामान्य है। इसका मतलब है कि आप नकारात्मक सोच रहे हैं और जीवनधारा से विपरीत जा रहे हैं। जीवन का सिद्धांत विकास का सिद्धांत है। संपूर्ण प्रकृति शांति में जीवन के सिद्धांत, का पालन करती है। जहाँ विकास और अभिव्यक्ति है, वहाँ जीवन का होना अनिवार्य है। जहाँ जीवन है, वहाँ प्रेम और सौहार्द होना अनिवार्य है। और जहाँ सौहार्द व सामंजस्य है, वहाँ पूर्ण स्वास्थ्य है।

आपके विचार यदि अवचेतन मन के रचनात्मक नियम के सामंजस्य में हैं तो आप सामंजस्य के साये से जुड़े हुए हैं। यदि आप ऐसे विचारों को प्रेषित करते हैं जो समय के सिद्धांत से मेल नहीं खाते तो ये विचार आपके लिए आपको परेशान करेंगे, अपनी चिंता बढाएँगे और आपको बीमारी के कगार पर ले जायेंगे। आप बीमार हो जाएँगे और ज्यादा बीमार बने रहे तो मृत्यु को भी आशंका है।

बीमारी के उपचार के समय आपको अपने पास से आने वाली प्रबल शक्तियों के प्रवाह को और बढ़ाना चाहिए और अपने शरीर की पूरी कार्य प्रणाली में पिक करना चाहिए। यह चिंता, घबराहट, ईर्ष्या घृणा तथा अन्य विचारों का ही किया जा सकता है, जो आपको, उन नसों और कोशिकाओं और शरीर के तंतुओ को मारने पर तुले रहते हैं।

तपेदिक (टी.बी.) का सफल उपचार

मार्च 1917 को नॉटिलस पत्रिका में एक बच्चे के ऊपर एक लेख छपा जिसे पॉट्स डिजीज था। उसका अभूतपूर्व उपचार हुआ। उसका नाम एलिएट था जो वर्तमान में अमेरिका के कंसास शहर स्थित युनिटी स्कूल ऑफ क्रिश्चियनिटी में पादरी है। उसके डॉक्टर ने कह दिया था कि उसका इलाज नहीं हो सकता। उसने प्रार्थना करना शुरू कर दिया और हाथ-पैरों से अपंग और शिथिल अवस्था से उबरकर वह जबूत, शक्तिशाली और शारीरिक रूप से पूर्ण स्वस्थ व्यक्ति हो गया। उसने अपनी आस्था को अपने आप बनाया और मानसिक रूप से उन सभी विशेषताओं को मन में स्वीकार किया, जिन्हें वह अपने शरीर में चाहता था।

उसने दिन में अनेक बार यह स्वीकार किया, "मैं संपूर्ण हूँ, प्रेम और सौहार्द में हूँ और खुश हूँ।" उसने इस प्रार्थना को बनाए रखा और कहा कि यह प्रार्थना मैं सोने से पहले और सोने के बाद उठकर करता था। उसने अपने प्रेम और स्वास्थ्य के विचारों को प्रेषित करके दूसरों के लिए भी प्रार्थनाएँ की। मन का यह व्यवहार और प्रार्थनाओं का फल उसे अनेक बार मिला। उसकी आस्था और दृढ़ विश्वास ने अनेक सफलताएँ प्राप्त कीं। जब कभी भय, क्रोध, ईर्ष्या तथा दुश्मनी उसके पास आना चाहती तो वह अपने मन में उनके विरुद्ध अपनी आस्था और विश्वास पर काम करता। उसका अवचेतन मन उनके विचारों के अनुकूल अपनी शक्तियों का प्रयोग करके प्रेषित विचारों को नष्ट कर देता था। यही 'बाइबल' की पंक्तियों का अर्थ है-

"आप अपने मार्ग पर चलो। आपकी आस्था ने आपको पूर्ण बनाया है।"

अवचेतन मन की आस्था कैसे आपको पूर्ण बनाती है?

एक युवक जो मेरे अवचेतन मन की उपचार शक्तियों के व्याख्यान में आता था, उसकी आँख में कोई बड़ा रोग था, जिसका इलाज केवल ऑपरेशन से हो सकता था। उस युवक ने अपने आपसे कहा, "मेरे अवचेतन मन ने मेरी आँखों की रचना की है। वह उसे ठीक कर सकता है।"

प्रत्येक रात वह सोने से पहले तंद्रा में जाकर शांत मन से कल्पना करता कि डॉक्टर उसके सामने बैठा है और वह सुन रहा है कि डॉक्टर कह रहा है, यह तो चमत्कार हो गया!' यह वाक्य वह डॉक्टर के मुँह से हर रात लगभग पाँच बार सुनता। तीन सप्ताह बाद वह एक बार फिर डॉक्टर के पास गया जिसने उसे पहले देखा था और डॉक्टर ने कहा, "यह तो चमत्कार हो गया।"

क्या हुआ? और कैसे हुआ? इस युवक ने डॉक्टर को अपने अवचेतन मन को प्रभावित करने के लिए एक यंत्र के रूप में प्रयोग किया, यानी अपने विचार को विश्वस्त करने या उसे प्रेषित करने के लिए किया।

बार-बार दोहराने, आस्था और विश्वास के माध्यम से उसने अपने अवचेतन मन को सारगर्भित किया। उसके अवचेतन मन ने उसकी आँख बनाई। उसके पास पूर्ण नमूना था और उसने उसकी आँख का पूर्ण उपचार कर दिया।

स्मरण योग्य बातें

1. आपका अवचेतन आपके शरीर का निर्माता है और इस काम में 24 घंटे लगा रहता है। आप इसके जीवन के नियम में नकारात्मक विचारों से व्यवधान पहुंचाते हैं।
2. आप अपनी किसी भी समस्या को उत्तर बनाने की जिम्मेदारी सोने से पहले अपने अवचेतन मन को सौंप दें। यह आपको उसका उत्तर देगा।
3. अपने विचारों पर निगरानी रखें। जो भी विचार आप स्वीकार करते हैं, उसे आपका मस्तिष्क और कुंडलिनी या उदर मस्तिष्क में पहुँचा देता है, यह अपनी दुनिया में यथार्थ बनकर प्रस्तुत हो जाता है।

4. यह जान लीजिए कि आप अपने अवचेतन को एक नया ब्लू प्रिंट देकर अपना पुनर्निर्माण कर सकते हैं।

5. आपके अवचेतन मन की प्रवृत्ति हमेशा जीवन की देखभाल करना है। आपका वास्ता आपके अवचेतन मन से है। अपने अवचेतन मन को ऐसी आशा और अभिलाषा देते रहें जो तार्किक रूप से सच हो। आपका अवचेतन आपकी मानसिक प्रवृत्ति के अनुकूल हमेशा पुनर्निर्माण करता रहता है।

6. आप प्रत्येक ग्यारह महीने में एक नया शरीर बनाते हैं। अपने विचारों को बदलकर अपने शरीर को बदलें और बदलते रहें।

7. स्वस्थ रहना एक सामान्य अवस्था है। बीमार होना असामान्य है। यह सामंजस्य के नैसर्गिक सिद्धांत में निहित है।

8. ईर्ष्या, भय और व्याकुलता के विचार अपनी नसों और अवयवों को छिन्न-भिन्न करके नष्ट कर देते हैं और विभिन्न प्रकार की मानसिक व्याधि एवं बीमारियाँ पैदा कर देते हैं।

9. जिन विचारों को आप चेतन मन से स्वीकार करते हैं और महसूस करते हैं कि वें सच हैं, वे आपके मन, शरीर और सभी मामलों में सजीव हो जाते हैं। अच्छे विचार स्वीकार करें और आनंदपूर्ण जीवन का सुख प्राप्त करें.

अध्याय-8

मन चाहा परिणाम

असफलता का प्रमुख कारण विश्वास का अभाव और प्रयास है। अनेक व्यक्ति अपनी प्रार्थनाओं को इसलिए रोक देते है क्योंकि वे अपने अवचेतन मन की कार्य-प्रणाली को पूर्ण रूप से समझ नहीं पाते। जब आप जान लेते हैं कि आपका मन कैसे काम करता है तब आपका आत्मविश्वास जाग उठता है। आपको यह याद रखना है कि जब कभी आपका अवचेतन मन कोई विचार स्वीकार करता है, वह तुरंत उस पर काम करना शुरू कर देता है। इस काम में वह सभी शक्तिशाली साधनों का प्रयोग करता है और आपके अंतर्मन के सभी मानसिक एवं आध्यात्मिक सिद्धांतों को लगा देता है। यह सिद्धांत अच्छे और बुरे दोनों विचारों के लिए एक जैसा है। इसलिए यदि आप नकारात्मक विचारों के लिए प्रयोग करेंगे तो कठिनाई, असफलता और उलझन लाएगा। यदि आप इसका प्रयोग रचनात्मक विचारों के लिए करेंगे तो आपको मार्गदर्शन, स्वतंत्रता और मन की शांति मिलेगी।

यदि आपके विचार सकारात्मक, रचनात्मक और प्यार भरे हैं तो सही परिणाम मिलना अनिवार्य है। इससे यह पूर्णतः स्पष्ट हो जाता है कि असफलता पर विजय प्राप्त करने के लिए आपको केवल यह प्रयास करना है कि आपका अवचेतन मन

आपके विचार या आपकी माँग को अभी सच मानकर स्वीकार कर ले और आपके मन का सिद्धांत शेष सब काम पूरा कर देगा।

मानसिक दबाव का प्रयोग आपके लिए हमेशा असफलता लाएगा। आपका अवचेतन मन दबाव में काम नहीं करता।

आपको परिणाम मिलने में असफलता का कारण आपके ये वक्तव्य भी हो सकते हैं जैसे- "मुझे कभी सफलता नहीं मिलेगी मुझे कोई रास्ता दिखाई नहीं देता। सब व्यर्थ है। मुझे समझ में नहीं आता कि क्या करूँ, मुझे कुछ सूझ नहीं रहा।" जब आप ये वाक्य बोलते हैं तो आपको अवचेतन मन से कोई प्रतिक्रिया नहीं मिलती, कोई सहयोग नहीं मिलता। जैसे एक सैनिक उलझन में खड़ा हो, न तो आगे जाता है, न पीछे; दूसरे शब्दों में, आप कहीं भी नहीं जाते। यदि आप कार में बैठते हैं और पाँच मिनट में ड्राइवर को आधे दर्जन से ज्यादा विभिन्न दिशाओं में जाने के आदेश देते हैं तो वह उलझन में पड़ जाएगा और शायद आपको ले जाने से इनकार भी कर देगा। ठीक ऐसा ही बरताव आप अपने अवचेतन मन से करते हैं तो वह भी ऐसा ही व्यवहार करेगा। आपके मन में स्पष्ट विचार होना जरूरी है। आपको निश्चित निर्णय लेना चाहिए ताकि समस्या का निदान हो। आपके अवचेतन मन में निहित असीमित ज्ञान को आपकी समस्या का हल मालूम है। जब आप अपने चेतन मन में स्पष्ट निर्णय ले लेंगे और आपका मन उसके लिए तैयार हो जाएगा तो आपकी आस्था के अनुरूप वह उसका समाधान कर देगा।

आराम से काम आसान होता है।

एक मकान मालिक चूल्हे को ठीक करने वाले मिस्त्री से झगड़ा कर रहा था कि चूल्हे की मरम्मत के लिए उसने 200 डॉलर का बिल कैसे बना दिया? मिस्त्री ने कहा, "मैंने एक बोल्ट लगाया जिसके लिए मैंने 5 सेंट लिये हैं: 199 डॉलर और यह 95 सेंट यह पता करने के लिए कि आखिर गड़बड़ कहाँ थी!"

इसी प्रकार आपका अवचेतन मन हेड मिस्त्री है। सबसे चतुर व अक्लमंद, जो आपके शरीर के किसी भी अंग या आपके अन्य मामलों के उपचार के तरीके और साधन जानता है। आपको केवल आदेश देना है। और आपका अवचेतन मन उसे प्रतिष्ठित कर देगा। आराम से काम आसान होता है। विस्तार में और साधनों में न उलझें, परिणाम पर ध्यान दें। अपनी समस्या के हल की खुशी को महसूस करें, चाहे वह स्वास्थ्य की हो या आर्थिक अथवा रोजगार की हो; उस खुशी का एहसास

करें। उस समय की खुशी को याद करें जब आप उस लंबी बीमारी से मुक्त होकर स्वस्थ हुए थे। हमेशा मन में रखें कि आपकी भावना ही वह कड़ी है जो अवचेतन मन से सब काम कराती है। आपका नया विचार पूर्ण परिष्कृत होना चाहिए कल या भविष्य की बात नहीं आज की बात करें जैसे कि पूरा हो चुका है।

आपका कोई विरोधी नहीं। इच्छा-शक्ति की जगह कल्पना का प्रयोग करें।

आप जानते है कि आपके अवचेतन मन के प्रयोग में कोई विरोधी नहीं है। आप इच्छा-शक्ति का प्रयोग नहीं करते। आप परिणाम और उसके बाद की स्वतंत्रता की कल्पना करते हैं। आप देखेंगे कि आपका विवेक आपके मार्ग में आएगा किंतु आप अपना व्यवहार सरल बालक की तरह बनाए रखें जिसे चमत्कार होने का विश्वास होता है। बीमारी या समस्या से पहले की अपनी छवि की कल्पना करे। अपनी चाहत के अनुकूल स्वतंत्रता की भावनाओं को कल्पना में साकार करें। बीच की सभी उलझनों को नजरों से गायब कर दें। आसान मार्ग उत्तम है।

अनुशासित कल्पना बहुत चमत्कारी है

आपके अवचेतन मन से प्रतिक्रिया प्राप्त करने का चमत्कारी उपाय अनुशासित या वैज्ञानिक कल्पना है जैसाकि पहले कहा जा चुका है कि आपका अवचेतन मन आपके शरीर का निर्माता है और सभी प्रमुख कार्यों को नियंत्रित करता है।

'बाइबल' कहती है, *"जो भी आप प्रार्थना में विश्वास के साथ माँगोगे, वह तुम्हें मिलेगा। विश्वास के मायने हैं उसे सच मान लेना। सच की मनःस्थिति को बनाए रखेंगे तो आपको प्रार्थना की सफलता का आनंद मिलने लगेगा।"*

प्रार्थना की सफलता के तीन चरण

आम तरीका इस प्रकार है-

1. समस्या पर एक नजर डालिए ।
2. निदान या समस्या के हल के लिए वही उपाय करें जिसकी जानकारी केवल अवचेतन मन के पास है।
3. उस गहन विश्वास में रहें कि काम हो गया।

प्रार्थना को इन शब्दों से कमजोर न बनाएँ, जैसे-बहुत चाहता हूँ कि ठीक हो जाऊँ, उम्मीद तो है। यह भी जानें कि स्वास्थ्य आपका है। बुद्धिमान बनकर अवचेतन मन की असीमित उपचार-शक्ति का वाहक बनें। स्वास्थ्य के विचार को दृढ़ विश्वास में बदलकर अपने अवचेतन मन में पहुँचा दें, उसके बाद चिंता मुक्त हो जाएँ। अपने को उस पर छोड़ दें। परिस्थिति और दशा से कह दें, यह भी बीत जाएगा। आपके चिंता मुक्त हो जाने से आपका अवचेतन मन गहन रूप से इतना प्रभावित होगा कि उस विचार की गतिमान शक्ति को अपने हाथ में लेकर उसे वास्तविकता में प्रस्तुत कर देगा।

विपरीत प्रयास का सिद्धांत और आप जो प्रार्थना करते हैं, उसका विपरीत क्यों मिलता है?

फ्रांस के प्रसिद्ध मनोविज्ञानी कोऊ ने, जो चालीस वर्ष पहले अमेरिका में आए थे, विपरीत प्रयास के सिद्धांत की परिभाषा इस प्रकार दी है- "जब अपनी इच्छा और कल्पना में मतभेद होता है तो जीत हमेशा कल्पना की होती है।"

मान लें कि आप से जमीन पर बिछे लकड़ी के तख्ते पर चलने को कहा जाता है। आप उस पर आसानी से चल लेंगे और अगर उसे बीस फीट ऊँची दीवार पर रखकर आपसे चलने को कहा जाए तो क्या आप चलेंगे? आपके चलने की इच्छा पर गिर जाने की कल्पना हावी हो जाएगी। आपका हावी विचार, जिसकी कल्पना आप मानसिक छवि में अपने को गिरते हुए देखेंगे, जीत जाएगा और आपकी तख्ते पर चलने की इच्छा या प्रयास उलट जाएगा। असफलता का हावी विचार मैदान मार लेगा।

मानसिक दबाव या प्रयास आम तौर पर अपने में ही विफल हो जाता है क्योंकि जो चाहिए उसके विपरीत होने की आशंका बराबर बनी रहती है। इच्छा के निःशक्त प्रयास इसलिए विफल हो जाते हैं क्योंकि आपके अवचेतन मन पर हमेशा हावी विचार का नियंत्रण होता है। आपका अवचेतन मन दोनों के पारस्परिक विरोधी प्रस्तावों में से शक्तिशाली प्रस्ताव को स्वीकार करेगा। इसलिए बिना प्रयास का मार्ग ही बेहतर है।

अगर आप कहते हैं, "मैं ठीक होना चाहता हूँ, पर हो नहीं पा रहा हूँ। मैं कितना प्रयास करता हूँ, लेकिन मैं सफल नहीं हो पा रहा, कितनी कोशिश करता हूँ कि प्रार्थना करूँ, मैं अपनी पूरी इच्छा-शक्ति को लगा देता हूँ तो आपका यह

जान लेना जरूरी है कि आपकी गलती आपके प्रयास में है। अपने अवचेतन मन पर कभी अपना विचार थोपने का प्रयास न करें। जबरदस्ती न करें। ऐसा प्रयास हमेशा असफल होगा और आपको ठीक उसके विपरीत मिलेगा, जो आपने माँगा था।

आम तौर पर ऐसी घटनाएँ देखी या सुनी जाती हैं कि परीक्षा हॉल में बैठे छात्र प्रश्न-पत्र को पढ़ते समय महसूस करते हैं कि उनका अब तक पढ़ा-लिखा सब गायब हो गया। दिमाग खाली हो गया और जितना याद करने का प्रयास कर रहे हैं, उतना ही वह दूर होता जा रहा है। सारी इच्छा-शक्ति लगा दी, पर उत्तर याद ही नहीं आ रहा। लेकिन जैसे ही वे परीक्षा हॉल से बाहर निकलते हैं, मानसिक दबाव कम होना शुरू हो जाता है और धीरे-धीरे सभी प्रश्नों के उत्तर याद आने लगते हैं। कभी किसी विशेष व्यक्ति के नाम या घटना को याद करने की कोशिश करें तो तुरंत याद नहीं आता। जैसे ही सोचना छोड़ देते हैं तो कुछ देर में वह स्वतः याद आ जाता है।

अपने ऊपर याद करने का दबाव उसकी असफलता का प्रमुख कारण था। वह विपरीत प्रभाव के सिद्धांत का एक उदाहरण है, जिसमें आप जो माँगते हैं, आपको उसके विपरीत मिलता है।

इच्छा और कल्पना के मतभेद को दूर करना जरूरी

मानसिक शक्ति के प्रयोग का अर्थ है कि उसका विरोध मौजूद है। जब आपका मन समस्या के निदान के प्रयासों पर केंद्रित है तो उसे अवरोध से कोई वास्ता नहीं होता है।

> यदि जिस वस्तु को आप दोनों चाहते और दोनों उस पर हाथ लगाते हैं तो ईश्वर आपको जरूर देगा। ये दोनों कौन हैं?
>
> (Matthew :18:19)

इसका अर्थ है-किसी विचार, इच्छा या मानसिक छवि पर आपका चेतन और अवचेतन मन के बीच समझौता या सामंजस्यपूर्ण एकता। जब आपके दोनों में से किसी मन में झगड़ा या टकराव नहीं है तो आपकी प्रार्थना का फल मिलेगा। दोनों एकता स्वीकार करने वाले मन अपनी इच्छा, आपके विचार एवं आपकी भावना और आपके अनुभवों का भी प्रतिनिधित्व करेंगे।

जब आप प्रार्थना की तंद्रा या सुषुप्तावस्था में जाते हैं तो अपनी इच्छाओं और कल्पनाओं के बीच सभी मतभेदों से दूर रहते हैं जिसके परिणामस्वरूप आपके सभी प्रयास समाप्तप्राय हो जाते हैं।

निद्रा की अवस्था में आपका चेतन मन बड़े पैमाने पर निष्काम हो जाता है अर्थात् विलीन हो जाता है।

अवचेतन मन को सारगर्भित करने का सर्वोत्तम समय सोने से पूर्व होता है। इसका कारण यह है कि सोने से पूर्व और सोने से उठने के तुरंत बाद अवचेतन मन में बसे हुए सभी नकारात्मक विचार एवं दूषित कल्पनाएँ, जो आपके विचारों को आने से रोकते हैं, बाहर निकल जाते हैं। जब आप अपने विचार की वास्तविकता की कल्पना करते हुए उसके पूरे होने की भावना से रोमांचित होते हैं, आपका अवचेतन मन आपकी इच्छा को मूर्तिमान करने में जुट जाता है।

आगे दिया गया उदाहरण यह स्पष्ट कर देगा कि कैसे एक युवती ने अपनी इच्छा और कल्पना के झगड़े पर विजय प्राप्त कर ली ! वह चाहती थी कि उसके कानूनी केस का सामंजस्यपूर्ण हल निकल आए किंतु उसकी मानसिक कल्पना उसे हमेशा विफल कर रही थी। उसे नुकसान, दिवालिएपन और गरीबी का भय दिखा रही थी। वह जानती थी कि उसकी मानसिक कल्पना को उसके हृदय की इच्छा को स्वीकार करना होगा। सोने से पहले उसने अपने मन में एक सजीव चित्र बनाना शुरू किया, जैसे वह अपने वकील से केस पर चर्चा कर रही है। वह प्रश्न कर रही है और वकील उत्तर दे रहा है। वह बार-बार कह रहा है कि केस का बहुत बढ़िया एवं सामंजस्यपूर्ण हल निकल आया है। कोर्ट के बाहर समझौता हो गया है। दिन में जब भी भय के विचार आते तो वह फौरन अपनी मानसिक छवि को बिलकुल फिल्मी अंदाज में ध्वनि, आवाज और बातचीत के संकेतों सहित मन में दोहराती वह आसानी से अपनी आवाज की ध्वनि, अपनी मुसकान और हाव-भाव की कल्पना करती। उसने इस मानसिक चलचित्र को इतनी बार दोहराया कि वह एक आदत-सी बन गई। कुछ सप्ताह के बाद उसके वकील ने फोन करके यह पुष्ट कर दिया कि जिस कल्पना को वह सच मानकर महसूस कर रही थी, वह वास्तव में सच ही थी।

धार्मिक प्रवचन का मंतव्य यह था, जब उसने लिखा था- *मेरे मुँह से निकले शब्द (आपके शुभ विचार, मानसिक छवि) और मेरे हृदय का चिंतन (आपकी भावना, प्रकृति, संवेदना) हे ईश्वर! आपकी दृष्टि में स्वीकार्य हो। (आपके अवचेतन*

मन का सिद्धांत) मेरी शक्ति और मेरे, मुक्तिदाता बनें (आपके अवचेतन मन का ज्ञान और शक्ति आपको रोग, बंधन और गरीबी से मुक्ति दे सकती है)। (प्रवचन 19:14)

स्मरण योग्य बातें

1. मानसिक दबाव या जरूरत से ज्यादा प्रयास घबराहट और भय के प्रतीक हैं। ये आपके परिणाम में बाधा पहुँचाते हैं। परिणाम पर भरोसा करें।
2. आपका मन जब शांत है तब विचार को स्वीकार करते हैं तो आपका अवचेतन आपके विचार पर काम करना शुरू कर देता है।
3. परंपरागत तरीकों से हटकर स्वतंत्रतापूर्वक सोचें और उसको लागू करने की योजना बनाएँ। यह जान लें कि प्रत्येक समस्या का समाधान हमेशा संभव है।
4. अपने हृदय की धड़कन, अपने फेफड़ों की साँस या अपने किसी अंग के कामकाज को लेकर अधिक चिंता न करें। अपने अवचेतन मन पर भरोसा रखें और हमेशा कहते रहें 'दैवी कार्य सही दिशा में हो रहा है।'
5. स्वास्थ्य की भावना स्वास्थ्य की रक्षा करती है। धन की भावना धन दिलाती है। आप कैसा महसूस करते हैं?
6. कल्पना आपका सर्वाधिक शक्तिशाली आयाम है। सौंदर्य और शुभ समाचार की कल्पना करें। आप वही हैं, जिसकी कल्पना आप अपने लिए करते हैं।
7. सोते समय अपने चेतन और अवचेतन मन के बीच मतभेद को दूर रखें। सोने से पहले अपनी इच्छा की पूर्णता के बारे में बार-बार सोचें। शांति से सो जाएँ और आनंद में उठे।

अध्याय-9

अवचेतन से पाएँ दौलत

यदि आप आर्थिक परेशानियों से जूझ रहे हैं और रोजाना का खर्च भी मुश्किल से चल पा रहा हो तो स्पष्ट है कि आप अपने अवचेतन मन को भरोसे में नहीं ले पाए हो कि आपके पास हमेशा इतना रुपया-पैसा रहेगा कि आप जमा भी कर पाएंगे। आप ऐसे लोगों को जानते होंगे जो दिन में कुछ ही घंटे काम करते हैं और खूब कमाते हैं। पुरानी कहावतों पर विश्वास न करें कि धन-दौलत कमाने के लिए खून-पसीना बहाना पड़ता है। ऐसा नहीं है। आराम का जीवन उत्तम है। अपने मन की इच्छानुसार काम करें और उसे करने में आनंद लें।

मैं लॉस एंजेलिस के एक अधिकारी को जानता हूँ जिनका वेतन 75,000 डॉलर सालाना है। पिछले वर्ष नौ महीने के लिए वे दुनिया के सुंदर स्थलों को देखने के लिए विश्व यात्रा पर गए। उन्होंने मुझसे कहा कि वे अपने अवचेतन को विश्वास दिलाने में कामयाब हो गए कि वे बहुत धन पाने के योग्य हैं। उन्होंने मुझे बताया कि उनके प्रतिष्ठान में अनेक ऐसे लोग हैं जिन्हें लगभग 100 डॉलर प्रति सप्ताह मिलता है, लेकिन वे व्यवसाय के बारे में मुझसे ज्यादा जानते हैं और मुझसे अच्छा काम कर सकते हैं। किंतु उनमें न तो कोई अभिलाषा है और न ही कोई रचनात्मक

विचार। वे अपने अवचेतन मन में भी कोई दिलचस्पी नहीं रखते। चमत्कार में धन-दौलत मन की संपदा है। धन-दौलत केवल अवचेतन मन का विश्वास है। यह कहने से कि मैं करोड़पति हूँ, आप करोड़पति नहीं बन जाएंगे! आप धन और संपन्नता को ही अपनी मनोवृत्ति बनाकर धनार्जन करके अमीर बनेंगे।

आपके सहयोग के अदृश्य साधन

अधिकांश लोगों की समस्या यह है कि उनके पास सहयोग के अदृश्य साधन नहीं हैं। जब व्यापार डूबने लगता है, स्टॉक मार्केट गिरता है या पैसा डूब जाता है तो वे असहाय हो जाते हैं। इसका कारण यह है कि वे अवचेतन मन का प्रयोग करना नहीं जानते। वे यह भी नहीं जानते कि उनके भीतर कभी न खत्म होने वाला खजाना है।

गरीबी की मानसिकता वाला व्यक्ति गरीब ही रहता है। उधर धन-दौलत के विचारों में जीने वाले व्यक्ति के पास दुनिया की तमाम सुख-सुविधाएँ और ऐश्वर्य के साधन होते हैं। जीवन गरीबी और अभावों में कटे, यह जीवन के प्रतिकूल है। आप धन-दौलत पा सकते हैं, सभी कुछ पा सकते हैं जो आप चाहते हैं। अपनी जरूरत से ज्यादा भी पा सकते हैं। आपके शब्दों में वह ताकत है कि दिमाग से गलत विचारों को निकाल सही विचारों को भर दें।

दौलत की चेतना विकसित करने का आदर्श उपाय

यह अध्याय पढ़ते समय संभवतः आप भी कह रहे होंगे कि 'मुझे दौलत और सफलता चाहिए।' तो फिर एक काम कीजिए। रोजाना दिन में करीब पाँच बार ये शब्द दोहराएँ, दौलत, सफलता। इन शब्दों में जबरदस्त शक्ति है। ये आपके अवचेतन मन की आंतरिक शक्ति का प्रतिनिधित्व करते हैं। अपने मस्तिष्क में अपने अंतर्मन की प्रबल शक्ति को साधकर इस काम में लगा दीजिए। आप देखेंगे कि धन-दौलत से मेल खाती परिस्थितियाँ आपके जीवन में प्रकट होने लगेंगी। आप यह नहीं कह रहे कि मैं अमीर हूँ। आप तो अपने भीतर की वास्तविक शक्तियों पर भरोसा कर रहे हैं। आप जब दौलत कह रहे हैं तो आपको कोई असुविधा नहीं है। दिमाग में कोई उलझन नहीं होती। जब आप दौलत के बारे में सोचते रहेंगे तो आपके भीतर उसकी भावना प्रबल हो जाएगी।

हमेशा याद रखिए कि दौलत की भावना से दौलत पैदा होती है। आपका अवचेतन बैंक की तरह है। जो भी रखेंगे, वह बढ़ने लगती है। दौलत का विचार रखेंगे तो दौलत आएगी, गरीबी का विचार रखेंगे तो गरीबी आएगी। आप दौलत को चुनें।

दौलत के संकल्प असफल क्यों होते हैं?

मैंने इतने बरसों में कई लोगों से बातें कीं जिनकी आम शिकायत यह होती है, "मैं कई हफ्तों और महीनों से कह रहा हूँ मैं दौलतमंद हूँ, अमीर हूँ, लेकिन कुछ नहीं हुआ।" मैंने पाया कि जब वे कहते थे; मैं दौलतमंद हूँ, मैं अमीर हूँ तो उन्हें मन-ही-मन लगता था कि वे स्वयं से झूठ बोल रहे थे।

एक व्यक्ति ने मुझे बताया, "मैंने घोषणा की कि मैं अमीर हूँ। मैं यह करते करते थक चुका हूँ। स्थितियाँ अब पहले से ज्यादा खराब हैं। अपनी अमीरी की घोषणा करते समय मैं जानता था कि यह सच नहीं है।" इस तरह के कथनों को चेतन मन स्वीकार नहीं करता है। इसी कारण उसने बाहर से जो घोषणा की और जिसका दावा किया, उसे उसका विपरीत परिणाम मिला।

आपकी सकारात्मक घोषणा उस समय पूरी तरह सफल होती है, जब यह विशिष्ट हो और मानसिक संघर्ष या विवाद पैदा न होता हो। इस व्यक्ति के कथन से स्थिति और बिगड़ गई क्योंकि उसमें वित्तीय तंगी की भावना थी। अवचेतन मन निरर्थक शब्दों या वाक्यों को स्वीकार नहीं करता है। यह तो सिर्फ उन्हें स्वीकार करता है जिन्हें सचमुच सच मानते हैं। अवचेतन मन हमेशा प्रबल विचार या विश्वास को स्वीकार करता है।

मानसिक संघर्ष से कैसे बचें?

जिन लोगों के लिए यह उपाय मुश्किल है, उनके लिए इस संघर्ष से उबरने का आदर्श तरीका यहाँ दिया गया है। यह व्यावहारिक कथन बार-बार दोहराएँ। खास तौर पर सोने से ठीक पहले, दिन-रात मैं अपनी सभी रुचियों में समृद्ध हो रहा हूँ। इस सकारात्मक घोषणा से कोई बहस नहीं होगी क्योंकि यह आपके अवचेतन मन की वित्तीय अभाव की छाप का विरोध नहीं करती है।

एक परेशान बिजनेसमैन मेरे पास आया। उसकी बिक्री व आर्थिक स्थिति बहुत खराब थी। मैंने उससे कहा कि वह अपने ऑफिस में शांत होकर बैठ जाए और बार-बार दोहराए, 'मेरी बिक्री हर दिन बढ़ रही है।' इस कथन के कारण उसके चेतन और अवचेतन मन मिलकर काम करने लगे और बाद में अच्छे परिणाम मिले।

ब्लैंक चेक पर हस्ताक्षर न करें

आप कहते हैं काम चलाने के लिए पर्याप्त पैसे नहीं हैं। 'काफी तंगी है, कर्ज की किस्त नहीं चुकाने के कारण मैं अपना घर गँवा दूंगा' आदि। जब आप भविष्य के बारे में डरते हैं तो आप एक ब्लैंक चेक लिखते हैं और नकारात्मक परिस्थितियों को अपनी ओर आकर्षित कर रहे होते हैं। अवचेतन मन डर तथा नकारात्मक कथन को आग्रह के रूप में स्वीकार करता है। फिर यह अपने तरीके से काम शुरू कर देता है, जिससे आपके जीवन में बाधाएँ विलंब, अभाव और सीमाएँ पैदा हो जाती हैं।

आपका अवचेतन आपको चक्रवृद्धि ब्याज देता है

जिसमें दौलत की भावना है, उसे अधिक दौलत दी जाएगी; जिसमें अभाव की भावना है, उसे अभाव दिया जाएगा। आप जिस चीज को अपने अवचेतन में जमा करते हैं, यह उस चीज को कई गुना करके बढ़ा देता है। हर सुबह जब आप जागें तो समृद्धि, सफलता, दौलत और शांति के विचार जमा करें। इन अवधारणाओं पर सोचें। अपने मस्तिष्क को उनके साथ अधिकतम व्यस्त रखें। ये सृजनात्मक विचार जमा राशि की तरह आपके अवचेतन मन में पहुँच जाएंगे और प्रचुरता एवं समृद्धि ले आएंगे।

कुछ क्यों नहीं हुआ?

आप शायद कह रहे होंगे, "देखो, मैंने यह सब किया लेकिन कुछ नहीं हुआ।" आपको परिणाम इसलिए नहीं मिले, क्योंकि शायद दस मिनट बाद ही आप डर के विचार में डूब गए थे और आपने उस अच्छे विचार को नकार दिया था, जिसकी आपने घोषणा की थी। जब आप जमीन में कोई बीज बोते हैं तो आप उसी दिन बाद में उसे खोदकर वापस नहीं निकाल लेते हैं। आप उसे जड़ें जमाने और बढ़ने का मौका देते हैं।

उदाहरण के लिए, आप यह कहने वाले हैं-"मैं उस चीज के पैसे नहीं दे पाऊँगा।" इससे पहले कि आप 'मैं' से आगे बढ़ें, वहीं रुक जाओ। इसे बदलकर सृजनात्मक कर दें, जैसे- 'मैं सभी तरीकों से समृद्ध बनूँगा।'

दौलत का सच्चा स्रोत

आपके अवचेतन मन में विचारों की कभी कमी नहीं होती है। उसके भीतर असंख्य विचार हैं जो आपके चेतन मन में प्रवाहित होने और असंख्य तरीकों से आपकी जेब में पैसे भरने के लिए तैयार हैं। यह प्रक्रिया आपके मस्तिष्क में चलती रहेगी चाहे शेयर बाजार ऊपर जाए या नीचे; पौंड, स्टर्लिंग या डॉलर का मूल्य कम या ज्यादा हो जाए- दरअसल आपकी दौलत कभी बॉण्ड, स्टॉक या बैंक के पैसे पर निर्भर नहीं रहती है, ये तो सिर्फ प्रतीक हैं। हालाँकि जीवन में मैं जिस बात पर जोर देना चाहता हूँ वह यह है कि यदि आप अपने अवचेतन मन को विश्वास दिला दें कि दौलत अपनी है और यह जीवन में हमेशा प्रवाहित हो रही है तो अंततः यह आपको मिल जाएगी, चाहे किसी भी रूप में मिले।

अभावों में दिन गुजारने के वास्तविक कारण

कई लोग यह दावा करते हैं कि वे अभावों में दिन गुजार रहे हैं और महीने का खर्च चलाने के लिए संघर्ष कर रहे हैं। उन्हें अपने खर्च पूरे करने के लिए बहुत जूझना पड़ता है। क्या आपने कभी उनकी बातचीत सुनी? वे लगातार उन लोगों की निंदा करते हैं जो जीवन में सफल हुए हैं और जिन्होंने अपने सिर भीड़ से ऊपर उठाए हैं। कई मामलों में उनकी बातचीत इस तरह से चलती है- "ओह, वह आदमी बदमाश है। वह क्रूर है। वह तो महाधूर्त है।"

इसीलिए उनके पास पैसे की कमी रहती है। वे लगातार उसी चीज की निंदा कर रहे हैं जिसे वे चाहते हैं। वे अपने से अधिक दौलतमंद सहयोगियों की आलोचना इसलिए करते हैं क्योंकि वे उनकी समृद्धि से जलते हैं। दौलत को दूर भगाने का सबसे तीव्र तरीका अपने से ज्यादा दौलतमंद लोगों की आलोचना और निंदा करना है।

दौलत की एक आम अड़चन

एक भावना बहुत से लोगों के जीवन में दौलत की कमी का कारण है। अधिकांश लोग इसे मुश्किल तरीके से सीखते हैं। यह भावना ईर्ष्या है। उदाहरण के लिए

अगर आप अपने किसी प्रतिस्पर्धी को बैंक में बहुत सारे पैसे जमा करते देखें और आपके पास जमा करने के लिए छोटी राशि है तो क्या आपको इससे जलन होती है? इस भाव से उबरने का तरीका स्वयं से यह कहना है, "कितनी बढ़िया बात है।' उस व्यक्ति की समृद्धि पर खुशी होती है। मैं चाहता हूँ कि वह और अधिक दौलत कमाए।"

ईर्ष्या के विचार विध्वंसक होते हैं, क्योंकि वे आपको नकारात्मक स्थिति में रखते हैं। इसलिए दौलत आपके पास आने के बजाय आपसे दूर भाग जाती है। अगर आप किसी दूसरे की दौलत या समृद्धि से चिढ़ बैठे हों तो तुरंत दावा करें कि सचमुच आप उसे हर हालत मे ज्यादा दौलतमंद देखना चाहते हैं। यह आपके मस्तिष्क के नकारात्मक विचारों को हटा देगा और अवचेतन मन के नियम द्वारा आपको अधिक दौलत प्रदान कर देगा।

दौलत की बड़ी मानसिक बाधा को हटाना

अगर आप इस बारे में चिंता या आलोचना कर रहे हैं कि कोई अपना पैसा बेईमानी से कमा रहा है तो उसके बारे में चिंता करना छोड़ दें। अगर आपकी शंकाएँ सही हैं तो आप जानते हैं कि इस तरह का व्यक्ति मस्तिष्क के नियम का नकारात्मक प्रयोग कर रहा हैं। समय के साथ मस्तिष्क का नियम उसे परिणाम देगा। जो भी है, आप सावधान रहें। उसकी आलोचना न करें। इसके कारण पहले ही बताए जा चुके हैं। याद रखें-दौलत की राह में अवरोध आपके अपने मस्तिष्क में हैं। आप अब उस मानसिक अवरोध को नष्ट कर सकते हैं। इससे आप हर एक के साथ अच्छे मानसिक संबंध भी बना सकते हैं।

सोकर अमीर बनें

रात को सोने जाते समय इस तकनीक का अभ्यास करें। 'दौलत' शब्द को शांति, सरलता और भावना से दोहराएँ। ऐसा बार-बार करें - किसी लोरी की तरह। 'दौलत' शब्द बोलते हुए सो जाएँ। आप परिणाम देखकर हैरान रह जाएंगे दौलत बड़े हिमखंडों की तरह आपकी ओर प्रवाहित होगी। यह आपके अवचेतन मन की जादुई शक्ति की एक और मिसाल है।

मन की शक्तियों का फायदा उठाएँ

1. सरलता से दौलतमंद बनने का फैसला करें। अपने अवचेतन मन की अचूक सहायता से अमीर बनें।

2 खून-पसीने और कड़ी मेहनत से दौलत इकट्ठा करने की कोशिश करना कब्र में सबसे अमीर आदमी बनना है। आपको कड़ी मेहनत करने की कोई जरूरत नहीं है।

3. दौलत अवचेतन का विश्वास है। अपनी मानसिकता में दौलत का विचार बनाएँ।

4. ज्यादातर लोगों के साथ दिक्कत यह है कि उनके पास अदृश्य सहारे नहीं हैं।

5. सोने से पहले पाँच मिनट तक 'दौलत शब्द धीरे-धीरे और शांति से दोहराएँ। ऐसा करने पर आपका अवचेतन मन आपके जीवन में दौलत ले आएगा।

6. दौलत की भावना से दौलत पैदा होती है। इसे हमेशा याद रखें।

7. चेतन और अवचेतन दोनों मन में सहमति होनी चाहिए। आपका अवचेतन उस चीज को स्वीकार करता है जिसे आप सच मानते हैं। आपका अवचेतन मन हमेशा प्रबल विचार को स्वीकार करता है। आपका प्रबल विचार गरीबी नहीं, अमीरी होना चाहिए।

8. आप यह घोषणा करके दौलत के बारे में किसी भी मानसिक संघर्ष से उबर सकते हैं, "दिन-रात मैं अपनी सभी रुचियों में अमीर बन रहा हूँ।"

9. इस वाक्य को दोहराकर अपनी बिक्री बढ़ाएँ- 'मेरी बिक्री हर दिन बढ़ रही है। मैं हर दिन तरक्की कर रहा हूँ और हर दिन ज्यादा दौलतमंद बन रहा हूँ।

10. ब्लैंक चेक लिखना बंद कर दें, जैसे 'काम चलाने के लिए पर्याप्त पैसे नहीं हैं' या 'बड़ी तंगी है' आदि इस तरह के वाक्य आपको कमी की ओर घसीटते हैं।

11. अपने अवचेतन मन में समृद्धि, दौलत और सफलता के विचार जमा करें। यह आपको चक्रवृद्धि ब्याज के साथ लौटाएगा।

12. आप चेतन रूप से जो सकारात्मक घोषणा करते हैं, उसे कुछ पल बाद ही मानसिक रूप से न नकारें। इससे वह अच्छाई खत्म हो जाएगी, जिसकी आपने घोषणा की है।

13. दौलत का सच्चा स्रोत आपके विचार हैं। आपके एक विचार का मूल्य लाखों डॉलर भी हो सकता है। अवचेतन मन आपका चाहा गया विचार दे देगा।

14. ईर्ष्या और जलन दौलत के प्रवाह में अवरोध हैं। दूसरों की समृद्धि पर प्रसन्नता व्यक्त करें ।

15. दौलत का अवरोध आपके अपने मस्तिष्क में है। सभी के साथ अच्छे मानसिक संबंध बनाकर उस अवरोध को इसी समय नष्ट कर दें।

अध्याय-10

हर कोई दौलत का हकदार है

आपका अमीर बनने का मूलभूत अधिकार है। आप इस दुनिया में समृद्ध जीवन जीने और प्रसन्न, स्वस्थ तथा स्वतंत्र रहने के लिए आए हैं। इसलिए आपके पास उतना पैसा होना चाहिए जितने की जरूरत आपको पूर्ण, सुखी और समृद्ध जीवन जीने के लिए होगी।

आप इस दुनिया में विकास करने, बड़े बनने और स्वयं को आध्यात्मिक, मानसिक एवं भौतिक रूप से प्रकट करने के लिए आए हैं। आपको अपनी सभी संभावनाओं का पूरा विकास करने और आत्म-अभिव्यक्ति का असंदिग्ध अधिकार है। इसका एक महत्त्वपूर्ण पहलू सौंदर्य और आराम की जिंदगी जीना है; किंतु यह आप पर निर्भर करता है।

जब आप अपने अवचेतन मन की मदद से अमीरी का आनंद ले सकते हैं तो फिर तंगी में क्यों रहा जाए? इस अध्याय में आप पैसे से दोस्ती करना सीखेंगे। जब आप ऐसा कर लेते हैं तो आपके पास अपनी जरूरत का सारा पैसा होगा और जरूरत से ज्यादा भी होगा। अमीर बनने की अपनी इच्छा के बारे में किसी की भी बातों से शंकालु या शर्मिंदा महसूस न करें। गहनतम स्तर पर आपकी इच्छा पूर्ण,

प्रसन्न और अद्भुत जीवन जीने की इच्छा है। यह पूरे ब्रह्माड की इच्छा है। यह न सिर्फ अच्छी है, बल्कि आदर्श है।

पैसा एक प्रतीक है

पैसा एक विनिमय का प्रतीक है। आपके लिए यह न सिर्फ कमी से आजादी का प्रतीक है बल्कि सुंदरता, परिष्कार, प्रचुरता और विलासिता का भी प्रतीक है। यह किसी भी राष्ट्र की आर्थिक सेहत का प्रतीक है। अगर रक्त आपके शरीर में मुक्त रूप से प्रवाहित होता है तो आप शारीरिक दृष्टि से स्वस्थ है। अगर धन आपके जीवन में मुक्त रूप से प्रवाहित हो रहा हो तो आप आर्थिक दृष्टि से स्वस्थ हैं। जब लोग धन-संचय करने लगते हैं, उसे टिन के डिब्बों में बंद करने लगते हैं और भयाक्रांत या आशंकित होने लगते हैं तो वे आर्थिक दृष्टि से बीमार बन जाते हैं।

धन के प्रतीक सदियों से रूप बदलते रहे हैं। आपके विचार में आने वाली लगभग हर चीज ने इतिहास में किसी-न-किसी समय और किसी-न-किसी जगह धन का काम किया है। सोना और चाँदी धन का रूप हैं, पहले भी थे। लेकिन कभी नमक, मनके और कई सस्ती चीजें भी थीं। प्राचीन काल में लोगों की दौलत अकसर उनकी भेड़ों और बैलों से आँकी जाती थी। अब हम मुद्रा और अन्य आसान साधनों का प्रयोग करते हैं। इसका कारण स्पष्ट है। बिल चुकाने के लिए अपने साथ कुछ भेडों को लेकर चलने के बजाय चेक लिखना ज्यादा सुविधाजनक है।

दौलत के राजमार्ग पर कैसे चलें?

जब आप अपने अवचेतन मन की शक्तियों को समझ लेते हैं तो आपके पास आध्यात्मिक, मानसिक और वित्तीय सभी तरह की दौलत के राजमार्ग का नक्शा आ जाता है। जिसने भी मस्तिष्क के नियमों को सीख लिया है, वह निश्चित रूप से जानता और मानता है कि उसे कभी किसी चीज की कमी नहीं पड़ेगी। आर्थिक संकटों, स्टॉक मार्केट के उतार-चढ़ावों, मंदियों, हड़तालों, बढ़ती महँगाई, यहाँ तक कि युद्ध के दौरान भी उसके पास काफी धन रहेगा।

इसका कारण यह है कि उसने दौलत का विचार अपने अवचेतन मन तक पहुँचा दिया है। परिणामस्वरूप, उसका मन उसे दौलत देता रहता है, चाहे वह जहाँ भी रहे। उस व्यक्ति ने अपने मस्तिष्क को विश्वास दिला दिया है कि धन उसके जीवन में अबाध गति से प्रवाहित हो रहा है और उसके पास हमेशा जरूरत से बहुत

ज्यादा पैसे रहेंगे। जैसा वह आदेश देता है, वैसा ही होगा। अगर कल वह वित्तीय रूप से बर्बाद हो जाए और उसके पास की हर चीज मूल्यहीन हो जाए, तब भी वह दौलत को आकर्षित करेगा। वह संकट से आराम से उबर जाएगा। यही नहीं, वह उससे लाभ भी उठा लेगा।

आपके पास अधिक पैसे क्यों नहीं हैं?

यह अध्याय पढ़ते समय शायद आप सोच रहे हों मैं ज्यादा आमदनी का हकदार हूँ। मेरी राय में यह अधिकांश लोगों के बारे में सही है। वे सचमुच ज्यादा आमदनी के हकदार होते हैं लेकिन उन्हें वह मिलती नहीं है। उन लोगों के पास अधिक पैसे नहीं होने का एक बहुत बड़ा कारण यह है कि वे मन-ही-मन या खुलकर उसकी निंदा करते हैं। वे धन को 'गंदा' कहते हैं या मानते हैं। वे अपने बच्चों और दोस्तों से कहते हैं कि धन का प्रेम ही सारी बुराइयों की जड़ है। उनके दौलतमंद न बन पाने का एक कारण यह भी है कि उनके अवचेतन में कहीं-न-कहीं यह भाव छिपा होता है कि गरीबी में कोई खास गुण है। हो सकता है कि यह अवचेतन भाव बचपन की नसीहत या फिर धर्मग्रंथों के गलत विश्लेषण के कारण आ गया हो।

धन और संतुलित जीवन

एक बार एक आदमी ने मुझसे कहा "मैं दिवालिया हो गया हूँ। लेकिन यह बिलकुल ठीक है। मुझे धन पसंद नहीं है। यह सारी बुराइयों की जड़ है।" ये कथन दुविधाग्रस्त, न्यूरोटिक मानसिकता के सूचक हैं। धन का प्रेम अगर बाकी हर चीज से ज्यादा हो जाए तो इससे आप एकतरफा और असंतुलित हो सकते हैं लेकिन यहाँ आप अपनी शक्ति या सत्ता का समझदारी से प्रयोग करेंगे। कुछ लोग शक्ति के भूखे होते हैं, शेष धन के भूखे होते हैं।

अगर आप सिर्फ धन पर पूरा ध्यान लगाते हैं और कहते हैं-"मैं सिर्फ धन चाहता हूँ। मैं अपना पूरा ध्यान धन के संग्रह पर केंद्रित करूँगा। बाकी किसी चीज का कोई महत्व नहीं है।" तो हो सकता है कि आप धन कमा लें और ढेर सारा जमा भी कर लें, लेकिन आप इसकी कितनी बड़ी कीमत चुकाएंगे! आप शायद भूल चुके हैं कि आप दुनिया में संतुलित जीवन जीने के लिए आए हैं। आपको मानसिक शांति, सद्भाव, प्रेम, खुशी और संपूर्ण स्वास्थ्य की आवश्यकताओं को भी संतुष्ट करना चाहिए।

धन-संग्रह को एकमात्र लक्ष्य बनाकर आप गलत चुनाव करते हैं। हो सकता है आप सोचें कि आप सिर्फ धन ही चाहते हैं, लेकिन तमाम कोशिशों के बाद आप पाते हैं कि आपको सिर्फ धन की ही जरूरत नहीं रहती है। किसी ने भी मृत्युशय्या पर यह इच्छा व्यक्त नहीं की है कि काश उसने पैसे कमाने में ज्यादा समय लगाया होता! आप अपनी छिपी हुई प्रतिभाओं की सच्ची अभिव्यक्ति, जीवन में सच्ची जगह पाने, सुंदरता और दूसरों की सफलता एवं कल्याण में योगदान देने की खुशी की इच्छा भी करते हैं। अगर आप चाहें तो अपने अवचेतन मन के नियम सीखकर 10 लाख डॉलर या 1 करोड़ डॉलर भी कमा सकते हैं और साथ ही मानसिक शांति, सद्भाव, संपूर्ण स्वास्थ्य एवं आदर्श अभिव्यक्ति भी पा सकते हैं।

गरीबी एक मानसिक रोग है

गरीबी में कोई गुण नहीं है। यह किसी अन्य मानसिक रोग की तरह है। अगर आप शारीरिक रूप से बीमार हैं, तो आप को यह एहसास होगा कि आपके साथ कुछ-न-कुछ गड़बड़ है। आप मदद लेना चाहेंगे और स्थिति का उपचार करने की कोशिश करेंगे। इसी तरह अगर आपके जीवन में धन का पर्याप्त प्रवाह नहीं हो रहा है तो आपके साथ कोई-न-कोई मूलभूत गडबड़ है। जीवन-सिद्धांत की दिशा विकास, विस्तार और जीवन को अधिक समृद्ध बनाने की ओर है। आप यहाँ पर किसी दड़बे में रहने, चिथड़े पहनने और भूखों मरने के लिए नहीं आए हैं। आपको खुश, समृद्ध और सफल बनना चाहिए।

आपको धन की कभी आलोचना क्यों नहीं करनी चाहिए?

धन के बारे में सारे अजीब विश्वास और अंधविश्वास अपने मन से धो डालें। कभी भी धन को बुरा या गंदा न मानें। ऐसा करने पर यह पंख लगाकर आप से दूर उड़ जाएगा। याद रखें, आप जिसकी बुराई करते हैं, उसे खो देते हैं। आप जिसकी आलोचना करते हैं, उसे आकर्षित नहीं कर सकते।

धन के प्रति सही दृष्टिकोण अपनाना

यहाँ एक आसान तकनीक दी जा रही है जिसका प्रयोग आप अपने जीवन में धन को कई गुना करने के लिए कर सकते हैं। दिन में कई बार यह वाक्य दोहराएँ" मुझे धन पसंद है। मैं इससे प्रेम करता हूँ। मैं इसका समझदारी से सृजनात्मक तरीके से

और न्यायपूर्ण प्रयोग करता हूँ। मेरे जीवन में धन का लगातार प्रवाह हो रहा है। मैं खुशी से इसे मुक्त करता हूँ और यह अद्भुभुत तरीके से कई गुना होकर मेरे पास लौटता है। यह अच्छा है,बहुत अच्छा है। धन बहुत बड़ी मात्रा में मेरी तरफ प्रवाहित हो रहा है। मैं इसका प्रयोग सिर्फ भलाई के लिए करता हूँ। मैं अपनी आर्थिक समृद्धि तथा मानसिक दौलत के लिए कृतज्ञ हूँ।"

वैज्ञानिक चिंतक धन को कैसे देखता है?

मान लीजिए आप सोने, चाँदी, जस्ते, ताँबे या लोहे की समृद्ध खदान खोज लेते हैं। क्या आप यह ऐलान करेंगे कि ये चीजें बुरी हैं? जाहिर है, नहीं। सारी बुराई इंसान के अंधविश्वास, अज्ञान, जीवन के झूठे विश्लेषण और अवचेतन मन के दुरुपयोग के कारण पैदा होती है।

चूँकि धन सिर्फ एक प्रतीक है, इसलिए हम लेन-देन के साधन के रूप में उतनी ही आसानी से जस्ते या टिन या किसी अन्य धातु का इस्तेमाल कर सकते हैं। बीसवीं सदी में अमेरिकी सिक्के डाइम और क्वार्टर चाँदी से बनते थे। उनमें 10 या 25 सेंट मूल्य की चाँदी होती थी। फिर सरकार उन्हें ज्यादा सस्ती धातु से बनाने लगी। इसके बाद भी क्वार्टर का मूल्य 25 सेंट ही रहा, हालाँकि इसकी धातु का मूल्य इससे कम था।

कोई भी भौतिक शास्त्री आपको बता देगा कि एक धातु और दूसरी धातु के बीच इकलौता अंतर इसके परमाणुओं में प्रारंभिक कणों के प्रकार और संख्या का है। किसी धातु के टुकड़े पर कणों की धारा छोड़कर आप इसे दूसरी धातु में बदल सकते हैं। आधुनिक वैज्ञानिकों ने सस्ती धातुओं को सोने में बदलने का सपना देखा था। लेकिन उससे क्या ? सोना जस्ते से ज्यादा गुणवान या बुरा नहीं है। ये तो भिन्न धातुएँ हैं, जिनके गुण भिन्न हैं। लंबे इतिहास के कारण ही सोने को खास कीमती समझा जाता है। यही वजह है कि लोग इससे जस्ते से ज्यादा प्रेम या नफरत करते हैं।

आवश्यक धन कैसे आकर्षित करें?

कई साल पहले मैं ऑस्ट्रेलिया में एक युवक से मिला। उसने मुझे बताया कि उसने डॉक्टर बनने का सपना देखा था। वह विज्ञान की क्लासों में गया। उसका प्रदर्शन वहाँ बहुत अच्छा था। लेकिन मेडिकल कॉलेज का खर्च उठाना उसके बूते से बाहर था। उसके माता-पिता मर चुके थे। अपना पेट पालने के लिए उसने स्थानीय

अस्पताल में डॉक्टरों के ऑफिसों की सफाई की। मैंने उसे बताया कि जमीन में बोया गया बीज अपनी तरफ हर उस चीज को आकर्षित करता है जिसकी उसे सही तरीके से उगने में जरूरत होती है। उसे बीज से सबक लेना था और अपने अवचेतन मन में अपेक्षित विचार का बीज बोना था।

हर रात सोने से पहले वह युवक एक मेडिकल डिप्लोमा सर्टिफिकेट की तस्वीर देखता था जिसमें उसका नाम बड़े-बड़े अक्षरों में लिखा रहता था। उसे डिप्लोमा की स्पष्ट व विस्तृत तस्वीर देखने में जरा भी मुश्किल नहीं हुई। वह दिन में डॉक्टरों के ऑफिसों में दीवारों पर टँगे फ्रेम किए हुए डिप्लोमा की धूल साफ करके उन्हें चमकाता था। उनकी सफाई करते समय वह उन्हें गौर से देखा करता था।

लगभग चार महीने तक हर रात वह तस्वीर वाली तकनीक आजमाता रहा। फिर जिस डॉक्टर के ऑफिस की वह सफाई करता था, उसने उससे पूछा कि क्या वह उसका सहयोगी बनेगा? डॉक्टर ने उसे एक प्रशिक्षण कार्यक्रम में भेजने का खर्च उठाया जहाँ उसने चिकित्सा संबंधी बहुत सी योग्यताएँ सीखीं। इसके बाद डॉक्टर ने उसे अपना सहयोगी बना लिया। वह उस युवक की प्रतिभा और संकल्प से इतना प्रभावित हुआ कि उसने उसे बाद में मेडिकल कॉलेज भेजने में भी मदद की। आज वह युवक मॉण्ट्रियल, कनाडा में एक शीर्षस्थ डॉक्टर है।

उस युवक को सफलता इसलिए मिली, क्योंकि उसने आकर्षण का नियम सीख लिया था। उसने यह जान लिया कि अपने अवचेतन मन का सही तरीके से प्रयोग कैसे करना है! इसमें युगों पुराना वह नियम शामिल है, जो कहता है, "अंत को स्पष्ट रूप से देखने के बाद आप उस अंत की प्राप्ति के साधन की इच्छा करते हैं।" इस मामले अंत डॉक्टर बनना था। वह डॉक्टर बनने की कल्पना कर सकता था, उसकी तसवीर देख सकता था और उसकी वास्तविकता महसूस कर सकता था। वह इस विचार के साथ जिया। उसने इसे बनाए रखा, पोषण दिया और प्रेम किया। आखिरकार, तस्वीर देखने के कारण यह विचार उसके अवचेतन मन की परतों को भेदकर पहुँच गया, यह विश्वास बन गया। उस विश्वास ने उसकी ओर हर उस चीज को आकर्षित किया जो उसके सपने को सच्चाई में बदलने के लिए जरूरी थी।

कुछ लोगों का वेतन क्यों नहीं बढ़ता है?

मान लीजिए कि आप किसी बड़ी कंपनी में काम करते हैं। आपको लगता है कि आपको कम वेतन मिलता है। आप इस बात से चिढ़ते हैं कि बॉस आपको महत्त्व नहीं देते हैं। आप सोचते हैं कि आप ज्यादा वेतन और महत्त्व के अधिकारी हैं।

अपने बॉस के प्रति मानसिक विरोध रखकर आप अवचेतन रूप से उस कंपनी से अपने बंधन तोड़ रहे हैं। आप एक प्रक्रिया शुरू कर रहे हैं। नतीजा यह होगा कि एक दिन बॉस आपसे कहेगा, "हमें आपको निकालना पड़ेगा।" सच तो यह है कि एक तरह से आपने ही खुद को निकलवाया है। बॉस तो सिर्फ एक साधन के रूप में काम कर रहा है, जिससे अपनी ही नकारात्मक मानसिक अवस्था की पुष्टि हुई है। यह क्रिया और प्रतिक्रिया के नियम का एक उदाहरण मात्र है। क्रिया आपका विचार है और प्रतिक्रिया आपके अवचेतन मन की है।

अमीरी की राह में बाधाएँ और अवरोध

समय-समय पर आपने शायद किसी को कहते सुना होगा- "जो खूब पैसे कमाता है, वह हमेशा बदमाश होता है।"

इस तरह से बोलने और सोचने वाला आम तौर पर वित्तीय बीमारी का शिकार होता है। शायद वह अपने पुराने दोस्तों के प्रति कटु और ईर्ष्यालु हो, जो ज्यादा सफल एवं दौलतमंद बन गए हैं। अगर ऐसा है तो वह अपनी मुश्किलें खुद पैदा कर रहा है। उन दोस्तों के बारे में नकारात्मक विचार रखकर और उनकी दौलत की निंदा करके वह धन और समृद्धि को स्वयं से दूर कर रहा है। क्या आप किसी ऐसे व्यक्ति के पास रुकना पसंद करेंगे जो अपनी निंदा करता हो? जाहिर है कि नहीं और धन व समृद्धि भी ऐसा नहीं करेंगी। वह व्यक्ति उसी चीज को दूर भगा रहा है जिसके लिए वह प्रार्थना कर रहा है।

वह दो विरोधी प्रार्थनाएँ कर रहा है। एक तरफ तो वह कह रहा है "मैं चाहता हूँ कि अब दौलत मेरी ओर प्रवाहित हो।" लेकिन अगली ही साँस में वह कह रहा है "उस आदमी की दौलत से मैं क्षुब्ध हूँ।" यह विरोध गरीबी और दुःख की राह का सूचक है। यह ध्यान रखें कि आप दूसरे व्यक्ति की दौलत पर हमेशा खुश रहें।

अपने निवेशों की रक्षा करें

अगर आप निवेश संबधी मार्गदर्शन चाहते हैं या अपने शेयरों एवं बॉण्ड्स के बारे में चिंतित हैं, तो धीरे से दावा करें-"असीमित बुद्धि मेरे सभी वित्तीय मामलों को नियंत्रित करती है और उनकी निगरानी करती है। मैं जो भी करूँगा, उसमें समृद्धि पाऊँगा।" अगर आप इसे बार-बार पूरी आस्था और विश्वास से कहते हैं तो आप पाएंगे कि आपका अवचेतन मन समझदारी भरे निवेशों की ओर उन्हें मार्गदर्शन देगा। यही नहीं, आपका नुकसान भी नहीं होगा क्योंकि नुकसान होने से पहले ही आपको जोखिम भरे शेयरों को बेचने का संदेश मिल जाएगा।

बिना दिए आपको कुछ नहीं मिल सकता

बड़े स्टोरों में पहरेदारों और जासूसों को रखा जाता है ताकि वे सामान चुराने वालों को रोक सकें। प्रत्येक दिन वे कुछ लोगों को चोरी करते हुए पकड़ते हैं। इस तरह की चोरी करने वाले अभाव और बुरे मानसिक माहौल में जीते हैं। दूसरों से चुराने की कोशिश में वे अपनी ही शांति, श्रद्धा, आस्था, ईमानदारी, अखंडता, सद्भावना और विश्वास को चुरा रहे हैं।

यही नहीं, इससे उनके अवचेतन मन में जो संदेश जाता है, उससे उनका बहुत नुकसान होता है-चरित्र, छवि, सामाजिक प्रतिष्ठा और मानसिक शांति-सबकुछ का नुकसान। ये लोग यह नहीं समझते हैं कि उनका दिमाग कैसे काम करता है। उन्हें आपूर्ति के स्रोत की जानकारी नहीं होती है। अगर वे मानसिक रूप से अपने अवचेतन मन की शक्तियों का आह्वान करें और यह दावा करें कि उनकी सच्ची अभिव्यक्ति हो रही है तो उन्हें सफलता व समृद्धि मिलेगी। फिर ईमानदारी, अखंडता और लगन से वे खुद को और समाज को लाभ पहुँचा सकते हैं।

धन की सतत आपूर्ति

स्वतंत्रता, आराम और आवश्यक धन की सतत आपूर्ति आपके अवचेतन मन की शक्तियों को पहचानने में निहित है। यह आपके विचार या मानसिक छवि की रचनात्मक शक्ति को पहचानने में निहित है। अपने मस्तिष्क में समृद्धि से भरे जीवन को स्वीकार कीजिए। धन की मानसिक स्वीकृति और आशा का अपना गणित तथा अभिव्यक्ति का तंत्र होता है। जब आप समृद्धि की मानसिकता में कदम रखते हैं तो उस समृद्ध जीवन को संभव बनाने वाली चीजें होने लगती हैं।

इसकी दैनिक घोषणा कीजिए। इसे अपने मानस पटल पर लिख लीजिए "मैं अपने अवचेतन मन की असीमित समृद्धि के साथ एकाकार हूँ। धनवान्, प्रसन्न और सफल बनना मेरा अधिकार है। धन मेरी ओर मुक्तता से, प्रचुरता से और अनंत रूप से प्रवाहित हो रहा है। मैं हमेशा अपने सच्चे मूल्य के प्रति सचेत हूँ। मैं अपनी प्रतिभा को खुले हाथों से देता हूँ और मुझे अत्यधिक वित्तीय वरदान मिलते हैं। यह अद्भुत है!"

समृद्धि की राह पर बढ़ते कदम

1. यह दावा करने का साहस जुटाएँ कि आपको अमीर बनने का अधिकार है। आपका अवचेतन मन आपके दावे को सच्चाई में बदल देगा।
2. आप जैसे-तैसे गुजारा नहीं करना चाहते हैं। आप खूब सारा पैसा चाहते हैं, ताकि आप जब चाहें तब अपना मनचाहा काम कर सकें। अपने अवचेतन मन की दौलत को पहचानें।
3. अगर धन आपके जीवन में निर्बाध गति से प्रवाहित हो रहा है तो आप आर्थिक दृष्टि से स्वस्थ हैं। धन को ज्वार की तरह देखेंगे तो यह आपके पास हमेशा बहुत रहेगा। ज्वार का आना व जाना लगातार होता है। जब ज्वार चला भी जाए तो भी आपको पूरा विश्वास होता है कि यह जरूर लौटेगा।
4. अपने अवचेतन मन के नियम जानने के बाद आपको हमेशा धन मिलता रहेगा, चाहे यह किसी भी रूप में मिले।
5. कई लोग अभाव में जीते हैं और उनके पास पर्याप्त धन नहीं होता है। इसका एक कारण यह है कि वे धन की निंदा करते हैं। आप जिसकी निंदा करते हैं, वह पंख लगाकर दूर उड़ जाता है।
6. धन को भगवान बनाएँ। यह सिर्फ एक प्रतीक है। याद रखें, सच्ची दौलत आपके दिमाग में है। आप संतुलित जीवन जीने के लिए आए हैं-इसमें अपनी जरूरत का सारा धन हासिल करना शामिल है।

7. धन को अपना एकमात्र लक्ष्य न बनाएं। धन, प्रसन्नता, शांति, सत्य की अभिव्यक्ति और प्रेम का दावा करें। सबके प्रति प्रेम और सद्भाव रखें, फिर आपका अवचेतन मन इन सभी क्षेत्रों में चक्रवृद्धि ब्याज देगा।

8. गरीबी में कोई गुण नहीं है। यह मानसिक रोग है। आपको इस मानसिक संघर्ष या बीमारी का तत्काल इलाज करना चाहिए।

9. आप यहाँ पर किसी दड़बे में रहने, चिथड़े पहनने या भूखों मरने के लिए नहीं आए हैं। आप यहाँ अधिक समृद्ध जीवन जीने के लिए आए हैं।

10. कभी भी 'गंदा पैसा' शब्दावली का प्रयोग न करें या यह न करें कि मैं धन से नफरत करता हूँ। आप जिसकी आलोचना करेंगे, उसे खो देंगे। धन अपने आप में बुरा या अच्छा नहीं है। इसके बारे में ऐसा-वैसा सोचना, उसे ऐसा-वैसा बनाता है।

11. बार-बार दोहराएँ- "मैं धन को पसंद करता हूँ। इसका उपयोग समझदारी से, सृजनात्मक तरीके से और न्यायपूर्ण तरीके से करूँगा। मैं इसे खुशी के साथ स्वतंत्र करता हूँ और यह हजार गुना होकर मेरे पास लौट आता है।"

12. धन ताँबे, जस्ते, टिन या लोहे से ज्यादा बुरा नहीं है, जिसे आप पृथ्वी के गर्भ में पा सकते हैं। सारी बुराई मस्तिष्क की शक्तियों के अज्ञानतापूर्ण दुरुपयोग के कारण उत्पन्न होती है।

13. अपने मस्तिष्क में अंतिम परिणाम की तस्वीर बना लें। आपका अवचेतन मन आपकी मानसिक तस्वीर पर प्रतिक्रिया करता है। और उसे साकार रूप देता है।

14. बिना कुछ दिए कुछ पाने की कोशिश छोड़ दें। मुफ्त लंच जैसी चीज नहीं होती है। आपको कुछ पाने के लिए कुछ देना होगा। आप अपने लक्ष्यों, आदर्शों और कामों पर मानसिक ध्यान देंगे तो आपका अवचेतन मन हमेशा आपका साथ देगा। धन की प्राप्ति अवचेतन मन के नियमों को लागू करना और इसमें दौलत का बीज बोना है।

अध्याय-11

सफलता का रास्ता अवचेतन से जाता है

सफलता का वास्तविक अर्थ जीवन में सफल बनना है। इस धरती पर दीर्घकालीन शांति, ख़ुशी और सुख पाने को सफलता की संज्ञा दी जा सकती है। इनका अनुभव ही अनंत जीवन है जिसके बारे में ईसा मसीह ने कहा है-*जीवन की वास्तविक चीजें जैसे-शांति, सदभाव अखंडता, सुरक्षा और प्रसन्नता अमूर्त हैं।* वे व्यक्ति के गहरे स्वरूप से उत्पन्न होती हैं। इन गुणों पर मनन करने से स्वर्ग के ये खजाने हमारे अवचेतन में निर्मित हो जाते हैं। यही वह सच्चा स्थल है, जिसे घुन एवं जंग कमजोर नहीं करते और जहाँ चोर चोरी नहीं कर सकते।

सफलता के तीन कदम

सफलता का पहला महत्त्वपूर्ण कदम उस काम का पता लगाना और करना है, जिससे आप प्रेम करते हैं। जब तक आप अपने काम से प्रेम नहीं करते, तब तक संभवतः आप उसमें खुद को सफल नहीं मानेंगे, भले ही दुनिया सफल कहती रहे। काम से प्रेम होने पर आपके मन में उसे करने की गहरी इच्छा होती है। अगर कोई व्यक्ति मनोचिकित्सक बनने की इच्छा रखता हो तो डिप्लोमा लेकर उसे दीवार पर

टाँग लेना ही काफी नहीं है। वह उस क्षेत्र में आगे काम करना चाहेगा, सम्मेलनों में भाग लेगा और मस्तिष्क एवं उसकी कार्यविधि का अध्ययन करता रहेगा। वह दूसरे क्लीनिकों में जाएगा और नवीनतम वैज्ञानिक जर्नल पढ़ेगा। दूसरे शब्दों में, वह मानवीय कष्ट को कम करने के नवीनतम तरीकों के बारे में ज्ञान हासिल करता रहेगा क्योंकि वह अपने रोगियों के हितों को सर्वोच्च प्राथमिकता देता है। लेकिन हो सकता है ये शब्द पढ़कर आप यह सोचने लगें, "मैं पहला कदम नहीं उठा सकता, क्योंकि मैं यही नहीं जानता कि मैं क्या करना चाहता हूँ। मुझे यह पता ही नहीं कि मैं किस काम से प्रेम करता हूँ मैं कोई क्षेत्र कैसे चुन सकता हूँ, जिससे मैं प्रेम करूँ?"

यदि आपकी स्थिति यह है तो मार्गदर्शन के लिए यह प्रार्थना कीजिए-

"मेरे अवचेतन मन का असीमित ज्ञान जीवन में मेरी सच्ची जगह मेरे सामने प्रकट कर रहा है।"

इस प्रार्थना को धीरे-धीरे सकारात्मक तरीके और प्रेम से अपने अवचेतन मन के सामने दोहराएँ। जब आप आस्था और विश्वास से जुटे रहेंगे तो आपको भावना, संकेत या किसी निश्चित दिशा में प्रवृत्ति के रूप में जवाब मिलेगा। यह स्पष्टता, शांति आंतरिक मौन एवं जागरूकता से आपके सामने प्रकट हो जाएगा।

सफलता का दूसरा कदम काम की किसी विशिष्ट शाखा में विशेषज्ञता हासिल करना और उसमें उत्कृष्ट बनने की इच्छा रखना है। मान लीजिए कोई विद्यार्थी केमिस्ट्री के क्षेत्र को व्यवसाय के रूप में चुनता है। उसे इस क्षेत्र की किसी एक शाखा पर अपना ध्यान केंद्रित करना चाहिए और अपना सारा समय तथा ध्यान उसी चुने हुए क्षेत्र पर केंद्रित करना चाहिए, ताकि वह उसका विशेषज्ञ बन जाए। उसके उत्साह के कारण वह अपने क्षेत्र में ज्यादा-से-ज्यादा जानकारी हासिल करना चाहेगा। अगर संभव हो तो वह बाकी सबसे ज्यादा जानने की कोशिश करेगा। उसे अपने काम में बहुत उत्साहपूर्ण दिलचस्पी लेनी चाहिए। उसके मन में दुनिया की सेवा करने की इच्छा होनी चाहिए।

जो सबसे महान् है, उसे सेवक बनना होगा। इस मानसिक दृष्टिकोण और उस व्यक्ति के दृष्टिकोण में बहुत बड़ा विरोधाभास है जो जैसे-तैसे आजीविका कमाना चाहता है। 'जैसे-तैसे आजीविका कमाना' सच्ची सफलता नहीं है। लोगों के लक्ष्य

ज्यादा महान्, उदात्त और परोपकारी होने चाहिए। उन्हें दूसरों की सेवा करनी चाहिए, अपनी सुविधा नहीं देखनी चाहिए।

तीसरा कदम सबसे महत्त्वपूर्ण है। आपको यह सुनिश्चित करना चाहिए कि आप जो करना चाहते हैं, वह सिर्फ आपको ही सफल न बनाए। आपकी इच्छा स्वार्थपूर्ण नहीं होनी चाहिए। इससे मानवता को लाभ होना चाहिए। दूसरे शब्दों में, आपका उद्देश्य दुनिया की सेवा करना या लाभ पहुँचाना होना चाहिए। अगर आप सिर्फ अपने ही लाभ के लिए काम करते हैं तो आप इस अनिवार्य शर्त को पूरा नहीं करते। हो सकता है, आप सफल नजर आएँ लेकिन आपने अपने जीवन में जिस अनिवार्य शर्त को पूरा नहीं किया है, वह आगे चलकर बंधन या बीमारी की ओर ले जा सकती है।

सच्ची सफलता का पैमाना

हो सकता है इस मोड़ पर आप सोच रहे हों, "उस आदमी के बारे में क्या, जिसके बारे में मैंने टी.वी. पर अभी खबर देखी है? उसने तो धोखेबाजी करके शेयर बाजार से करोड़ों डॉलर कमाए हैं। उससे ज्यादा सफल तो कोई नहीं लगता है और मुझे नहीं लगता कि वह मानवता को लाभ पहुँचाने की जरा भी परवाह करता होगा।"

इस तरह के मामले बहुत आम हैं; लेकिन हमें सावधानी से उनकी सच्चाई को समझना होगा। हो सकता है कोई व्यक्ति कुछ समय के लिए सफल नजर आए, लेकिन धोखे से हासिल धन अकसर पंख लगाकर उड़ जाता है। इसके अलावा जब हम किसी दूसरे को लूटते हैं तो हम खुद को लूटते हैं। जिस कमी और सीमा की मानसिकता से हमने व्यवहार किया है, वह दूसरे तरीकों से भी खुद को प्रकट करती है, जैसे- हमारे शरीर, पारिवारिक जीवन और लोगों के साथ हमारे संबंधों में बाधा पैदा कर सकती है।

जो भी हम सोचते और महसूस करते हैं, वही होता है। हम जिसमें विश्वास करते हैं, वही होता है। धोखे से दौलत इकट्ठा करने वाले व्यक्ति को सफल नहीं माना जा सकता। मानसिक शांति के बिना कोई सफलता नहीं होती है। किसी व्यक्ति की दौलत का क्या फायदा अगर वह रात को सो नहीं सकता है, बीमार है या उसमें अपराध-बोध की ग्रंथि है?

मैं एक बार लंदन में एक अपराधी से मिला जिसने मुझे अपने कुछ कारनामे बताए। उसने बहुत सारी दौलत इकट्ठा कर ली थी और वह लंदन के बाहरी इलाके

में अपने मकान में विलासिता से रहता था। गर्मियों में वह फ्रांस के घर में विलासिता का जीवन गुजारता था-विलासिता से, लेकिन आराम से नहीं। उसे हमेशा डर लगा रहता था कि स्कॉटलैंड यार्ड पुलिस उसे कभी भी गिरफ्तार कर लेगी। उसे कई आंतरिक समस्याएँ थीं जो निश्चित रूप से उसके सतत भय और गहराई में जमी अपराध-बोध की ग्रंथि से उत्पन्न हुई थीं। वह जानता था कि उसने गलत काम किए हैं। अपराध के इस गहरे एहसास ने उसकी ओर बहुत सी मुश्किलों को आकर्षित किया।

बाद में मैंने सुना कि उसने खुद को पुलिस के हवाले कर दिया और जेल की सज़ा काटी। जेल से छूटने के बाद उसने मनोवैज्ञानिक और आध्यात्मिक सलाह ली जिससे उसकी कायापलट गयी। वह नौकरी करने लगा और कानून का पालन करने वाला ईमानदार नागरिक बन गया। उसे वह मिल गया जिसे करने से उसे प्रेम था। अब वह जीवन में पहली बार खुश था।

सफल व्यक्ति अपने काम से प्रेम करता है और खुद को पूरी तरह व्यक्त करता है। सफलता सिर्फ दौलत इकट्ठा करना नहीं है। यह तो इससे ऊँचे आदर्श पर निर्भर करती है। सफल व्यक्ति वह है जिसने गहन मनोवैज्ञानिक और आध्यात्मिक समझ हासिल कर ली है। आज के कई महान बिजनेसमैन सफलता के लिए अपने अवचेतन मन के सही उपयोग पर बल देते हैं। वे किसी आगामी प्रोजेक्ट को इस तरह देखते हैं, जैसे वह पहले ही पूरा हो चुका हो। उसकी साकार तस्वीर देखने और अपनी प्रार्थनाओं के परिणाम को महसूस करने के बाद उनका अवचेतन मन उस प्रोजेक्ट को पूरा कर देता है। अगर आप किसी लक्ष्य की स्पष्टता से कल्पना कर सकें तो आपको आवश्यक चीजें मिल जाएंगी। ये चीजें आपको अवचेतन मन की चमत्कारी शक्ति द्वारा ऐसे तरीकों से मिलेंगी जिनके बारे में आप कुछ नहीं जानते हैं।

सफलता के तीन कदमों पर विचार करते समय आपको अपने अवचेतन मन की रचनात्मक शक्तियों को कभी नहीं भूलना चाहिए। यही सफलता की किसी भी योजना में सारे कदमों के पीछे की शक्ति है। आपका विचार रचनात्मक है। विचार, भावना के साथ मिलकर कल्पनावादी आस्था या विश्वास बन जाता है और आपके विश्वास के अनुरूप आपको दिया जाता है।

जब आप समझ लेते हैं कि आपके भीतर एक प्रबल शक्ति है, जो आपकी सारी इच्छाओं को साकार करने में सक्षम हैं तो आपको आत्मविश्वास और शांति का

एहसास मिलता है। आप चाहे जो काम करें, आपको अपने अवचेतन मन के नियम अवश्य सीखने चाहिए। जब आप जानते हैं कि अपने मन की शक्तियों को कैसे प्रयोग किया जाए, जब आप खुद को पूरी तरह अभिव्यक्त कर रहे हैं और अपनी प्रतिमा से दूसरों को लाभ पहुँचा रहे हैं तो आप सच्ची सफलता के अचूक मार्ग पर हैं। अगर आप ईश्वर के काम या इसके किसी हिस्से में जुटे हैं तो ईश्वर आपके साथ है। ऐसे में कौन आपके खिलाफ टिक सकता है? धरती या आसमान में ऐसी कोई शक्ति नहीं है जो आपको सफलता तक पहुँचने से रोक सके।

उसने अपना सपना कैसे साकार किया?

हॉलीवुड में मैं एक अभिनेता से मिला जिसका नाम शायद हर फिल्म देखने वाले या टेलीविजन प्रेमी को मालूम होगा। उसने मुझे बताया कि वह मिडवेस्ट में एक छोटे से खेत पर पला-बढ़ा था। उसका परिवार जैसे-तैसे गुजारा करता था। उसके मनोरंजन का एकमात्र साधन पुराना ब्लैक एंड व्हाइट टी.वी. था। जिस पर मुश्किल से दो चैनल आते थे। इसके बावजूद उसने अभिनेता बनने का सपना देखा। यह सपना उसके दिलो-दिमाग पर दिनोंदिन हावी होता चला गया। उसने बताया, "जब मैं बाहर खेतों में काम करता था या खलिहान में गायों को वापस लाता था, तब भी मैं सारे समय कल्पना करता था कि मेरा नाम एक बड़े थिएटर के बाहर बड़े-बड़े अक्षरों में लिखा है। मैंने हर चीज स्पष्टता से देखी प्रशंसकों की भीड़ शोर मचा रही है, इंटरव्यू लेनेवाले मुझे घेरे हुए हैं। मैं यह तस्वीर बरसों तक देखता रहा।"

"आखिरकार मैंने घर छोड़ दिया। मैं लॉस एंजेलिस पहुँच गया और मुझे फिल्मों तथा टी.वी. कार्यक्रमों में एक्स्ट्रा का काम मिल गया। जल्दी ही मुझे अभिनेता के रूप में पहली भूमिका मिल गई। प्रीमियर की रात जब मैं कार से थिएटर पहुँचा तो बेहोश होते-होते बचा। वहाँ पर मेरा नाम बड़े-बड़े अक्षरों में रोशनी में चमक रहा था। भीड़ थी और अखबार के रिपोर्टर थे। सब कुछ वैसा ही था जैसा मैंने बचपन में कल्पना की थी।" उसने आगे कहा, "मुझसे ज्यादा कौन जान सकता है कि लगातार की गई कल्पना की शक्ति सफलता दिला सकती है?"

सपने की फार्मेसी सच्चाई बन गई

कुछ साल पहले मैं एक युवा फार्मासिस्ट से मिला जिसका नाम मेरी एस. था। वह एक बड़े चेन ड्रग स्टोर के प्रिस्क्रिप्शन डिपार्टमेंट में काम करती थी। एक दिन जब वह मेरे लिए दवा बना रही थी तो मैंने उससे पूछा कि उसे यह नौकरी कैसी लगती है?

"ओह, ठीक है" उसने कहा था, "वेतन और कमीशनों से काम चल जाता है। इसके अलावा, कंपनी मुनाफा भी बाँटती है। अगर किस्मत अच्छी रही तो मैं इतनी कम उम्र में रिटायर हो जाऊँगी कि जीवन का आनंद ले सकूँगी।" पल भर के लिए खामोश रहने के बाद मैंने उससे पूछा "क्या आपने बचपन में यही सपना देखा था, जब आपने फार्मासिस्ट बनने का फैसला किया था?"

उसके चेहरे पर उलझन का भाव आ गया। वह बोली, "नहीं। मेरा खयाल है, नहीं। मैंने हमेशा खुद को अपने स्टोर की मालकिन के रूप में देखा था। मैं चाहती थी कि जब मैं सड़क पर जाऊँ तो लोग मेरा नाम लेकर मुझे 'हैलो' कहें। मैं भी उन सबके नाम जानती थी क्योंकि मैं उन्हें दवाएँ देती थी। आप सोचेंगे कि यह अजीब है लेकिन मैंने इस बारे में भी सपने देखे हैं कि माता-पिता अपने बीमार बच्चे की दवा के लिए मुझे आधी रात को फोन कर रहे हैं। मैं अपने पाजामे के ऊपर कपड़े पहनकर नीचे स्टोर तक जा रही हूँ और उन्हें उनकी जरूरत की दवा दे रही हूँ। मेरे सपने की तस्वीर किसी बड़े स्टोर के काउंटर के पीछे नौ से पाँच की नौकरी जैसी नहीं थी।"

"निश्चित रूप से नहीं है।" मैंने कहा, "लेकिन आप अपने सपने को पूरा करने की कोशिश क्यों नहीं कर रही हैं? क्या आप उसमें खुश और सफल नहीं होगी? अपनी नजरें ऊपर रखो, यहाँ से बाहर निकलो। अपना खुद का स्टोर शुरू करो।"

"मैं कैसे कर सकती हूँ?" उसने अपना सिर हिलाते हुए कहा... "उसमे बहुत पैसे लगेंगे और हम इस वक्त जैसे-तैसे महीना काटते हैं।" इसके बाद मैंने उसे एक अद्भुत सच्चाई बताई। वह जिसे भी सच मानती थी, उसे वह अस्तित्व में ला सकती थी। मैंने उसे अवचेतन मन की शक्तियों के बारे में बताया। वह जल्दी ही समझ गई कि अगर वह अपने अवचेतन मन तक स्पष्ट और विशिष्ट विचार पहुँचा दे तो शक्तियाँ किसी तरह उसे साकार कर देंगी। वह कल्पना करने लगी कि वह अपने स्टोर में थी। उसने मानसिक रूप से बोतलें जमाई, पर्चियों पर लिखी दवाएँ बनाइ और ग्राहकों का इंतजार करने की कल्पना की, जो उसके पड़ोसी और मित्र भी थे। उसने अच्छे-खासे बैंक बैलेंस की तस्वीर भी देखी। मानसिक रूप से वह अपने काल्पनिक स्टोर में काम करने लगी। एक अच्छी अभिनेत्री की तरह उसने अपनी भूमिका अच्छी तरह निभाई। मैं जिस तरह अभिनय करूँगी, वैसी ही बन जाऊँगी। पूरे दिल से अभिनय में जुट गई। वह इस तरह जीती थी, चलती थी और काम करती थी, जैसे वह स्टोर की मालकिन हो। कुछ साल बाद मैरी ने मुझे चिट्ठी

लिखकर बताया कि हमारी बातचीत के बाद उसके जीवन में कैसा मोड़ आया जिस चेन स्टोर में वह काम करती थी, वह एक नए मॉल के बड़े स्टोर से प्रतिस्पर्धा में दिवालिया हो गया। इसके बाद वह एक बडी ड्रग्स कंपनी में ट्रैवलिंग रिप्रेजेंटेटिव का काम करने लगी और एक ऐसा क्षेत्र संभालने लगी जिसमें कई राज्य थे।

एक दिन काम के सिलसिले में उसे अपने इलाके के पश्चिमी कोने के एक छोटे कस्बे में जाना पड़ा। उस कस्बे में दवा की सिर्फ एक ही दुकान थी। वह वहाँ पहले कभी नहीं गई थी लेकिन जिस पल वह अंदर गई, उसने उसे पहचान लिया। यह हू-ब-हू उसी स्टोर जैसी थी, जिसका सपना उसने अपनी कल्पना में इतनी स्पष्टता से देखा था।

आश्चर्यचकित होकर उसने स्टोर के बूढ़े मालिक को इस अद्भुत संयोग के बारे में बताया। इस पर मालिक ने उसे बताया कि वह रिटायर तो होना चाहता है लेकिन अपना स्टोर किसी बड़े कॉरपोरेशन को नहीं बेचना चाहता क्योंकि यह स्टोर तीन पीढ़ियों से उसके परिवार में है।

कई बार की बातचीत के बाद मालिक ने उसे स्टोर खरीदने के लिए पैसे उधार देने का प्रस्ताव रखा। बिजनेस से होने वाले मुनाफे से वह कर्ज की किस्त चुका सकती थी। युवा महिला अपने परिवार सहित उस कस्बे में आ गई और जल्दी ही उसने एक बड़े पुराने मकान का डाउन पेमेंट दे दिया, जो स्टोर के पास ही था। अब जब वह सुबह स्टोर जाती है तो पास से गुजरने वाला हर व्यक्ति उसका नाम लेकर हैलो कहता है। सब उसे जानते हैं, क्योंकि वह उन्हें दवाएँ देती है।

बिजनेस में अवचेतन मन का उपयोग कैसे करें

कुछ साल पहले मैंने बिजनेस एक्जीक्यूटिव के एक समूह के सामने कल्पना और अवचेतन मन की शक्तियों पर व्याख्यान दिया। अपने व्याख्यान में मैंने यह बताया कि महान् जर्मन कवि गेटे मुश्किलें और समस्याएँ आने पर अपनी कल्पना का किस तरह प्रयोग करते थे।

गेटे के जीवनी लेखकों के अनुसार, वे घंटों तक अकेले काल्पनिक बातचीत किया करते थे। वे कल्पना करते थे कि उनका कोई दोस्त उनके सामने बैठा है और उन्हें सही जवाब दे रहा है। दूसरे शब्दों में वे यह कल्पना करते थे कि उनका दोस्त उनकी समस्या के बारे में उन्हें सही या उचित सलाह दे रहा है। वे उस दोस्त

की सामान्य मुद्राओं और बोलने के खास अंदाज की कल्पना करते थे। वे उस पूरे काल्पनिक दृश्य को जितना वास्तविक और स्पष्ट बना सकते थे, बना लेते थे।

उस व्याख्यान में एक युवा स्टॉक ब्रोकर भी मौजूद थी। उसने गेटे की तकनीक अपना ली। वह एक परिचित करोड़पति निवेशक से काल्पनिक बातचीत करने लगी, जिसने एक बार शेयरों के समझदारी भरे सुझाव के लिए उसे बधाई भी दी थी। उसने इस बातचीत का तब तक अभिनय किया, जब तक कि उसके मन में यह मनोवैज्ञानिक विश्वास के रूप में अंकित नहीं हो गया। इस ब्रोकर की आंतरिक बातचीत और नियंत्रित कल्पना निश्चित रूप से उसके लक्ष्य के अनुरूप थी। उसका काम अपने क्लाइंट्स को लाभकारी निवेश का सुझाव देना था। जीवन में उसका लक्ष्य था कि वह अपने क्लाइंट्स को ज्यादा-से-ज्यादा लाभ पहुँचाए और अपनी समझदारी भरी सलाह से उन्हें समृद्ध बनाए। वह अब भी अपने बिजनेस में अवचेतन मन का प्रयोग कर रही है और अपने क्षेत्र में बहुत सफल है। एक प्रमुख वित्तीय पत्रिका में हाल ही में उसका इंटरव्यू भी छपा है।

सोलह साल का लड़का असफलता को सफलता में बदल सकता है

सोलह साल के टॉड एम. ने मुझे बताया, "मैं हर चीज में असफल हो रहा हूँ। मैं नहीं जानता कि ऐसा क्यों हो रहा है? मुझे लगता है कि मैं निरा मूर्ख हूँ। शायद अच्छा यही रहेगा कि स्कूल से निकाले जाने से पहले मैं खुद ही स्कूल छोड़ दूँ।" आगे की बातचीत में मुझे पता चला कि टॉड का नजरिया ही अनुचित था।

वह अपनी पढ़ाई के बारे में उदासीन था और अपने कुछ शिक्षकों एवं सहपाठियों के प्रति द्वेष भी पाले हुए था।

मैंने उसे सिखाया कि पढ़ाई में सफल होने के लिए वह अपने अवचेतन मन का इस्तेमाल कैसे कर सकता है। वह दिन में कई बार कुछ सच्चाइयों की घोषणा करने लगा, खास तौर पर सोने से ठीक पहले और सुबह जागने के ठीक बाद, जैसाकि हम देख चुके हैं, अवचेतन मन तक विचार पहुँचाने के लिए ये सबसे अच्छे समय होते हैं।

उसने यह सकारात्मक घोषणा की

"मुझे एहसास है कि मेरा अवचेतन मन यादों का भंडार है। यह हर उस चीज का संग्रह करता है जो मैंने पढ़ी हैं या शिक्षकों के व्याख्यान में सुनी हैं। मेरी स्मृति

आदर्श है, बशर्ते मैं उसका इस्तेमाल करने का चयन करूँ। मेरे अवचेतन मन का असीमित ज्ञान मुझे वह हर चीज लगातार बताता है, जो मुझे परीक्षा में जानने की जरूरत है, चाहे वह लिखित हो या मौखिक मैं अपने सभी शिक्षकों एवं सहपाठियों के प्रति प्रेम और सद्भाव दर्शाता हूँ। मैं सचमुच चाहता हूँ कि वे सफल हो और उन्हें सभी सुख मिलें।"

टॉड अब पहले से बहुत ज्यादा स्वतंत्रता का आनंद ले रहा है। उसे अब हर विषय में 'ए' ग्रेड मिल रहा है। वह लगातार कल्पना करता है कि उसके शिक्षक और माता-पिता पढ़ाई में उसकी सफलता पर उसे बधाई दे रहे हैं।

खरीदने और बेचने में सफल कैसे बनें?

खरीदते और बेचते समय याद रखें कि आपका चेतन मन स्टार्टर है और आपका अवचेतन मन मोटर। आप मोटर चालू करेंगे, तभी वह काम शुरू कर पाएगी। आपका चेतन मन अवचेतन मन की शक्ति को जगाता है। अपनी स्पष्ट इच्छा, विचार या छवि को अपने अवचेतन मन तक पहुँचाने का पहला कदम उसे शांत करना है, ध्यान को केंद्रित करना है, स्थिर होना है और शांत बनना है। शिथिल, निष्क्रिय और शांत मानसिक दृष्टिकोण बाहरी मामलों तथा गलत विचारों को अवचेतन मन तक पहुँचने और लक्ष्य में हस्तक्षेप करने से रोकता है। यही नहीं, मस्तिष्क के शांत, निष्क्रिय और ग्रहणशील दृष्टिकोण में न्यूनतम प्रयास की जरूरत होती है। दूसरा कदम मनचाहे परिणाम की वास्तविकता की कल्पना करना है। उदाहरण के लिए, हो सकता है आप कोई मकान खरीदना चाहते हों। अपनी शिथिल मानसिक अवस्था में आप इस तरह घोषणा करते हैं

"मेरे अवचेतन मन का असीम ज्ञान परम ज्ञानी है। यह मुझे अपनी सारी जरूरतों को पूरा करने वाला आदर्श मकान बताता है, जिसे मैं खरीद सकता हूँ। मैं अब इस आग्रह को अपने अवचेतन मन को सौंप रहा हूँ। मैं जानता हूँ कि यह मेरे आग्रह की प्रकृति के अनुरूप प्रतिक्रिया करेगा। मैं इस आग्रह को पूर्ण आस्था और विश्वास के साथ उसी तरह मुक्त कर रहा हूँ जिस तरह किसान विश्वास के साथ जमीन में बीज बोता है।" आपकी प्रार्थना का जवाब अखबार के किसी विज्ञापन या दोस्त से मिल सकता है या हो सकता है कि आपको किसी खास मकान की तरफ सीधे मार्गदर्शन दिया जाए जो ठीक वैसा ही होगा, जैसा आप चाहते हैं। प्रार्थना का जवाब कई तरीकों से मिल सकता है। मुख्य बात यह है कि जवाब हमेशा मिलता है, बशर्ते आपको अपने अवचेतन मन के काम करने पर पूरा विश्वास हो ।

मान लीजिए खरीदने के बजाय आप कोई मकान, जमीन या जायदाद बेचना चाहते हैं। अवचेतन मन के असीमित ज्ञान पर भरोसा करने की यही नीति आपको सटीक मार्गदर्शन देगी। लॉस एंजेलिस में अपना मकान बेचते समय मैंने एक तकनीक का इस्तेमाल किया। जब मैंने यह तकनीक अपनी पहचान के कई रियल एस्टेट ब्रोकर्स को बताई तो वे भी इसका इस्तेमाल करने लगे। इससे उन्हें उल्लेखनीय परिणाम मिल रहे हैं।

मैंने अपने मकान के सामने घास पर एक साइनबोर्ड लगाया जिस पर लिखा था, 'बेचना है' उस रात सोने से ठीक पहले मैंने स्वयं से पूछा, मान लो, आपको घर के लिए खरीदार मिल गया, तो फिर आप क्या करोगे?" जवाब था, "मैं बेचना है के साइनबोर्ड को कचरे में फेंक दूंगा।"

अपने मस्तिष्क के आंतरिक पटल पर मैंने एक विस्तृत दृश्य देखा। मैंने साइनबोर्ड पकड़ा, उसे जमीन से उखाड़ा, अपने कंधे पर रखा और मकान के पीछे कूड़ेदान की तरफ ले गया। मैंने उसे फेंकते हुए कहा, "मदद के लिए धन्यवाद; लेकिन अब मुझे आपकी जरूरत नहीं है।"

मैं गहरी संतुष्टि के एहसास के साथ सोने गया कि काम पूरा हो गया था। अगले दिन एक आदमी ने मुझे उस मकान का एडवांस दे दिया और कहा, "अब आप उस साइनबोर्ड को फेंक सकते हैं। अब आपको उसकी जरूरत नहीं है।"

मैंने उसकी सलाह पर अमल किया। मैंने साइनबोर्ड उखाडा और उसे फेंक दिया। आंतरिक क्रिया ने बाहरी क्रिया को साकार कर दिया। इसके बारे में नया कुछ नहीं है। जैसा भीतर, वैसा बाहर! दूसरे शब्दों में, आपके अवचेतन मन पर छपी तस्वीर जैसी होगी, वैसा ही दृश्य आपके जीवन पटल पर उभरेगा। बाहरी स्वरूप, आंतरिक स्वरूप का प्रतिबिंब दिखाता है। बाहरी कर्म, आंतरिक कर्म का अनुसरण करता है।

यहाँ घर, जमीन या जायदाद बेचने का एक और प्रभावी तरीका बताया जा रहा है। धीरे-धीरे, शांति से और भावना के साथ यह सकारात्मक घोषणा करें।

"असीमित ज्ञान इस मकान के उस खरीदार को मेरी ओर आकर्षित कर रहा है जो इसे चाहता है और इसमें समृद्ध होता है। इस खरीदार को मेरे पास मेरे अवचेतन मन के रचनात्मक ज्ञान ने भेजा है जो कभी गलतियाँ नहीं करता है। हो सकता है वह खरीदार कई और मकान देखे, लेकिन मेरा मकान ही उसे पसंद आएगा और

वह इसे ही खरीदेगा क्योंकि उसके भीतर की असीमित बुद्धिमत्ता उसका मार्गदर्शन करेगी। मैं जानता हूँ कि खरीदार सही है, समय सही है और कीमत सही है। इसके बारे में हर चीज सही है मेरे अवचेतन मन का अधिक गहरा प्रवाह अब हम दोनों को दैवी विधान में एक साथ ला रहा है। मैं जानता हूँ कि ऐसा ही हो रहा है। "हमेशा याद रखें कि आप जिसे खोज रहे हैं, वह भी आपको खोज रहा है।" कोई-न-कोई हमेशा रहता है, जो उसी मकान या जायदाद को खरीदना चाहता है जिसे आप बेचना चाहते हैं। अपने अवचेतन मन की शक्तियों का सही इस्तेमाल करके आप अपने मस्तिष्क से प्रतिस्पर्धा का सारा एहसास और खरीदने-बेचने की सारी चिंता खत्म कर देते हैं।

वह जो चाहती थी, वह उसे कैसे मिला?

एक नवयुवती मेरे व्याख्यानों और कक्षाओं में नियमित रूप से आती है। आने के लिए उसे तीन बसों को बदलना पड़ता है और प्रत्येक बस में उसे डेढ़ घंटा लग जाता है। एक व्याख्यान में मैंने बताया कि कैसे एक युवक, जिसे कार की जरूरत थी, को कैसे कार मिल गई।

उस युवती ने घर जाकर, मैंने अपने व्याख्यान में जो परीक्षण करने के बारे में बताया था, उसी का परीक्षण करने के बाद उसने जो पत्र लिखा, उसको उसकी अनुमति से नीचे प्रकाशित किया जा रहा है:

"प्रिय डॉ. मर्फी,

इस प्रकार मुझे कैडीलक कार मिली गई। अपनी कल्पना में एक कार खरीदने में जिन भी प्रक्रियाओं को पूरा करना पड़ता है, मैंने उन सारी प्रक्रियाओं को वास्तविक रूप में पूरा किया। मैं कार के शोरूम में गई। सेल्समैन ने कार में बैठाकर तथा कार को चलाकर दिखाया। मैंने भी थोड़ी दूर तक कार को चलाया। उस समय मुझे लगा और मैंने दावा किया कि वह कार मेरी है।

"मैंने कार को चलाने, उसमें बैठकर उसकी सीट, उसके स्टीयरिंग, उसकी ऊपर की खूबसूरत सीलिंग को स्पर्श करके महसूस किया; यह सब मेरा है, मेरी कार का है। यह एहसास लगभग दो सप्ताह तक मैं अपने में करती रही हूँ। पिछले सप्ताह आपके व्याख्यानों में भाग लेने के

लिए मैं कैडीलक में आई थी। मेरे चाचा जो इंग्लैंड में रहते थे, वे गुजर गए और अपनी कैडीलक कार तथा पूरी संपत्ति मेरे नाम कर गए हैं।"

प्रमुख अधिकारियों और व्यापारियों द्वारा प्रयुक्त सफल तकनीक

अनेक प्रमुख व्यापारी हैं जो अपने जीवन में तमाम सफलता के गुण, नाम को दोहराते रहते हैं, जब तक कि सफलता उनके द्वार को खटखटाने नहीं लगती और अंततः वे सफल हो जाते हैं। वे भलीभाँति जानते व समझते हैं। 'सफलता' के नाम में ही सफलता के सारे नियम निहित हैं। इसी प्रकार, आप भी सफलता के नाम को पूरे विश्वास और आस्था के साथ अपने जीवन में दोहराएँ। आपका अवचेतन मन इसे आपका सच मानकर स्वीकार कर लेगा और आप स्वाभाविक रूप से उसकी 'सफलता' की अनिवार्यता की सीमा में आ जाएंगे।

आप अपनी आस्था के प्रति अपनी अभिव्यक्ति के लिए बाध्य हो जाएंगे और सोचने पर मजबूर हो जाएंगे कि आखिर सफलता का अर्थ आपके लिए क्या है? जाहिर है, आप अपने पारिवारिक और सामाजिक जीवन में सफलता चाहते हैं। आप अपने व्यापार में, अपने काम में सफलता चाहते हैं, आप एक बढ़िया सुंदर मकान चाहते हैं और खूब सारा धन चाहते हो ताकि आप सुख-चैन से जीवन व्यतीत कर सकें। आप अपनी प्रार्थना के माध्यम से अवचेतन मन की शक्तियों के प्रयोग की सफलता चाहते हैं। आप इसलिए भी व्यापारी हैं क्योंकि आप जीवित रहने के व्यापार में रहते हैं। अपनी मनचाही आशा की सफलता की कल्पना करके आप एक सफल व्यापारी बनें।

कल्पनाशील बनें और सफलता की वास्तविकता में मानसिक रूप से शामिल हो जाएँ। इसकी आदत डाल लें। रात को सफलता की कल्पना के साथ पूर्ण विश्वास करें और सोने जाएँ आप देखें कि आप अपने विचार को अवचेतन मन में पहुँचाने में सफल हो गए हैं। विश्वास करें कि आप सफल होने के लिए ही पैदा हुए हैं तो आप देखेंगे कि आपके जीवन में क्या चमत्कार होते हैं!

लाभ की बातें

1. सफलता का अर्थ है-सफल जीवन जीवन में शांति, प्रसन्नता एवं उमंग हो और मनचाहा काम करने की स्वतंलता हो तो आप जीवन में सफल हैं।
2. चुनने का प्रयास करें कि आप जीवन में क्या काम करना चाहते हैं और उसे करना शुरू करें। यदि आप अपनी सही अभिव्यक्ति नहीं जान पाए हैं तो मार्गदर्शन के लिए प्रार्थना करें, आपको सही मार्ग मिल जाएगा।
3. अपने क्षेत्र में विशिष्टता हासिल करें। उसके बारे में इतनी जानकारी हासिल करें जितना कोई न जानता हो।
4. सफल व्यक्ति मतलबी नहीं होता। उसके जीवन की प्रमुख इच्छा मानवता की सेवा है।
5. मानसिक शांति के बिना कोई सच्ची सफलता नहीं मिलती है।
6. सफल व्यक्ति के पास गहन मनोवैज्ञानिक और आध्यात्मिक समझ होती है।
7. अगर आप किसी उद्देश्य की स्पष्टता से कल्पना करते हैं तो अवचेतन मन की चमत्कारी शक्ति आपको सारी आवश्यक वस्तुएँ प्रदान कर देगी।
8. आपका विचार भावना के साथ जुड़कर कल्पनावादी विश्वास बन जाता है और आपके विश्वास के अनुसार आपको मिलेगा।
9. लगातार कल्पना करने से आपके अवचेतन मन की चमत्कारी शक्तियाँ प्रेरित होती हैं।
10. अगर आप नौकरी में प्रमोशन चाहते हैं तो कल्पना करें कि आपका मालिक, सुपरवाइजर या कोई प्रियजन प्रमोशन पर आपको बधाई दे रहा है। इस तस्वीर को स्पष्ट और वास्तविक बनाएँ। आवाज सुनें, मुद्राएँ देखें और इसकी वास्तविकता को महसूस करें। ऐसा करते रहें। बार-बार दोहराने से आपकी मनोकामना सुखद रूप से पूरी हो जाएगी।
11. आपका अवचेतन मन यादों का भंडार है। आदर्श याददाश्त के लिए बार-बार सकारात्मक घोषणा करें- "मेरे अवचेतन मन की असीमित बुद्धिमत्ता मुझे वह हर चीज याद दिलाती है जो मैं कभी भी, कहीं भी जानना चाहता हूँ।"

12. अगर आप मकान या जायदाद बेचना चाहते हैं तो धीरे-धीरे शांति से और भावना से यह सकारात्मक घोषणा करें-"असीमित बुद्धिमत्ता इस मकान या जायदाद के खरीदार को मेरी ओर आकर्षित कर रही है जो इसे चाहता है और इसमें समृद्ध होता है।" इस जागरूकता को कायम रखें। आपके अवचेतन मन का अधिक गहरा प्रवाह इसे साकार कर देगा।

13. सफलता के विचार में सफलता के सभी तत्त्व शामिल हैं। 'सफलता' शब्द बार-बार आस्था और विश्वास के साथ दोहराएंगे तो अवचेतन मन आप पर सफल होने के लिए दबाव डालेगा।

अध्याय-12

वैज्ञानिक अवचेतन मन का प्रयोग कैसे करें

इतिहास के सबसे रचनात्मक वैज्ञानिक अवचेतन मन के सच्चे महत्त्व को जानते थे। एडिसन, मार्कोनी, आइस्टाइन और कई अन्य वैज्ञानिकों ने अवचेतन मन का प्रयोग करके ऐसा ज्ञान और जानकारी हासिल की, जिससे उन्हान महान् उपलब्धियाँ पाईं। अवचेतन मन की शक्ति को कर्म में बदलने की योग्यता महान् वैज्ञानिकों एवं शोधकर्ताओं की सफलता में बहुत महत्त्वपूर्ण और निर्णायक तथ्य है।

इसका एक बहुत अद्भुभुत उदाहरण प्रसिद्ध केमिस्ट फ्रेडरिक बॉन स्ट्रेडोनिट्ज के जीवन में देखा जा सकता है। वे काफी समय से बेंजीन नामक हाइड्रोकार्बन के रासायनिक सूत्र को समझने के लिए जूझ रहे थे जिसमें कार्बन और हाइड्रोजन के छह-छह परमाणु होते हैं। स्ट्रेडोनिट्ज इस समस्या से लगातार परेशान हो रहे थे। उनकी तमाम कोशिशें नाकाम हो रही थीं।

जब वे इस गुत्थी को सुलझाने में कामयाब नहीं हुए तो उन्होंने थककर मामले को अपने अवचेतन मन को सौंप दिया। इसके कुछ समय बाद जब वे लंदन की एक बस में चढ़ने वाले थे तो उनके अवचेतन मन ने उनके दिमाग में अचानक एक चमत्कार महसूस किया। अपने मन में स्ट्रेडोनिट्ज ने साँप की छवि देखी जो अपनी

ही पूँछ को काट रहा था और गोल-गोल घूम रहा था। अवचेतन मन के इस संदेश से वे प्रेरित हो गए और उन्होंने अपनी खोज की दिशा बदल ली। जल्दी ही उन्हें लंबे समय से चाहा गया जवाब मिल गया; परमाणुओं का गोलाकार संयोजन, जिसे बेंजीन रिंग' नाम से जाना जाता है।

किस प्रकार एक विशिष्ट वैज्ञानिक ने अपने आविष्कार किए

टेस्ला बिजली के क्षेत्र में बहुत प्रतिभाशाली पथ-प्रदर्श थे। विज्ञान म्यूजियमों में रखी टेस्ला कॉइल बच्चों को हमेशा बहुत पसंद आती है। यह उनका सिर्फ एक आविष्कार है। आवेशित धातु के गोले को जब कोई छूता है तो स्थैतिक विधुत उसके बाल खड़े कर देती है। टेस्ला ने प्रसारण ऊर्जा की अवधारणा के भी प्रयोग किए और इस विषय में उनके विचार अब भी क्रांतिकारी समझे जाते हैं।

प्रसिद्ध वैज्ञानिक ने कैसे आविष्कार किया

टेस्ला अवचेतन मन की शक्ति पर विश्वास करते थे और उसका इस्तेमाल भी करते थे। जब भी उनके मन में किसी नए आविष्कार या नई शोध दिशा का विचार आता था, वे अपनी कल्पना में उसकी तस्वीर बनाते थे और फिर उसे अवचेतन मन के हवाले कर देते थे। वे जानते थे कि उनका अवचेतन मन उसे सही तरीके से पूरा बना देगा और उनके चेतन मन को वे सारी बातें बता देगा जो इसे साकार करने के लिए जरूरी हैं। हर संभावित सुधार पर शांति से मनन करने की वजह से गलतियाँ सुधारने में उनका जरा भी समय बर्बाद नहीं हुआ क्योंकि गलतियाँ हुई ही नहीं। अपने साथ काम करने वाले तकनीशियनों को वे अपने मस्तिष्क से निकला आदर्शपूर्ण उत्पाद देने में सक्षम थे।

एक साक्षात्कार में उन्होंने कहा था, "मेरा यंत्र हमेशा मेरी कल्पना के अनुरूप ही काम करता है। पिछले बीस वर्षों में इसका एक भी अपवाद नहीं है।"

किस प्रकार एक प्रसिद्ध प्रकृति वैज्ञानिक ने अपनी समस्या सुलझाई

हार्वर्ड यूनिवर्सिटी के प्रोफेसर लुई एगैसिज उन्नीसवीं सदी के सबसे प्रसिद्ध अमेरिकी प्रकृति वैज्ञानिकों में से एक थे। उन्होंने अपने अवचेतन मन की महान शक्तियों को नींद में महसूस किया। नीचे दिया गया उदाहरण एगैसिज की जीवनी से लिया गया है जिसे उनकी विधवा पत्नी ने लिखा है।

वे दो सप्ताह से एक पत्थर के टुकड़े पर संरक्षित फॉसिल की धुँधली छाप को समझने की कोशिश कर रहे थे। थकने और चकराने के बाद उन्होंने आखिरकार अपना काम एक तरफ रख दिया और उसे अपने दिमाग से निकालने की कोशिश की। इसके ठीक बाद एक बार आधी रात को जब उनकी नींद खुली तो उन्हें यकीन था कि सोते समय उन्होंने उसी मछली को देखा था, जिसमें सभी खोए हुए अंग पूरी तरह से दिख रहे थे। लेकिन जब उन्होंने उस छवि को याद करने की कोशिश की तो वह उन्हें याद नहीं आई। बहरहाल वे यह सोचकर जार्डिन डेस प्लांटेस के पास एक बार फिर उस छवि को देखने गए, ताकि शायद उससे उन्हें सपना याद आ जाए। यह कोशिश बेकार हुई-धुँधला रिकॉर्ड पहले जितना ही अस्पष्ट था। अगली रात को मछली उन्हें दोबारा दिखी लेकिन परिणाम पहले से ज्यादा संतोषजनक नहीं थे। पहले की तरह ही जागने पर छवि गायब हो गई। वही अनुभव एक बार फिर दोहराया जाएगा, इस उम्मीद में तीसरी रात को उन्होंने सोने से पहले अपने पलंग के पास एक पेंसिल और कागज रख लिया।

हुआ भी यही। सुबह के करीब मछली एक बार फिर उनके सपने में आई। पहले तो अस्पष्टता से, लेकिन बाद में इतनी स्पष्टता से कि उन्हें इसके जैविक अंगों के बारे में जरा भी शंका नहीं रह गई थी। आधे सपने और पूरे अँधेरे में उन्होंने बिस्तर के पास रखे कागज पर मछली की आकृति बना ली। सुबह जब वे जागे तो अपने रात वाले स्केच में ऐसे अंग देखकर हैरान रह गए, जिनके बारे में उन्हें लगता था कि फॉसिल में इनका मिलना असंभव था। वे जल्दी से जार्डिन डेस प्लांटेस के पास गए। स्केच के मार्गदर्शन से उन्होंने पत्थर की सतह को छेनी से छीला, जिसके नीचे मछली के बाकी अंग छिपे हुए थे। जब मछली पूरी तरह से बाहर आ गई तो वह उनके सपने व स्केच के अनुरूप निकली और वे आसानी से उसका वर्गीकरण कर पाए।

किस प्रकार एक असाधारण डॉक्टर ने डायबिटीज की समस्या सुलझाई

1920 के दशक में मशहूर कैनेडियन डॉक्टर और शोधकर्ता डॉ. फ्रेडरिक बैंटिंग ने अपना ध्यान डायबिटीज की ओर केंद्रित किया। उस समय तक चिकित्सा विज्ञान इस बीमारी की रोकथाम का कोई प्रभावी उपाय नहीं सुझा पाया था। डॉ. बैंटिंग ने इस विषय पर प्रयोग करने और इस पर उपलब्ध अंतरराष्ट्रीय साहित्य के अध्ययन में काफी समय लगायाय लेकिन उन्होंने जो भी रास्ता निकाला, वह बंद मिला।

असफल कोशिशों के लंबे दिनों के बाद एक रात को वे सो गए। नींद में अवचेतन मन ने उन्हें निर्देश दिया कि वे कुत्तों की बिगड़ी हुई पैनक्रिएटिक डक्ट से अवशेष निकाल लें। इस प्रेरणा से वे इंसुलिन की खोज कर पाए जो आज भी असंख्य लोगों की मदद कर रही है।

डॉ. बैटिंग काफी समय से चेतन मन से इस समस्या को सुलझाने की कोशिश कर रहे थे। उनके अवचेतन ने इसके अनुरूप प्रतिक्रिया की।

इससे यह निष्कर्ष नहीं निकलता है कि आपको भी हमेशा रातों रात जवाब मिल जाएगा! हो सकता है जवाब कुछ समय तक न मिले। हताश न हों। हर रात सोने से ठीक पहले समस्या अपने अवचेतन मन के हवाले इस तरह करते रहें जैसे आपने यह काम पहले कभी न किया हो।

अगर समाधान मिलने में ज्यादा देर लगे तो संभव है, आप यह सोच रहे हों कि अवचेतन मन को सौंपा गया सवाल इतना बड़ा है कि उसे सुलझाने में लंबा समय लग जाएगा। यह हैरानी की बात नहीं है। आम तौर पर हम सभी को विश्वास होता है कि हमारी समस्याएँ मुश्किल हैं। अगर वे मुश्किल नहीं होतीं तो वे समस्याएँ नहीं होतीं। जो भी हो यह धारणा गलत है। आपका अवचेतन मन समय और स्थान के बंधन से परे है। यह यकीन करते हुए सोने जाएँ कि आपको जवाब अभी मिल गया है। यह घोषणा न करें कि जवाब का भविष्य में इंतजार करना पडेगा। परिणाम में आस्था रखें। इस पुस्तक को पढ़ते समय अभी विश्वास करो कि आपकी समस्या का एक जवाब है, एक आदर्श समाधान है।

किस प्रकार एक वैज्ञानिक सोवियत कॉन्सेंट्रेशन कैंप से भागा

डॉ. लॉथर वॉन प्रतिभाशाली इलेक्ट्रॉनिक्स इंजीनियर थे। द्वितीय विश्व युद्ध के दौरान उन्हें एक सोवियत कॉन्सेंट्रेशन कैंप में कैद कर दिया गया। वे अपने बचाव और अंततः आजादी की ओर भाग निकलने का श्रेय अपने अवचेतन मन की शक्तियों को देते हैं-

“मैं रूस में एक कोयला खदान में युद्धबंदी था और मैंने जेल के अहाते में अपने चारों तरफ लोगों को मरते देखा। क्रूर पहरेदार अफसर और चालाक कम्युनिस्ट अफसर हम पर नजर रखते थे। थोड़े से मेडिकल चेकअप के बाद हर कैदी के कोयले का कोटा तय कर दिया जाता था। मेरा कोटा 300 पाउंड/पौंड प्रतिदिन था। अगर कोई कैदी अपना कोटा पूरा नहीं करता था तो उसे मिलने वाले थोड़े

से राशन में भी कटौती कर दी जाती थी और कुछ ही समय में वह कब्र में पहुँच जाता था।

मैं वहाँ से भागने पर ध्यान केंद्रित करने लगा। मैं जानता था कि मेरा अवचेतन मन किसी-न-किसी तरह कोई रास्ता खोज लेगा। जर्मनी में मेरा घर बर्बाद हो गया था, मेरा परिवार मिट गया था। मेरे सभी मित्र और पूर्व सहयोगी या तो युद्ध में मारे जा चुके थे या फिर कॉन्सेंट्रेशन कैंपों में कैद थे।

मैंने अपने अवचेतन मन से कहा, मैं लॉस एंजेलिस पहुँचना चाहता हूँ और आपको रास्ता खोजना है। मैंने लॉस एंजेलिस की तस्वीरें देखी थीं और मुझे कुछ सड़कें और इमारतें बहुत अच्छी तरह याद थीं। मैं उन्हें बार-बार याद करने लगा।

हर दिन, हर रात मैं कल्पना करता था कि मैं विलशायर रोड पर एक अमेरिकी लड़की के साथ टहल रहा हूँ, जिससे मैं युद्ध से पहले बर्लिन में मिला था (अब वह मेरी पत्नी है)। मेरी कल्पना में हम स्टोर्स में गए, बसों में यात्रा की और रेस्तराओं में भोजन किया। हर रात में खास तौर पर स्वयं को अपनी काल्पनिक अमेरिकी कार में लॉस एंजेलिस की सड़कों पर इधर से उधर जाते देखता था। मैंने यह सब बहुत स्पष्ट और वास्तविक बना लिया। मेरे मस्तिष्क में ये तस्वीरें उतनी ही वास्तविक या स्वाभाविक थीं, जितना कि कॉन्सेंट्रेशन कैंप के बाहर लगा पेड़।

हर सुबह प्रमुख पहरेदार लाइन में खड़े कैदियों को गिनता था। वह कहता था, 'एक, दो, तीन' आदि। एक दिन जब सत्रह नंबर पुकारा गया, जो मेरा क्रम था, तो मैं अलग खड़ा हो गया। इस बीच पहरेदार को किसी ने एकाध मिनट के लिए बुलवा लिया और वापस लौटने पर उसने गलती से अगले आदमी को सत्रह नंबर के रूप में गिन लिया। जब शाम को कैदी लौटे तो उनकी संख्या पूरी निकली। किसी को पता नहीं चला कि मैं नहीं लौटा हूँ और मैं जानता था कि.. यह पता चलने में उन्हें काफी समय लगेगा।

मैं बिना किसी के पता चले कैंप से बाहर निकल गया और 24 घंटे तक पैदल चलता रहा। अगले दिन मैंने एक वीरान कस्बे में आराम किया। मैं मछली पकड़कर और कुछ जंगली पक्षियों का शिकार करके उन्हें खाकर जिंदा रहा। मैंने पोलैंड जानेवाली कोयले की ट्रेनें देखी और रात को उनमें यात्रा की, जब तक कि मैं पोलैंड नहीं पहुंच गया। दोस्तों की मदद से मैंने लूसर्न, स्विट्जरलैंड का रुख किया।

एक शाम पैलेस होटल, लूसर्न में मैंने एक अमेरिकी व्यक्ति और उसकी पत्नी से बात की। उस आदमी ने मुझसे पूछा कि क्या मैं सांता मोनिका, कैलिफोर्निया में उनके घर अतिथि बनना पसंद करूँगा? मैंने स्वीकार कर लिया। लॉस एंजेलिस पहुँचने पर मैंने पाया कि उनका शोफर मुझे विलशायर रोड तथा कई अन्य सड़कों पर ले जा रहा था, जिनकी स्पष्ट कल्पना मैंने रूसी कोयला खदान में महीनों तक की थी। मैंने उन इमारतों को पहचान लिया, जिन्हें मैंने अपने मन में इतनी बार देखा था। ऐसा लग रहा था, जैसे मैं पहले भी लॉस एंजेलिस आ चुका हूँ। मैं अपनी मंजिल तक पहुँच गया था। मैं कभी भी अवचेतन मन के चमत्कारों पर हैरान होना बंद नहीं कर सकताय क्योंकि इसके पास ऐसे तरीके होते हैं, जिनके बारे में हम कुछ नहीं जानते।"

पुरातत्त्ववेत्ता किस प्रकार प्राचीन दृश्यों को दोबारा बनाते हैं

आपके अवचेतन मन में मानव जाति के इतिहास में हुई हर चीज़ की स्मृति होती है। प्राचीन खंडहरों और पूर्व संस्कृतियों के लोगों द्वारा छोड़ी गई असंख्य वस्तुओं का अध्ययन करने वाले पुरातत्त्ववेत्ता अपने काम में काल्पनिक अनुभूति का बेहतरीन प्रयोग कर सकते हैं। उनका अवचेतन मन प्राचीन दृश्यों के पुनर्निर्माण में उनकी सहायता कर सकता है। अतीत दोबारा सजीव बन सकता है। वैज्ञानिक इन प्राचीन इमारतों के टुकड़ों को देखता है और पूर्व सभ्यताओं के बरतनों, मूर्तियों, औजारों तथा घरेलू सामानों का अध्ययन करता है। अपने शाश्वत मस्तिष्क के डाटा बैंक द्वारा वैज्ञानिक यह जानने में सक्षम होते हैं कि ये वस्तुएँ कब, कैसे और क्यों बनाई गईं?

वैज्ञानिक की पैनी एकाग्रता और अनुशासित कल्पना अवचेतन मन की निहित शक्तियों को जगा देती है। यह उसे प्राचीन स्तंभों पर छतों की कल्पना करने में समर्थ बनाती है और इमारत के चारों तरफ बगीचों, तालाबों तथा फव्वारों की कल्पना करने में भी सक्षम बनाती है। कंकाल पर आँखें, नसों और मांसपेशियों का लबादा डाल दिया जाता है। और वे एक बार फिर बोल व चल सकते हैं। मृत अतीत जीवन वर्तमान बन जाता है और हम पाते हैं कि मस्तिष्क में समय या स्थान की कोई दूरी नहीं होती है। अनुशासित, नियंत्रित और निर्देशित कल्पना से आप हर युग के सबसे महान् वैज्ञानिकों और प्रेरित चिंतकों के साथी बन सकते हैं।

अपने अवचेतन मन से मार्गदर्शन कैसे पाएँ?

जब आपको कोई मुश्किल निर्णय लेना हो या जब आप अपनी समस्या का समाधान न देख पा रहे हों तो तत्काल इसके बारे में सृजनात्मक सोचने लगें। अगर भयभीत और चिंतित रहेंगे तो आप सचमुच सोच नहीं पाएंगे। सच्चाई भय मुक्त होती है।

यहाँ एक आसान तकनीक दी जा रही है जिसके द्वारा आप किसी भी विषय पर मार्गदर्शन पा सकते हैं-

- मस्तिष्क को शांत कर लें और शरीर को स्थिर कर लें। शरीर को आराम से रहने को कहें। उसे आपका आदेश मानना ही पड़ेगा। उसकी कोई इच्छा, पहल या आत्म-चेतना नहीं होती है। आपका शरीर सिर्फ एक भावनात्मक डिस्क है जो आपके विश्वासों और तस्वीरों का रिकॉर्ड रखता है।
- अपने ध्यान को गतिशील कर लें। अपने विचार समस्या के समाधान पर केंद्रित कर लें।
- इसे अपने चेतन मन से सुलझाने की कोशिश करें।
- सोचें कि आप आदर्श समाधान पर किस तरह खुशी अभिव्यक्त करेंगे! जवाब इसी समय मिल जाए तो कल्पना करें कि आपको कैसा लगेगा!
- अपने मस्तिष्क को प्रसन्नता और संतुष्टि की इस मनःस्थिति से शिथिल तरीके से खेलने दें, फिर सो जाएँ। आपको जवाब नहीं मिले तो किसी जागने पर अलग काम में जुट जाएँ। संभव है, किसी दूसरे काम में व्यस्त रहने पर जवाब अपने आप आपके दिमाग में आ जाएगा।

अवचेतन मन से मार्गदर्शन पाने का आसान तरीका ही सबसे अच्छा है। इसका एक उदाहरण देखें। एक बार मेरी एक कीमती अंगूठी खो गई जो पारिवारिक निशानी थी। मैंने हर जगह उसकी तलाश की लेकिन वह कहीं नहीं मिली। मैं उस नुकसान से चिंतित और दुःखी था।

उस रात मैंने अपने अवचेतन मन से उसी तरह बात की जिस तरह मैं किसी और से बात करता हूँ। सोने से पहले मैंने उससे कहा-

"आप सब कुछ जानते हो। आप जानते हो कि वह अंगूठी कहाँ है और आप मुझे बताओगे कि वह कहाँ है।"

सुबह मैं अचानक इन शब्दों की गूँज के साथ जागा- 'रॉबर्ट से पूछो!'

यह मुझे बहुत अजीब लगा। मैं जिस रॉबर्ट को जानता था, वह तो मेरे पड़ोसी का नौ साल का बेटा था। उसे मेरी अंगूठी के बारे में क्या और क्यों पता होगा? बहरहाल, मैंने अपने अवचेतन की आंतरिक आवाज का पालन किया। मैंने रॉबर्ट को उसके आँगन में देखा और मैंने उसे अंगूठी के बारे में बताया। मैंने पूछा, "आपने ऐसी अंगूठी देखी तो नहीं है?"

उसने जवाब दिया, "हाँ, देखी है। दरअसल वह मुझे कल खेलते समय झाड़ियों में मिली थी। मुझे नहीं पता था कि वह किसकी है। इसलिए मैं उसे ले आया। मैं उसके बारे साइनबोर्ड पर लिखकर लगाना चाहता था, लेकिन भूल गया।"

अवचेतन मन आपको हमेशा जवाब दे देगा, शर्त यह है कि आप उस पर भरोसा करें।

उसके अवचेतन ने उसके पिता की वसीयत की जगह बता दी

हेगो नामक युवक ने लॉस एंजेलिस में मेरे भाषण सुने। उसने मुझे अवचेतन मन की शक्ति के बारे में अपना अनुभव बताया। उसके पिता का अचानक देहांत हो गया था और ऐसा लग रहा था कि उन्होंने कोई वसीयत नहीं छोड़ी थी। बहरहाल, उसकी बहन ने उसे बताया कि उनके पिता ने एक बार अपनी वसीयत बनाने का जिक्र किया था और उसे बताया था कि उन्होंने सब में न्यायपूर्ण बँटवारा किया था।

हेगो को एहसास था कि अगर उसके पिता की वसीयत नहीं मिली तो जायदाद शासन के नियमों के आधार पर बँटेगी, जो शायद उसके पिता की इच्छाओं के अनुरूप नहीं होगा। इसके अलावा, कानूनी फीस में ज्यादातर जायदाद चली जाएगी। उसने और उसकी बहन ने हर जगह तलाश की लेकिन उन्हें वसीयत कहीं नहीं मिली। हताश होकर वे सोचने लगे कि वसीयत है भी या नहीं?

तभी हेगो को अवचेतन मन के प्रयोग के बारे में सीखी बातें याद आईं। सोने से पहले उसने अपने अवचेतन मन से कहा, "मैं अब इस आग्रह को अपने अवचेतन मन के हवाले करता हूँ। मेरा अवचेतन मन जानता है कि मेरे पिता की वसीयत कहाँ है और यह मुझे वह जगह बता रहा है।" फिर उसने अपने आग्रह को सारांश

में कहा, "जवाब दो।" उसने इसे बार-बार लोरी की तरह दोहराया। वह 'जवाब दो' शब्दों के साथ सोने गया ।

अगली सुबह जब वह जागा तो उसके मन में प्रबल इच्छा जागी कि वह डाउनटाउन लॉस एंजेलिस के एक बैंक में जाए। इससे वह हैरान हो गया। क्या उसके पिता ने कभी इस बैंक का जिक्र किया था? क्या उसने अपने पिता की डाक में इस बैंक का पत्र देखा था? वह नहीं जानता था लेकिन वह इतना जरूर जानता था कि उसे अवचेतन द्वारा दिए इस संकेत की जाँच करनी थी। वह उस सुबह बैंक गया। अंततः एक बैंक अफसर ने इस बात की पुष्टि की कि बैंक में उसके स्वर्गीय पिता के नाम पर एक लॉकर था। जब उस लॉकर को खोला गया तो उसके अंदर वसीयत मिली

जब आप सोने जाते हैं, तो आपका विचार आपके भीतर की निहित शक्तियों को जगा देता है। मान लीजिए कि आप सोच रहे हैं कि क्या आपको अपना मकान बेच देना चाहिए कोई शेयर खरीद लेना चाहिए किसी पार्टनरशिप को तोड़ देना चाहिए। न्यूयॉर्क जाकर बसना चाहिए या फिर लॉस एंजेलिस में ही रहना चाहिए ? वर्तमान अनुबंध को खत्म कर देना चाहिए या नया अनुबंध कर लेना चाहिए? ऐसी उलझन हो तो यह करें-शांति से अपनी कुर्सी या अपने ऑफिस की डेस्क पर बैठ जाएँ। याद रखें कि यह क्रिया और प्रतिक्रिया का शाश्वत नियम है। क्रिया आपका विचार है। इस पर आपका अवचेतन मन प्रतिक्रिया करेगा। अवचेतन मन प्रतिक्रियाशील है। यह इसकी प्रकृति है। यह जवाब देता है, पुरस्कार देता है, लौटाता है। यह अनुरूपता के नियम का पालन करता है। यह विचार के अनुरूप प्रतिक्रिया करता है। जब आप सही कर्म पर मनन करते हैं तो आपको अपने भीतर ऐसी प्रतिक्रिया महसूस होगी जो आपके अवचेतन मन का मार्गदर्शन या जवाब होगी।

मार्गदर्शन चाहते समय आप शांति से सिर्फ सही कर्म के बारे में सोचें। इसका अर्थ है कि आप अपने अवचेतन मन में रहने वाली असीमित बुद्धिमत्ता का उस बिंदु तक प्रयोग कर रहे हैं, जहाँ यह आपका प्रयोग शुरू कर दे। उसके बाद आपके कार्य की दिशा आपके कल्पनावादी ज्ञान द्वारा निर्देशित व नियंत्रित होती है जो सबकुछ जानता है और सर्वशक्तिमान है। आपका निर्णय सही होगा। सही काम ही होगा

क्योंकि सही काम करने के लिए आप पर अवचेतन का दबाव है। मैं 'दबाव' शब्द का प्रयोग करता हूँ क्योंकि दबाव ही अवचेतन मन का नियम है।

मार्गदर्शन का रहस्य

मार्गदर्शन या सही कर्म का रहस्य मानसिक रूप से अपने को सही जवाब के प्रति निष्ठावान् बनाना है, जब तक कि आपको अपने भीतर इसकी प्रतिक्रिया न मिल जाए। प्रतिक्रिया एक भावना है, एक आंतरिक एहसास है, एक सशक्त संकेत है। इसके द्वारा आप जान जाते हैं कि आपको जवाब मिल गया है। आपने इस शक्ति का उस बिंदु तक प्रयोग कर लिया है कि अब यह आपका प्रयोग करने लगी है। अपने भीतर की इस व्यक्तिनिष्ठ बुद्धिमत्ता के मार्गदर्शन में काम करते समय आप असफल नहीं हो सकते या एक भी गलत कदम नहीं उठा सकते। आप देखेंगे कि आपके सभी काम खुशी से भरे होंगे और आपको शांति मिलेगी।

स्मरण योग्य बातें

1. याद रखें, अवचेतन मन ने सभी महान वैज्ञानिकों को अद्भुत सफलता और उपलब्धियाँ प्रदान की हैं।
2. किसी जटिल समस्या के समाधान की तरफ ध्यान और एकाग्रता देकर आपका अवचेतन मन सभी आवश्यक जानकारियाँ इकट्ठा करता है और फिर उन्हें सुलझाकर चेतन मन को सौंप देता है।
3. अगर आप किसी समस्या के जवाब के बारे में परेशान हो रहे हैं तो इसे वस्तुनिष्ठ तरीके से सुलझाने की कोशिश करें। शोध और दूसरों से जितनी जानकारी हासिल कर सकते हैं, हासिल करें। अगर कोई जवाब नहीं मिलता है तो सोने से पहले उसे अवचेतन मन के हवाले कर दें। फिर आपको हमेशा जवाब मिलेगा। यह कभी असफल नहीं होता।
4. आपको हमेशा तुरंत जवाब नहीं मिलता है। अपने अवचेतन से तब तक आग्रह करते रहें जब तक कि सूरज न निकल आए और छायाएँ गायब न हो जाएँ।

5. जवाब में देरी आपके कारण भी हो सकती है, अगर आप यह सोचने लगें कि इसमें बहुत समय लग जाएगा या बहुत बड़ी समस्या है। आपके अवचेतन के लिए कोई समस्या बड़ी नहीं है। यह हर समस्या का जवाब जानता है।

6. यकीन मानें कि जवाब आपको मिल चुका है। जवाब की खुशी उसी तरह महसूस करें, जैसा आप आदर्श जवाब मिलने पर करते। आपका अवचेतन मन आपकी भावना पर प्रतिक्रिया करेगा।

7. आस्था और लगन से देखी जाने वाली हर मानसिक तस्वीर आपके अवचेतन की चमत्कारी शक्तियों के माध्यम से साकार होगी। इस पर भरोसा करें, इसकी शक्ति पर विश्वास करें और जब आप प्रार्थना करेंगे तो चमत्कार होंगे।

8. आपका अवचेतन मन स्मृतियों का भंडार है और आपके अवचेतन में बचपन से लेकर आज तक के सभी अनुभव दर्ज है।

9. प्राचीन लिपियों, मंदिरों, अवशेषों और अन्य प्रमाणों पर मनन करने वाले वैज्ञानिक अतीत के दृश्यों को दोबारा जीवत बनाने में समर्थ इसलिए होते हैं क्योंकि उनका अवचेतन मन उनकी सहायता करता है।

10. समाधान के अपने आग्रह को सोने से ठीक पहले अपने अवचेतन मन को सौंपें। इस पर भरोसा करेंगे तो आपको जवाब अवश्य मिलेगा। यह सब कुछ जानता है और सब कुछ देखता है। इसकी शक्तियों पर शंका या सवाल न करें।

11. आपका विचार क्रिया है जिस पर आपका अवचेतन मन प्रतिक्रिया करता है। अगर आपके विचार समझदारी भरे हैं तो आपके काम और निर्णय भी समझदारी भरे होंगे।

12. मार्गदर्शन हमेशा भावना, आंतरिक एहसास या सशक्त संकेत के रूप में आता है जिससे आप जान जाते हैं कि आपको मालूम हो गया है। यह स्पर्श का एक आंतरिक एहसास है । आस्था की सादगी के साथ इसका पालन करें।

अध्याय-13

नींद के चमत्कार

आप हर चौबीस में से आठ घंटे यानी अपनी एक-तिहाई जिंदगी सोने में बिताते हैं। यह जीवन का नियम है। नींद एक दैवी नियम है। हमारी कई समस्याओं के जवाब हमें गहरी नींद में मिलते हैं।

कई लोग इस सिद्धांत का समर्थन करते हैं कि आप दिन में थक जाते हैं इसलिए आप शरीर को आराम देने के लिए सोते हैं और सोते समय शरीर में मरम्मत की प्रक्रिया चलती है। यह बहुत बड़ी गलतफहमी है। नींद में शरीर कभी आराम नहीं करता है। सोते समय भी आपका दिल, फेफड़े और सभी महत्त्वपूर्ण अंग काम करते रहते हैं। अगर आप सोने से पहले खाते हैं तो खाना पच जाता है और पोषक पदार्थ सभी अंगों तक पहुँच जाते हैं। आपकी त्वचा पसीना उत्पन्न करती है। आपके नाखून और बाल बढ़ते रहते हैं।

इसी तरह से आपका अवचेतन मन न कभी सोता है और न ही आराम करता है। यह हमेशा सक्रिय रहता है और अपनी सभी महत्त्वपूर्ण शक्तियों को नियंत्रित करता है। नींद में उपचारक प्रक्रिया ज्यादा तेजी से काम करती है क्योंकि तब

आपका चेतन मन कोई व्यवधान नहीं डालता है। आपके सवालों के उल्लेखनीय जवाब आपको नींद में ही मिलते हैं।

हम क्यों सोते हैं?

नींद के बारे में गंभीर शोध करने वाले शुरुआती वैज्ञानिक शोधकर्ताओं में डॉ. जॉन बिजेलो का नाम उल्लेखनीय है। वे यह दिखाने में सफल हुए कि रात को सोते समय आँख, कान, नाक और त्वचा के नीचे की तंत्रिकाओं से आपको लगातार संवेग मिलते रहते हैं। मस्तिष्क का तंत्रिका संचार तंत्र भी काफी सक्रिय रहता है।

डॉ. बिजेलों के शोध का निष्कर्ष इस पुस्तक में दी गई जानकारी से काफी मिलता-जुलता है। उन्होंने कहा कि हमारे सोने का प्रमुख कारण यह है कि "आत्मा का अधिक उत्कृष्ट हिस्सा अमूर्तता से हमारी अधिक उच्च प्रकृति से एकाकार हो जाता है और दैवी ज्ञान तथा पूर्वज्ञान में हिस्सेदार बनता है।"

प्रार्थना नींद का एक प्रकार है

दिन भर आपका चेतन मन चिंताओं, संघर्षों और विवादों में उलझा रहता है। इसे समय-समय पर इंद्रियों के प्रमाण और यथार्थवादी जगत् से दूर हटाने तथा अवचेतन मन की आंतरिक बुद्धिमत्ता से मौन संप्रेषण करने की जरूरत होती है। मार्गदर्शन, शक्ति और अधिक ज्ञान का दावा करके आप जीवन के हर क्षेत्र की हर मुश्किल से उबरने में कामयाब होंगे और अपनी दैनिक समस्याओं को सुलझाने में भी सफल होंगे।

दैनिक शोर-शराबे एवं दुविधा से नियमित रूप से हटना नींद का एक प्रकार है। यानी आप इंद्रियों की दुनिया के लिए सोए होते हैं और अपने अवचेतन मन की बुद्धिमत्ता तथा शक्ति के लिए जाग्रत रहते हैं।

नींद की कमी के आश्चर्यजनक प्रभाव

नींद की कमी आपको चिड़चिड़ा, परेशान और निराशावादी बना सकती है। सभी व्यक्तियों को स्वस्थ रहने के लिए कम-से-कम छह घंटे की नींद की जरूरत होती है। अधिकांश लोगों को इससे ज्यादा की जरूरत होती है। जो लोग सोचते हैं कि वे इससे कम में काम चला सकते हैं, वे अपने को मूर्ख बना रहे हैं।

जिन शोधकर्ताओं ने नींद की प्रक्रियाओं और नींद की कमी पर शोध किया है, वे बताते हैं कि कुछ मामलों में नर्वस ब्रेकडाउन से पहले गंभीर अनिद्रा रोग प्रकट होता है। याद रखें कि नींद के दौरान आप आध्यात्मिक रूप से तरो-ताजा हो जाते हैं। जीवन में खुशी और स्फूर्ति लाने के लिए पर्याप्त नींद जरूरी है।

आपको अधिक नींद की जरूरत

हमें नींद की जरूरत क्यों है, यह पता लगाने का एक तरीका यह देखना है कि नींद नहीं मिलने पर क्या होता है? सन् 1964 में रैंडी गार्डनर नाम के सत्रह साल के लड़के ने 'गिनीज बुक ऑफ वर्ल्ड रिकार्ड्स' में नाम दर्ज कराने के लिए जागने की कोशिश की। वह 264 घंटे यानी लगातार ग्यारह दिनों तक जागता रहा। बाद के परीक्षणों में स्पष्ट हुआ कि उसे कोई स्थायी नुकसान नहीं हुआ था। बहरहाल, जब वह अपने आप को जबरदस्ती जगाए रख रहा था, तो उसके सोचने की प्रक्रिया में कमी आ गई। उसके शब्दों का उच्चारण अस्पष्ट हो गया। उसकी याददाश्त भी गड़बड़ा गई। बाद में उसे दृष्टि-भ्रम भी होने लगा।

लंबे समय तक कम नींद लेने वाले ज्यादातर लोगों को इतने बुरे परिणाम नहीं मिलते हैं। बहरहाल, इसके गंभीर प्रभावों से वे भी मुश्किल में पड़ सकते हैं। नेशनल हाईवे ट्रैफिक सेफ्टी एडमिनिस्ट्रेशन' के अनुसार, नींद संबंधी समस्याओं के कारण हर साल लगभग दो लाख दुर्घटनाएँ होती हैं। पाँच में से एक ड्राइवर गाड़ी चलाते समय कभी-कभार झपकी लेता है। इस वजह से दिन के बजाय रात को दुर्घटना की आशंका पाँच से दस गुना बढ़ जाती है।

वालंटियर्स के साथ किए गए प्रयोगों से पता चला कि थका हुआ मस्तिष्क नींद के लिए इतना व्याकुल रहता है कि वह इसे पाने के लिए कोई भी बलिदान देने को तैयार रहता है। प्रयोग के दौरान कुछ घंटों की नींद की कमी के बाद वॉलंटियर हलकी झपकी लेने लगे। ऐसा एक घंटे में तीन-चार बार हुआ। इस दौरान 'असली' नींद की तरह उनकी पलकें बंद हो जाती थीं और उनके मस्तिष्क की तरंगें धीमी हो जाती थीं।

पहले तो ये झपकियाँ सेकंड के हिस्से तक सीमित रहीं, लेकिन जब नींद की कमी के घंटे बढ़ते गए तो ये झपकियाँ ज्यादा बार आईं और ज्यादा समय तक चलती रहीं, यहाँ तक कि दो-तीन सेकंड तक रहीं। चाहे वालंटियर तूफान में हवाई

जहाज चला रहा हो, लेकिन वह कुछ बेशकीमती सेकंडों की झपकी का प्रतिरोध नहीं कर सकता।

नींद सलाह लाती है

न्यूयॉक सैंड्रा एफ, लॉस एंजेलिस की एक युवा महिला हैं, जो अकसर रेडियो पर मेरे व्याख्यान सुनती हैं। उन्होंने मुझे बताया कि उन्हें सिटी में एक नौकरी का प्रस्ताव मिला जहाँ उन्हें वर्तमान नौकरी से दो गुना ज्यादा वेतन देने का प्रस्ताव मिला। वह फैसला नहीं कर पा रही थीं कि नई नौकरी स्वीकार करें या नहीं? सोने जाने से पहले उन्होंने इन शब्दों में प्रार्थना की-

"मेरे अवचेतन मन का रचनात्मक ज्ञान जानता है कि मेरे लिए सबसे अच्छा क्या है। इसकी प्रवृत्ति हमेशा जीवन की ओर है और यह मुझे सही निर्णय बताता है, जिससे मुझे और सभी संबंधित लोगों को लाभ पहुँचेगा। मैं उस जवाब के लिए धन्यवाद देती हूँ, जो मैं जानती हूँ कि मुझे मिलेगा।"

उन्होंने सोते समय इस आसान प्रार्थना को लोरी की तरह बार-बार दोहराया। सुबह उन्हें प्रबल एहसास हुआ कि नई नौकरी के प्रस्ताव को स्वीकार नहीं करना चाहिए। उन्होंने उसे ठुकरा दिया। बाद की घटनाओं ने उनके अंदरूनी एहसास को सही ठहराया, क्योंकि कुछ महीनों बाद ही वह कंपनी दिवालिया हो गई।

चेतन मन यथार्थवादी तथ्यों के मामले में सही हो सकता है। बहरहाल, अवचेतन मन की सहज बोध की क्षमता को कंपनी की समस्याओं का एहसास था, इसलिए उसने उसे सही चेतावनी दी।

निश्चित बर्बादी से बचाया

अगर आप सोने जाते समय सही कर्म के लिए प्रार्थना करते हैं। तो अवचेतन मन की बुद्धिमत्ता आपको निर्देश दे सकती है और आपकी रक्षा कर सकती है।

कई साल पहले मुझे सुदूर पूर्व में आर्थिक रूप से काफी आकर्षक प्रस्ताव मिला। मैंने मार्गदर्शन और सही निर्णय के लिए इस तरह से प्रार्थना की

"मेरे भीतर की असीमित बुद्धिमत्ता सब कुछ जानती है। सही निर्णय दैवी विधान में मुझे बताया जाता है। जब जवाब मिलेगा तो मैं उसे पहचान लूँगा।"

मैंने सोने जाने से पहले इस प्रार्थना को बार-बार लोरी की तरह दोहराया। उस रात मैंने एक सपना देखा जिसमें मेरा एक पुराना दोस्त मेरे पास आया। उसके हाथ में एक अखबार था और वह बोला, इन हेडलाइंस को पढ़ो! मत जाओ!" अखबार की हैडलाइंस हिंसा, उपद्रव और युद्ध की खबरों से भरी थीं, जो उसी इलाके में हुए, जहाँ मुझे जाना था। आपका अवचेतन मन सब कुछ समझता है। वह सारी बातें जानता है। अक्सर वह आपसे बोलेगा, लेकिन ऐसी आवाज में, जिसे आपका चेतन मन तत्काल मान लेगा। जिस सपने के बारे में मैंने अभी बताया है, उसने मुझे निश्चित रूप से भारी खतरे की स्थिति में जाने से बचा लिया। मेरे अवचेतन मन ने अपनी चेतावनी एक ऐसे व्यक्ति के माध्यम से दी जिस पर मैं भरोसा करता था और जिसका सम्मान करता था।

कुछ लोगों को यह चेतावनी सपने में माँ दे सकती है। वह व्यक्ति से यहाँ या वहाँ न जाने को कहती है और चेतावनी का कारण बताती है। कई बार आपका अवचेतन मन जागते समय भी आपको चेतावनी दे देगा। आपको लगता है कि आपने अपनी माँ या किसी अन्य प्रियजन की आवाज सुनी है। आप रुककर मुड़ते हैं और उसके स्रोत की तलाश करते हैं। बाद में आपको पता लगता है कि अगर मैं उसी रास्ते आगे गया होता तो खिड़की से गिरनेवाले सामान से आपका सिर फूट सकता था।

आपका भविष्य आपके अवचेतन मन में है

याद रहे, चूँकि आपका भविष्य आपकी आदतन सोच का परिणाम है, इसलिए वह पहले से ही आपके मन में है, जब तक कि आप इसे प्रार्थना द्वारा बदलते नहीं। इसी तरह देश का भविष्य भी देशवासियों की सामूहिक अवचेतना में है। उस सपने में कुछ भी अजीब नहीं है जिसमें मैंने अखबारों की सुर्खियाँ देखी थीं। हालाँकि वे घटनाएँ उस समय तक नहीं घटी थीं। बहरहाल, वे घटनाएँ उन लोगों के मन में तो पहले ही घट चुकी थीं जिन्होंने उनकी साजिश रची थी। उनकी सभी योजनाएँ पहले से ही उस महान रिकॉर्डिंग यंत्र यानी शाश्वत मन के सामूहिक अवचेतन पर अंकित थीं। आने वाले कल की घटनाएँ आपके अवचेतन मन में हैं। उन्हें बहुत अतींद्रिय या पराभौतिक व्यक्ति द्वारा ग्रहण किया जा सकता है। इसी प्रकार अगले सप्ताह और अगले महीने की भी झलक आ सकती है। अगर आप प्रार्थना करने का फैसला करें तो आपके साथ कोई अनिष्ट नहीं हो सकता। कोई भी चीज पहले से तय नहीं है। आपका मानसिक दृष्टिकोण जिस तरह से आप सोचते, महसूस करते

और विश्वास करते हैं, उसे आपका भाग्य निर्धारित करता है। वैज्ञानिक प्रार्थना द्वारा आप अपने भविष्य को ढाल सकते हैं, आकार दे सकते हैं। और बना सकते हैं। मनुष्य जैसा बोएगा, वैसा ही उसे काटना पड़ेगा।

एक छोटी झपकी से उसे 15,000 डॉलर मिले

बरसों पहले मेरे एक विद्यार्थी ने मुझे अखबार की कटिंग भेजी जिसमें रे हैमरस्ट्रॉम नामक व्यक्ति के बारे में एक लेख था। वह पिट्सबर्ग स्टील मिल में काम करता था। मिल के विभाग में हाल ही में एक नई मशीन लगाई गई थी, जो बनकर निकलने वाली गरम स्टील की छड़ों की डिलिवरी नियंत्रित करती थी। मशीन लगाने वालों की सारी कोशिशों के बावजूद मशीन ठीक से काम नहीं कर रही थी। इंजीनियरों ने इस दिशा में कई दिनों तक मेहनत की, लेकिन कोई फायदा नहीं हुआ।

हैमरस्ट्रॉम ने समस्या के बारे में बहुत सोचा। उसने एक नई डिजाइन तैयार करने की कोशिश की जो काम कर सके। लेकिन वह कुछ नहीं सोच पाया। एक दोपहर वह झपकी लेने के लिए लेटा। सोते समय भी वह दोषपूर्ण स्विच की समस्या के बारे में ही सोच रहा था। झपकी के दौरान उसने एक सपना देखा, जिसमें उसे स्विच की आदर्श डिजाइन दिख गई। जागने पर उसने सपने की आकृति के अनुसार डिजाइन का स्केच बना लिया।

उस कल्पनापूर्ण झपकी ने हैमरस्ट्रॉम को 15,000 डॉलर का चेक दिलवा दिया, जो उस फर्म द्वारा किसी कर्मचारी को नए विचार के लिए दिया गया सबसे बड़ा पुरस्कार था।

किस प्रकार एक प्रोफेसर ने नींद में अपनी समस्या सुलझाई

डॉ. एच.वी. हेल्परेच पेनसिल्वेनिया यूनिवर्सिटी में प्रोफेसर ऑफ एसीरियन थे। अपने संस्मरणों में वे एक अद्‌भुत अनुभव बताते हैं

"एक शनिवार की शाम मैं निरर्थक कोशिशों के बाद थक चुका था। मैं गोमेद रत्न के दो छोटे टुकड़ों का रहस्य नहीं सुलझा पा रहा था जिन्हें देखकर लगता था कि वे किसी बेबीलॉन वासी की उँगली की अंगूठी के होंगे।

आधी रात के करीब मैं सोने चला गया और मुझे एक अद्‌भुत सपना दिखा- निप्पुर नामक जगह का एक लंबा व छरहरा पुजारी, जिसकी उम्र लगभग चालीस वर्ष होगी, मुझे मंदिर के कोष कक्ष तक ले गया। एक छोटा, नीची छतवाला कमरा,

जिसमें खिड़कियाँ नहीं लगी थी, जहाँ गोमेद और लहसुनिया के टुकड़े जमीन पर बिखरे पड़े थे। वहाँ उसने मुझसे कहा-जिन दो टुकड़ों के स्केच आपने पेज 22 और 26 पर प्रकाशित किए हैं, वे उँगली की अलग-अलग अंगूठियाँ नहीं हैं। वे इकट्ठा है। पहली दो अंगूठियाँ देवता की मूर्ति के कान की बालियाँ है। जो दो टुकड़े आपके पास हैं, ये उनके हिस्से हैं। अगर आप उन्हें इकट्ठे जोड़कर देखोगे तो मेरी बात की पुष्टि हो जाएगी। मैं तत्काल जाग गया मैंने टुकड़ों की जाँच की। और मुझे हैरानी हुई कि मेरा सपना सच था! समस्या आखिर सुलझ गई।"

इस स्पष्टीकरण से उनके अवचेतन मन का रचनात्मक ज्ञान प्रदर्शित होता है जो उनकी सभी समस्याओं के जवाब जानता था। किस प्रकार अवचेतन मन ने एक लेखक के सोते समय काम किया

अपनी एक पुस्तक 'एक्रॉस द प्लेन्स' में रॉबर्ट लुई स्टीवेंसन ने सपनों के विषय पर एक पूरा अध्याय लिखा है वे प्रबल स्वप्नदर्शी थे। उनकी आदत थी कि वे हर रात सोने से पहले अपने अवचेतन को स्पष्ट निर्देश देते थे। वे अपने अवचेतन मन से आग्रह करते थे कि सोने से पहले वह उनके लिए कहानियाँ गढ़े। उदाहरण के लिए, जब उनके बैंक खाते में पैसे कम हो जाते थे तो वे अपने अवचेतन को कुछ इस तरह का आदेश देते थे- "मुझे एक बेहतरीन रोमांचक उपन्यास दो, जो बिकाऊ और लाभदायक हो।" उनका अवचेतन बहुत अच्छी तरह से प्रतिक्रिया करता था।

स्टीवेंसन लिखते हैं-

"ये छोटे बौने (उनके अवचेतन की बुद्धि और शक्तियाँ) मुझे टुकड़े-टुकड़े में, किसी धारावाहिक की तरह कहानी बता सकते हैं और उनका लक्ष्य क्या है, यह मुझे यानी रचयिता को ही पता नहीं होता है।

जाग्रत अवस्था में मैं जो काम करता हूँ, जिसके बारे में चेतन रूप से जागरूक रहता हूँ, वह भी आवश्यक रूप से मेरा नहीं है, क्योंकि इसमें भी बौनों का हाथ साफ नजर आता है।

शांति से सो जाओ और खुशी में जागो

आप अगर अनिद्रा के शिकार हैं तो नीचे दी गई प्रार्थना को बहुत उपयोगी पाएँगे। इसे सोने से पहले धीरे-धीरे, शांति से और प्यार से दोहराएँ।

"मेरे पैरों के अंगूठे शिथिल हैं। मेरे टखने शिथिल हैं। मेरे पेट की मांसपेशियाँ शिथिल हैं। मेरा हृदय और फेफड़े शिथिल हैं। मेरे हाथ शिथिल हैं। मेरी गरदन शिथिल है। मेरा मस्तिष्क शिथिल है। मेरा चेहरा शिथिल है। मेरी आँखें शिथिल हैं। मेरा पूरा मन और शरीर शिथिल हैं।

मैं पूरी तरह से हर एक को क्षमा करता हूँ और मैं सबके लिए। सदभाव, स्वास्थ्य, शांति और जीवन की सभी खुशियों की सच्ची इच्छा करता हूँ। मैं शांति से हूँ। मैं संतुलित और शांत हूँ। मैं सुरक्षा और शांति में विश्राम करता हूँ। एक गहरी शांति मेरे पूरे अस्तित्व को शांत करती है, जब मैं अपने भीतर दैवी उपस्थिति का एहसास करता हूँ। मैं जानता हूँ कि जीवन और प्रेम का एहसास मेरा उपचार करता है।

मैं अपने को प्रेम की चादर में लपेटता हूँ और सबके प्रति सद्भावना भरा सोता हूँ। रात भर शांति मेरे साथ रहती है और सुबह मैं जीवन एवं प्रेम से भरा रहूँगा।

मेरे चारों तरफ प्रेम का दायरा है। मुझे किसी बुराई का डर नहीं होगा क्योंकि आप मेरे साथ हैं। मैं शांति से सोऊँगा, खुशी से जागूंगा और उनमें मैं जिऊँगा, चलूँगा और उसमें मेरा अस्तित्व होगा।"

स्मरण योग्य बातें

1. अगर आप चिंतित हैं कि आप समय पर नहीं उठ पाएंगे तो सोने से पहले अपने अवचेतन मन को वह सही समय बता दें जब आप उठना चाहते हैं। यह आपको उठा देगा। इसे किसी घड़ी की जरूरत नहीं है। सभी समस्याओं के लिए ऐसा ही करें। आपके अवचेतन मन के लिए कोई काम मुश्किल नहीं है।
2. आपका अवचेतन मन कभी नहीं सोता। यह हमेशा काम करता रहता है यह सभी महत्त्वपूर्ण कार्य प्रणालियों को नियंत्रित करता है। खुद को और बाकी सबको माफ कर दें। सोने से पहले और जागने के ठीक बाद उपचार ज्यादा तेजी से होगा।
3. सोते समय आपको मार्गदर्शन दिया जाता है जो कई बार सपने में मिलता है। उपचारक प्रवाह भी मुक्त होता है जिससे आप सुबह स्फूर्ति तथा ताजगी महसूस करते हैं।

4. जब आप दिन भर की चिंताओं और संघर्ष के कारण कष्ट में हों तो अपने दिमाग को शांत कर लें और अपने अवचेतन मन में वास करने वाली बुद्धिमत्ता तथा ज्ञान के बारे में सोचें, जो आपको जवाब देने के लिए तैयार है। इससे आपको शांति, शक्ति और आत्मविश्वास मिलेगा।

5. नींद मानसिक शांति और शारीरिक स्वास्थ्य के लिए अनिवार्य हैं। नींद की कमी से चिड़चिड़ापन, तनाव और मानसिक विकृतियाँ हो सकती हैं। आपको आठ घंटे नींद की जरूरत है।

6. चिकित्सा शोधकर्ताओं ने बताया है कि अनिद्रा कई बार नर्वस ब्रेकडाउन से ठीक पहले आती है।

7. नींद के दौरान आप आध्यात्मिक रूप से तरोताजा होते हैं। जीवन में खुशी और स्फूर्ति के लिए पर्याप्त नींद अनिवार्य है।

8. आपका थका हुआ मस्तिष्क नींद के लिए इतना बेताब रहता है कि उसे पाने के लिए वह कुछ भी बलिदान देने को तैयार रहता है। कार चलाते समय सो जाने वाले लोग इस बात की गवाही दे सकते हैं।

9. नींद की कमी के शिकार कई लोगों की याददाश्त कमजोर होती है और उनमें सही समन्वय का अभाव होता है। ये चकराए हुए, दुविधाग्रस्त और एकाग्रता रहित होते हैं।

10. नींद सलाह लाती है। सोने से पहले दावा करें कि आपके अवचेतन मन की असीमित बुद्धिमत्ता आपको मार्गदर्शन दे रही है और निर्देशित कर रही है। फिर उस संकेत पर नजर रखें, जो शायद जागने पर आपको मिलेगा।

11. अपने अवचेतन पर पूरा भरोसा करें। यह जान लें कि इसकी प्रवृत्ति हमेशा जीवन की ओर है। कभी-कभार आपका अवचेतन मन रात के किसी बहुत स्पष्ट सपने में आपको जवाब देता है।आपको सपने में उसी तरह की पूर्व चेतावनी मिल सकती है। जैसी इस पुस्तक के लेखक को मिली थी।

12. आपका भविष्य आपके मन में है, जिसका आधार आपके आदतन विचार और विश्वास हैं। यह दावा करें कि असीमित ज्ञान आपका नेतृत्व कर रहा है, मार्गदर्शन दे रहा है, और यह भी कि आपको अच्छा ही मिलेगा तथा

आपका भविष्य अद्भुत होगा। इस पर विश्वास करें और इसे स्वीकार करें। सर्वश्रेष्ठ की उम्मीद करेंगे तो निश्चित रूप से आपको सर्वश्रेष्ठ ही मिलेगा।

13. अगर आप कोई उपन्यास, नाटक या पुस्तक लिख रहे हैं या किसी आविष्कार पर काम कर रहे हैं तो अपने अवचेतन मन से रात में बात करें। साहस के साथ दावा करें कि इसकी बुद्धिमत्ता, ज्ञान और शक्ति आपको मार्गदर्शन व निर्देशन दे रहे हैं तथा आदर्श नाटक, उपन्यास, पुस्तक या आदर्श समाधान को प्रकट कर रहे हैं। जब आप इस तरह से प्रार्थना करेंगे तो चमत्कार हो जाएंगे।

अध्याय-14

अवचेतन मन और वैवाहिक समस्याएँ

सभी वैवाहिक समस्याएँ मन की कार्यविधि और शक्तियों को सही तरह से न समझ पाने के कारण पैदा होती हैं। अगर पति और पत्नी दोनों ही मस्तिष्क के नियम का सही प्रयोग करें तो उनके बीच का संघर्ष गायब हो जाएगा। एक साथ प्रार्थना करेंगे तो एक साथ बने रहेंगे। दैवी आदर्शों का मनन, जीवन के नियमों का अध्ययन, साझे उद्देश्य व योजना पर आपसी सहमति और व्यक्तिगत स्वतंत्रता का आनंद सामंजस्यपूर्ण वैवाहिक जीवन प्रदान करता है तथा दो व्यक्तियों को एक कर देता है।

तलाक को रोकने का सबसे अच्छा समय शादी से पहले है। किसी बहुत बुरी स्थिति से बाहर निकलने के फैसले में कोई गलत बात नहीं है। लेकिन पहली बात तो यह है कि बुरी स्थिति में पड़ना ही क्यों? क्या यह बेहतर नहीं होगा कि वैवाहिक समस्याओं के वास्तविक कारण पर ध्यान देते समय मामले की जड़ तक पहुँच जाएँ?

वैवाहिक दुःख, विवाद, अलगाव और तलाक की समस्याएँ महिला-पुरुषों की बाकी समस्याओं से अलग नहीं हैं। इनके बारे में यह भी कहा जा सकता है कि ये समस्याएँ उनके चेतन और अवचेतन मन की कार्यविधि तथा आपसी संबंध की नासमझी से पैदा होती हैं।

विवाह का अर्थ

वास्तविक बनने के लिए हर विवाह की शुरुआत ठोस आध्यात्मिक नींव से होनी चाहिए। यह हृदय से होना चाहिए क्योंकि हृदय में प्रेम भरा होता है। ईमानदारी, सच्चाई, दयालुता और अखंडता सभी प्रेम के पहलू हैं। दोनों ही जीवन-साथियों को एक-दूसरे के प्रति पूरी तरह ईमानदार और सच्चा रहना चाहिए। अगर कोई व्यक्ति अपने गौरव को बढ़ाने या किसी महिला की दौलत या सामाजिक प्रतिष्ठा में हिस्सा पाने के लिए शादी करे तो यह सच्चा विवाह नहीं होगा। यह ईमानदारी और सच्चे प्रेम की कमी का संकेत है। इस तरह का विवाह मजाक, धोखा और नाटक है।

अगर कोई औरत कहती है, "मैं काम करते-करते थक चुकी हूँ। मैं सुरक्षा की खातिर शादी करना चाहती हूँ," तो उसका मूल आधार ही गलत है। वह मस्तिष्क के नियमों का सही तरह से प्रयोग नहीं कर रही है। उसकी सुरक्षा चेतन और अवचेतन मन के अंतर्संबंध के ज्ञान तथा इसके प्रयोग पर निर्भर करती है।

अगर कोई महिला या पुरुष इस पुस्तक के अध्यायों में बताई गई तकनीकों पर अमल करे तो उसे दौलत या स्वास्थ्य की कभी कमी नहीं होगी। उसकी दौलत उसके पति, माता-पिता या किसी अन्य स्रोत के बजाय अपने आप आएगी। महिला सेहत, शांति, खुशी, प्रेरणा, मार्गदर्शन, प्रेम, दौलत, सुरक्षा, सुख या दुनिया की किसी अन्य चीज के लिए अपने पति पर निर्भर नहीं है। उसे सुरक्षा और मानसिक शांति तो अपने भीतर की शक्तियों के ज्ञान और अपने मस्तिष्क के नियमों के सतत सृजनात्मक प्रयोग से मिलती है।

आदर्श पति को कैसे आकर्षित करें

अगर आपने इससे पहले के अध्याय पढ़ लिये हैं तो अब तक आप जान चुकी होंगी कि आपका अवचेतन मन कैसे काम करता है! आप जानती हैं कि आप इस पर जो भी छाप छोड़ेंगी, वह बाहरी जगत् में साकार हो जाएगी। इसी समय अपने अवचेतन मन पर उन गुणों और लक्षणों की छाप छोड़ें जो आप किसी पुरुष में चाहती हैं।

यहाँ एक उत्कृष्ट तकनीक दी जा रही है रात को कुर्सी पर बैठ जाएँ। आँखें बंद कर लें। शिथिल हो जाएँ, शरीर को पूरी तरह ढीला छोड़ दें। बहुत शांत, निष्क्रिय और ग्रहणशील बन जाएँ। अपने अवचेतन मन से बात करें और कहें:

"मैं अब एक ऐसे पुरुष को आकर्षित कर रही हूँ, जो ईमानदार, सच्चा, वफादार, निष्ठावान्, शांत, प्रसन्न और समृद्ध है। जिन गुणों की में प्रशंसा करती हूँ वे मेरे अवचेतन मन में इसी समय उतर रहे हैं। इन गुणों पर विचार करते समय वे मेरा हिस्सा बन जाते हैं और अवचेतन रूप से साकार हो जाते हैं। मैं जानती हूँ कि आकर्षण का नियम अचूक होता है और मैं अपने अवचेतन विश्वास के अनुसार अपनी ओर किसी पुरुष को आकर्षित करती हूँ। मैं उसे आकर्षित करती हूँ, जिसे मैं अपने अवचेतन मन में सच्चा महसूस करती हूँ।"

"मैं जानती हूँ कि मैं उसकी शांति और सुख को बढ़ा सकती हूँ। वह मेरे आदर्शों से प्रेम करता है और मैं उसके आदर्शों से प्रेम करती हूँ। वह मुझे बदलकर नया नहीं बनाना चाहता है, न ही मैं उसे बदलकर नया बनाना चाहती हूँ। हमारे बीच आपसी प्रेम, स्वतंत्रता और सम्मान है।"

अपने अवचेतन मन में विचार भरने की इस प्रक्रिया का अभ्यास करें। फिर आपकी ओर ऐसा पुरुष आकर्षित हो जाएगा, जिसमें वही गुण और लक्षण होंगे, जिनकी आपने मानसिक रूप से कल्पना की थी। आपकी अवचेतन बुद्धिमत्ता आपके लिए एक ऐसा रास्ता खोल देगी जिसके द्वारा आप दोनों मिल सकेंगे। ऐसा आपके अवचेतन मन के अचूक और अपरिवर्तनीय प्रवाह के अनुरूप होगा। अपने भीतर सर्वश्रेष्ठ प्रेम, निष्ठा और सहयोग देने की तीव्र इच्छा रखें। प्रेम के इस उपहार के प्रति ग्रहणशील रहें जो आपने अपने अवचेतन मन को दिया है।

आदर्श पत्नी को कैसे आकर्षित करें

अपने आदर्श जीवन साथी को आकर्षित करने के लिए नीचे दी गई सकारात्मक घोषणा करें-

"मैं अब उपयुक्त महिला को आकर्षित कर रहा हूँ, जिसके साथ मेरा पूरा तालमेल होगा। यह आध्यात्मिक मेल है, क्योंकि यह दैवी प्रेम है। यह प्रेम किसी ऐसी महिला के व्यक्तित्व द्वारा काम कर रहा है, जिसके साथ मेरी जोड़ी आदर्श रहेगी। मैं जानता हूँ कि मैं इस महिला को प्रेम, प्रकाश, शांति और प्रसन्नता दे सकता हूँ। मैं महसूस करता हूँ। और विश्वास करता हूँ कि मैं इस महिला के जीवन को पूर्ण व अद्भुत बना सकता हूँ।"

"मैं अब आदेश देता हूँ कि उसमें ये गुण और आदतें है वह आध्यात्मिक, निष्ठावान और ईमानदार है। वह सामंजस्यपूर्ण, शांत और खुशमिजाज है। हम एक-दूसरे के प्रति प्रबलता से आकर्षित हैं। जो प्रेम सत्य और सुंदरता से संबंध रखता है, वही मेरे अनुभव में आ सकता है। मैं अब अपने आदर्श जीवन साथी को स्वीकार करता हूँ।"

जब आप शांति और गहरी रुचि से उन गुणों और लक्षणों के बारे में सोचेंगे, जिन्हें आप अपने चाहे गए साथी में पसंद करते हैं तो आप अपनी मानसिकता में उसका मानसिक समतुल्य बना लेंगे। फिर आपका अवचेतन मन का अधिक गहरा प्रवाह आप दोनों को दैवी विधान के अंतर्गत एक साथ ले जाएगा।

तीसरी गलती की कोई जरूरत नहीं है

शीला बी. कई सालों से प्रशासक के पद पर काम कर रही हैं। हाल ही में उसने मुझसे कहा, "मैं तीन लोगों से शादी कर चुकी हूँ और तीनों ही निष्क्रिय तथा दब्बू थे। वे निर्णय लेने तथा हर चीज चलाने के लिए मुझ पर निर्भर थे। मेरी तरफ ऐसे ही लोग क्यों आकर्षित होते हैं?"

मैंने उससे पूछा कि क्या दूसरी शादी करने से पहले वह जानती थी कि उसके होने वाले पति में पहले पति जैसा ही चरित्र था?

"जाहिर है, नहीं।" उसने जोर देकर कहा, "अगर मैं पहले से जानती कि वह इतना दब्बू है तो मैं उससे शादी ही नहीं करती। यही मेरे तीसरे पति के साथ हुआ।"

समस्या उन आदमियों में नहीं थी जिनसे शीला ने शादी की थी। समस्या तो उसके अपने व्यक्तित्व की बनावट में थी। वह बहुत ढीली थी और हर स्थिति पर नियंत्रण करना चाहती थी। एक स्तर पर वह ऐसा जीवन साथी चाहती थी, जो दब्बू और निष्क्रिय हो, ताकि वह स्वयं निर्णायक भूमिका निभा सके। साथ ही, उसकी अधिक गहरी आवश्यकता ऐसे जीवन साथी की थी, जो उसकी बराबरी का हो। उसकी अवचेतन तस्वीर ऐसे व्यक्ति को आकर्षित कर रही थी, जिसे वह चाहती तो थी लेकिन शादी के बाद उसे पता चलता था कि वह उसकी वास्तविक आवश्यकता पूरी नहीं करता था। उसे सही प्रार्थना प्रक्रिया अपनाकर इस दुष्चक्र को तोड़ना सीखना पड़ा।

उसने किस प्रकार नकारात्मक दुष्चक्र तोड़ा

शीला बी. ने आखिरकार एक सच्चाई जान ली। जब आप यकीन करते हैं कि आप आदर्श पार्टनर पा सकते हैं तो आपको अपने विश्वास के अनुरूप ही वह मिलेगा।

पुराने अवचेतन तंत्र को तोड़ने और अपनी तरफ आदर्श जीवन साथी को आकर्षित करने के लिए शीला ने इस प्रार्थना का प्रयोग किया-

"मैं अपनी मानसिकता में उस तरह का व्यक्ति रख रही हूँ जिसकी मैं गहराई से इच्छा करती हूँ। मैं जिस पुरुष को पति के रूप में आकर्षित करती हूँ, वह प्रभावी, सशक्त, प्रेमपूर्ण, सफल, ईमानदार और निष्ठावान है। उसे मुझसे प्रेम और खुशी मिलती है। मैं उसकी बताई राह पर चलना पसंद करती हूँ।

मैं जानती हूँ कि वह मुझे चाहता है और मैं उसे चाहती हूँ। मैं ईमानदार, सच्ची, प्रेमपूर्ण और दयालु हूँ। मेरे पास उसे देने के लिए अद्भुत उपहार हैं- सद्भावना, खुशनुमा दिल और स्वस्थ शरीर। वह भी मुझे यही उपहार देता है।

यह साझा है, मैं देती और पाती हूँ।

उसने इस तरीके से हर दिन प्रार्थना की। सुबह उठते ही और रात को सोते समय। उसने इस विश्वास के साथ इन सच्चाइयों की सकारात्मक घोषणा की कि मस्तिष्क में बार-बार दोहराने से वह उस मानसिक समतुल्य तक पहुँच जाएगी, जिसे वह चाहती थी।

उसकी प्रार्थना का जवाब

कई महीने गुजर गए। शीला डेटिंग करती रही और सामाजिक उत्सवों में भी गई। लेकिन वह जिन व्यक्तियों से मिली, उनमें से कोई भी ऐसा नहीं लगा जिसकी उसे तलाश थी। वह सोचने लगी कि कहीं उसकी तलाश अधूरी तो नहीं रह जाएगी! उसने पाया कि वह स्वयं से सवाल पूछ रही है, डाँवाडोल हो रही है, शंका कर रही है और ढुल-मुल हो रही है। इस मोड़ पर उसने खुद को याद दिलाया कि असीमित बुद्धिमत्ता इस काम को अपने तरीके से कर रही है। इसके बारे में चिंता करने की कोई जरूरत नहीं है। जब उसे कोर्ट से तलाक का आखिरी आदेश मिल गया तो उसे मुक्ति और मानसिक स्वतंत्रता का गहरा एहसास हुआ।

इसके बाद जल्दी ही उसे एक मेडिकल कंपनी में प्रमुख प्रशासक का नया पद मिल गया। नौकरी के पहले दिन एक वरिष्ठ डॉक्टर उसके कमरे में परिचय करने के लिए आए। जिस दिन शीला ने इस पद के लिए इंटरव्यू दिया था, उस दिन वे एक मेडिकल कॉन्फ्रेंस में भाग लेने के लिए शहर से बाहर गए थे।

जिस पल वे अंदर आए, वह जान गई कि यही वह पुरुष है, जिसके लिए वह प्रार्थना कर रही थी। जाहिर है, डॉक्टर को भी इसका अंदाजा हो गया था। एक महीने के भीतर ही डॉक्टर ने शीला के सामने शादी का प्रस्ताव रख दिया। बाद में उनका वैवाहिक जीवन सुखद रहा। वह डॉक्टर निष्क्रिय या दब्बू किस्म के नहीं थे। वे सशक्त, आत्मविश्वासी और निर्णायक थे। अपने क्षेत्र में वे बहुत सम्मानित थे और कॉलेज के दिनों में बहुत अच्छे खिलाड़ी भी रह चुके थे। वे गहरे आध्यात्मिक व्यक्ति भी थे।

शीला को वह जीवन साथी मिल गया जिसके लिए उसने प्रार्थना की थी। ऐसा इसलिए हुआ क्योंकि उसने इसका मानसिक रूप से तब तक दावा किया जब तक कि वह संतृप्ति के बिंदु तक नहीं पहुँच गई। दूसरे शब्दों में, वह मानसिक और भावनात्मक रूप से अपने विचार के साथ एकाकार हो गई तथा वह उसका हिस्सा बन गया।

क्या मुझे तलाक ले लेना चाहिए?

तलाक नितांत व्यक्तिगत सवाल है, इसका कोई ऐसा आम जवाब नहीं हो सकता जो सब पर सटीक बैठता हो। जाहिर है, कुछ मामलों में तो शादी ही नहीं होनी चाहिए थी। दूसरे मामलों में तलाक समस्या का समाधान नहीं है। तलाक एक व्यक्ति के लिए सही और दूसरे के लिए गलत हो सकता है। जिस व्यक्ति को तलाक दिया जा रहा है, वह झूठी जिंदगी जी रहे कई विवाहित लोगों से ज्यादा सच्चा और बेहतर हो सकता है।

उदाहरण के लिए, एक बार मुझसे एक महिला ने परामर्श लिया। उसका पति उसे मारता पीटता था और नशे की लत के लिए उसके पैसे चुरा लेता था। उस महिला को बचपन से सिखाया गया था कि शादी पवित्र और स्थायी होती है तथा तलाक अनैतिक है। मैंने उसे बताया कि सच्चा विवाह दो दिलों का मेल है। अगर दो दिल सामंजस्य, प्रेम और ईमानदारी से एक होते हैं तो यह आदर्श विवाह है। प्रेम करना हृदय का पवित्र कर्म है।

मेरी बात सुनने के बाद वह जान गई कि उसे क्या करना चाहिए। वह अपने मन में जानती थी कि ऐसा कोई दैवी नियम नहीं है जो उसे मजबूर करता हो कि वह धमकी में रहे, डाँट खाती रहे और पिटती रहे-सिर्फ इसलिए क्योंकि किसी ने एक बार कहा था, "आज से आप दोनों पति-पत्नी हो।"

अगर आप असमंजस में हैं कि क्या करना है तो मार्गदर्शन माँगें। जान लें कि हर सवाल का हमेशा कोई-न-कोई जवाब होता है और यह आपको मिलेगा। आपकी आत्मा की खामोशी में आप जो जवाब मिले, उस पर अमल करें।

तलाक तक पहुँचना

मैंने एक बार एक युवा दंपती से बात की जो शादी के कुछ महीने बाद ही तलाक ले रहे थे। युवक को लगातार डर सताता रहता था कि उसकी पत्नी उसे छोड़कर चली जाएगी। उसे अस्वीकृति की आशंका थी और वह मानता था कि उसकी पत्नी उसके प्रति वफादार नहीं थी। ये विचार उसे बुरी तरह सताने लगे और उस पर हावी गए।

उसका मानसिक दृष्टिकोण अलगाव और शंका का था। महिला उसके प्रति उदासीन महसूस करने लगी लेकिन यह उस पुरुष की भावना का ही परिणाम था। अलगाव का माहौल पति के अवचेतन से संचालित हो रहा था और उसने उसके पीछे के मानसिक पैटर्न के अनुरूप स्थिति या कर्म उत्पन्न कर दिया। यह क्रिया और प्रतिक्रिया कारण और परिणाम का नियम है। विचार क्रिया है जिस पर अवचेतन मन प्रतिक्रिया करता है। उसकी पत्नी घर छोड़कर चली गई और उसने तलाक का आवेदन दे दिया। वही हुआ जिसका उस पति को डर और विश्वास था।

तलाक मन में शुरू होता है

तलाक सबसे पहले मन में शुरू होता है। कानूनी कार्रवाई बाद में होती है। वे युवा पति-पत्नी द्वेष, डर, शंका और क्रोध से भरे थे। इस तरह का दृष्टिकोण पूरे अस्तित्व को कमजोर करता है। उन्होंने यह जाना कि नफरत अलग करती है और प्रेम मिलाता है। उन्हें एहसास होने लगा कि वे अपने मस्तिष्क के साथ क्या कर रहे थे! उनमें से कोई भी मानसिक कर्म के नियम को नहीं जानता था। वे अपने दिमाग का दुरुपयोग कर रहे थे और परेशानी तथा दुःख को आमंत्रित कर रहे थे।

मेरे सुझाव पर वह दंपती एक साथ रहने लगे और प्रार्थन चिकित्सा के प्रयोग करने लगे। वे एक-दूसरे के प्रति प्रेम, शांति और सद्भावना जताने लगे। वे एक दूसरे के प्रति सामजस्य, स्वास्थ्य, शांति और प्रेम प्रसारित करते थे तथा हर रात को बारी-बारी से स्तोत्र पढ़ते थे। उनकी इस सच्ची कोशिश और अवचेतन मन को लाभकारी संवेग से भरने की बदौलत उनका वैवाहिक जीवन प्रतिदिन पहले से ज्याद सुंदर होता जा रहा है।

चिड़चिड़ी पत्नी

कई बार पत्नी इसलिए चिड़चिड़ाती है क्योंकि उस पर ध्यान नहीं दिया जाता है। उसकी प्रेम और स्नेह की नैसर्गिक इच्छा ऐसे तरीकों से व्यक्त होती है, जिंससे उसका जीवन साथी उससे और दूर भागने लगता है। अपनी पत्नी पर ध्यान दें और उसकी सराहना करें। उसके कई अच्छे गुणों या बातों की प्रशंसा करें और उसे ऊपर उठाएँ ।

चिड़चिड़ेपन का एक और कारण जीवनसाथी को किसी खास तरीके से चलाने की इच्छा है। यह जीवनसाथी को दूर भगाने का बहुत ही कारगर उपाय है। पति-पत्नियों को ध्यान रखना होगा कि वे आक्रामक न बनें, न ही एक-दूसरे के छोटे-मोटे दोषों या गलतियों की तलाश में जुटे रहें। दोनों को ही अपने जीवन साथी के सृजनात्मक और अद्भुत गुणों पर ध्यान देना चाहिए तथा उनकी प्रशंसा करनी चाहिए।

विचारमग्न पति

अगर कोई पति अपनी पत्नी की किसी बात या काम पर उसके खिलाफ सोचने लगता है या विकृत मानसिकता अपना लेता है तो मनोवैज्ञानिक रूप से वह व्यभिचार कर रहा है। एडल्टरी का एक अर्थ 'आइडोलेटरी' है, जिसका अर्थ है-नकारात्मक और विध्वंसात्मक चीजों पर ध्यान देना। जब कोई व्यक्ति खामोशी से अपनी पत्नी के प्रति द्वेषपूर्ण या शत्रुतापूर्ण होता है तो वह बेवफाई कर रहा है। वह अपनी शादी की कसमों के प्रति वफादार नहीं है, जिनमें उसने उसे जिंदगी भर प्रेम करने, चाहने और सम्मान करने का वादा किया था।

चुप रहने वाला पुरुष कटुता और द्वेषपूर्ण कोशिश करके अपनी तीखी टिप्पणियों को निगल सकता है, अपने गुस्से को दबा सकता है और परवाह करने

वाला, दयालु या शिष्ट बन सकता है। वह मतभेदों को कुशलता से मोड़ सकता है। प्रशंसा और मानसिक कोशिश करके वह विरोध की आदत से बाहर निकल सकता है। जब वह अपने अवचेतन मन में शांति, सामंजस्य और प्रेम के विचार रखेगा तो वह पाएगा कि उसके न सिर्फ पत्नी बल्कि जीवन में बाकी सभी के साथ भी ज्यादा अच्छे और मधुर संबंध हैं। सद्भावनापूर्ण अवस्था अपना लें और अंततः आपको शांति एवं सद्भावना मिल जाएगी।

बहुत बड़ी गलती

पड़ोसियों और रिश्तेदारों से अपनी वैवाहिक समस्याओं या मुश्किलों के बारे में बात करना एक बहुत बड़ी गलती है। मान लीजिए, एक पत्नी अपनी पड़ोसन से कहती है, "जॉन अपनी माँ के साथ बहुत बुरा सलूक करता है, बहुत ज्यादा पीता है और हमेशा अपमान करता रहता है। अपशब्द भी कहता रहता है।"

यहाँ पत्नी अपने पति को सबकी निगाह में गिरा रही है और अपमानित कर रही है। यही नहीं, अपने पति की कमियाँ गिनाते समय दरअसल वह अपने भीतर इन अवस्थाओं को पनपने का मौका दे रही है। ये सारी बातें कौन सोच रहा है और महसूस कर रहा है? वह स्वयं सोच रही है और जैसा आप सोचते तथा महसूस करते हैं, वैसे ही आप होते हैं।

रिश्तेदार आम तौर पर आपको गलत सलाह देते हैं। यह आम तौर पर पक्षपातपूर्ण और पूर्वग्रह से ग्रस्त होती है क्योंकि यह निष्पक्षता से नहीं दी जाती है। आपको मिलने वाली सलाह अगर स्वर्णिम नियम की अवहेलना करती है, जो ब्रह्मांड का नियम है, तो वह न तो अच्छी है, न ही दमदार।

यह याद रखना जरूरी है कि दो व्यक्ति स्वभाव के टकराव, दर्द और तनाव के पलों के बिना एक छत के नीचे नहीं रह सकते। अपने विवाह के दुःखद पहलू का प्रदर्शन अपने मित्रों के सामने कभी न करें। अपनी लड़ाइयाँ अपने तक ही सीमित रखें। अपने जीवन साथी की आलोचना या निंदा से बचें।

अपने जीवन साथी को बदलकर नया बनाने की कोशिश न करें

पति-पत्नियों को यह कोशिश नहीं करनी चाहिए कि उनके जीवन साथी हू-ब-हू उनकी तरह बन जाएँ। उन्हें बदलने की कोशिश उनका अपमान करना है और यह

बताना है कि वे महत्त्वपूर्ण नहीं हैं। ये कोशिशें हमेशा मूर्खतापूर्ण होती हैं और कई बार तो वैवाहिक जीवन को बर्बाद कर देती हैं। किसी को बदलने की कोशिश उसके गर्व और आत्मसम्मान को नष्ट कर देती है। यह विरोध और द्वेष की भावना जगाती है, जो वैवाहिक संबंध के लिए घातक साबित हो सकता है।

पति-पत्नी में आपसी तालमेल की जरूरत होती है। हममें से कोई भी आदर्श नहीं है और यह जीवन साथियों के बारे में भी सच है। लेकिन अगर आप अपने दिमाग के भीतर अच्छी तरह देखें और अपने चरित्र एवं व्यवहार का अध्ययन करें तो आपको इतनी कमियाँ मिल जाएंगी कि उन्हें दूर करने में आप जिंदगी भर व्यस्त रह सकते हैं। अगर आप सोचते हैं, "मैं उसे अपने मनचाहे साँचे में ढालूँगा," तो आप समस्या को आमंत्रित कर रहे हैं और तलाक का रास्ता पकड़ रहे हैं। आप दुःख की तलाश कर रहे हैं। आपको कठोर तरीके से सीखना होगा कि अगर बदलना है तो पहले खुद को बदलो।

इन कदमों द्वारा प्रार्थना करके एक साथ रहो

पहला कदम : कभी भी छोटी-मोटी निराशाओं से होने वाली चिढ़ को अगले दिन तक न ले जाओ। रात को सोने से पहले एक-दूसरे को हर कड़वी बात के लिए माफ कर दो। आप सुबह जिस पल जागें, यह दावा करें कि असीमित बुद्धिमत्ता आपको सभी तरीकों से मार्गदर्शन दे रही है। शांति, सांमजस्य और प्रेम के विचार अपने जीवन साथी, परिवार के सभी सदस्यों और पूरी दुनिया की तरफ प्रेषित करें।

दूसरा कदम : नाश्ते के समय ईश्वर को याद करें। स्वादिष्ट भोजन, समृद्धि और सभी खुशियों के लिए उसका शुक्रिया अदा करें। यह सुनिश्चित करें कि टेबल पर समस्या, चिंता या बहस की बातचीत न हो। यही डिनर में भी लागू करें। अपने जीवन साथी से कहें, "मैं आपके सभी कामों की सराहना करता हूँ और दिन भर आपकी ओर प्रेम व सद्भाव फैलाता हूँ।"

तीसरा कदम : पति-पत्नी को हर रात बारी-बारी से प्रार्थना करनी चाहिए। अपने जीवन साथी को अनदेखा न करें। अपना प्रेम और सराहना जताएँ। निंदा, आलोचना और चिढ़ की बजाय सराहना और सद्भाव के विचार रखें। शांत घर और सुखद वैवाहिक जीवन बनाने का तरीका प्रेम, सुंदरता, सद्भाव, आपसी सम्मान, ईश्वर में आस्था और सभी अच्छी चीजों की नींव रखना है।

स्मरण योग्य बातें

1. मानसिक और आध्यात्मिक नियमों का अज्ञान ही सारे वैवाहिक दुःखों का कारण है। साथ-साथ वैज्ञानिक प्रार्थना करने पर आप एक साथ बने रहते हैं।
2. तलाक को रोकने का सबसे अच्छा समय विवाह से पहले है। अगर आप सीख लेते हैं कि सही तरीके से प्रार्थना कैसे करना है तो आप अपनी ओर सही जीवन-साथी को आकर्षित करेंगे।
3. विवाह पुरुष और स्त्री का मेल है जो प्रेम की डोर से आपस में बँधते हैं। उनके दिल एक होकर धड़कते हैं और वे आगे, ऊपर तथा ईश्वर की तरफ बढ़ते हैं।
4. विवाह खुशी की गारंटी नहीं है। लोग ईश्वर के शाश्वत सत्यों और जीवन के आध्यात्मिक मूल्यों के जरिए खुशी पाते हैं। पुरुष और महिला एक दूसरे की खुशी और सुख में योगदान दे सकते हैं।
5. आप उन गुणों और विशेषताओं पर विचार करके सही जीवन साथी को आकर्षित करते हैं, जिनकी प्रशंसा आप किसी पुरुष या महिला में करते हैं। तब आपका अवचेतन मन आपको दैवी विधान में एक कर देगा।
6. आप अपने जीवन साथी में जो चाहते हैं, उसके मानसिक समतुल्य को अपनी मानसिकता में बना लें। अगर आप जीवन में सच्चे, ईमानदार और प्रेमपूर्ण जीवन साथी को आकर्षित करना चाहते हैं तो आपको स्वयं ईमानदार, सच्चा और प्रेमपूर्ण बनना होगा।
7. आपको शादी में गलतियाँ दोहराने की जरूरत नहीं है। जब आप सचमुच विश्वास करते हैं कि आपको आदर्श जीवन साथी मिल सकता है तो आपको अपने विश्वास के अनुरूप ही मिलेगा। विश्वास करना किसी चीज को सच मानना है। अपने आदर्श साथी को मानसिक रूप से इसी समय स्वीकार करें।
8. इस बात पर हैरान न हों कि जिस जीवन साथी के लिए आप प्रार्थना कर रहे हैं वह कैसे, क्यों और कहाँ मिलेगा? अपने अवचेतन मन की बुद्धिमत्ता पर पूरा भरोसा रखें। उसके पास अपने लक्ष्य को पाने की शक्ति है। आपको कोई हस्तक्षेप नहीं करना है।

9. यदि आप अपने जीवन साथी के प्रति दुर्भावना, शत्रुता, गुबार और चिढ़ रखते हैं तो आप मानसिक रूप से तलाकशुदा हैं। आप मानसिक रूप से अपने मस्तिष्क में उसकी गलतियों पर ध्यान केंद्रित कर रहे हैं। अपनी वैवाहिक कसमों पर चलें, "मैं जीवन भर उसे प्रेम और सम्मान देने का वादा करता हूँ।"

10. अपने जीवन साथी के प्रति डर के विचार रखना बंद कर दें। प्रेम, शांति, सद्भुभाव और तादात्म्य के विचार रखें, आपका वैवाहिक जीवन दिनोंदिन अधिक सुंदर और अद्भुभुत होता जाएगा।

11. एक-दुसरे के प्रति प्रेम, शांति और सद्भुभाव प्रसारित करें। आपका अवचेतन मन इन कंपनों को पकड़ लेता है, जिससे आपसी विश्वास, प्रेम और सम्मान बढ़ता है।

12. चिड़चिड़ा जीवनसाथी आम तौर पर ध्यान और सम्मान चाहता है। वह प्रेम और स्नेह का भूखा होता है। उसके कई अच्छे गुणों की तारीफ करें और उसे ऊपर उठाएँ। उसे दिखाएँ कि आप उससे प्रेम करते हैं और उसकी सराहना करते हैं।

13. जो जीवन साथी एक-दूसरे से प्रेम करते हैं, वे शब्द, कर्म या मन में कोई प्रेम विरोधी या दया-रहित काम नहीं करते हैं। प्रेम वही करता है, जो प्रेम में होता है।

14. वैवाहिक समस्याओं में हमेशा विशेषज्ञ की सलाह लें। आप दाँत निकलवाने के लिए कारपेंटर के पास नहीं जाते। इसी तरह आपको अपनी वैवाहिक समस्याओं के बारे में रिश्तेदारों या दोस्तों से बातचीत नहीं करनी चाहिए। अगर आपको सलाह की जरूरत हो तो किसी प्रशिक्षित सलाहकार के पास जाएँ।

15. एक साथ प्रार्थना करेंगे तो एक साथ बने रहेंगे। वैज्ञानिक प्रार्थना सभी समस्याएँ सुलझा देती हैं। मानसिक रूप से अपनी पत्नी की वैसी तस्वीर बनाएँ, जैसी उसे होना चाहिए-सुखी, स्वस्थ और सुंदर। अपने पति को उस तरह देखें, जैसा उसे होना चाहिए- सशक्त, शक्तिशाली, प्रेमपूर्ण, सद्भावनापूर्ण और दयालु। मानसिक तस्वीर देखते रहेंगे तो आप अनुभव करेंगे कि आपका वैवाहिक जीवन स्वर्ग बन चुका है जो सद्भाव और शांति से भरा है।

अध्याय-15

मुस्कराहट और अवचेतन मन

अमेरिकी मनोविज्ञान के पितामह विलियम जेम्स ने कहा था कि उन्नीसवीं सदी की सबसे महान् खोज भौतिक-शास्त्र के क्षेत्र में नहीं थी। सबसे बड़ी खोज आस्था से प्रेरित अवचेतन मन की शक्ति थी। हर इंसान में शक्ति का असीमित भंडार है जो दुनिया की किसी भी समस्या को परास्त कर सकता है।

सच्ची और स्थायी खुशी आपके जीवन में उस दिन आएगी जब आपको स्पष्ट एहसास हो जाएगा कि आप किसी भी कमजोरी से उबर सकते हैं। जब आपको यह एहसास हो जाएगा कि आपका अवचेतन आपकी समस्याओं को सुलझा सकता है, आपके शरीर का उपचार कर सकता है और आपको आपके सपनों से भी ज्यादा समृद्धि दिला सकता है।

जब आपके अपने सपनों के जीवनसाथी से सगाई हुई थी तो आप बहुत खुश हुए होंगे। शायद आपको तब भी बहुत खुशी महसूस हुई होगी जब आप कॉलेज से ग्रेजुएट हुए हों, जब आपकी शादी हुई हो, जब आपका बच्चा पैदा हुआ हो या जब आपने कोई बड़ी विजय या पुरस्कार हासिल किया हो। आप इसी प्रकार के दूसरे अनुभवों की सूची भी बना सकते हैं जब आप खुश हुए हों। बहरहाल, चाहे

ये अनुभव कितने ही अद्भुत हों, ये सच्ची व स्थायी खुशी नहीं देते हैं। ये सारे अनुभव अस्थायी हैं।

'द बुक ऑफ प्रोवर्स' जवाब देती है- 'जो भी ईश्वर में भरोसा करता है, वह सुखी है।' जब आप अपने अवचेतन मन की शक्ति और बुद्धिमत्ता पर भरोसा करते हैं कि वे सभी क्षेत्रों में आपका नेतृत्व, नियंत्रण और निर्देशन करेंगे तो आप संतुलित, शांत और आरामदेह हो जाएंगे जब आप सबके प्रति प्रेम, शांति और सद्भाव प्रसारित करते हैं तो आप दरअसल अपने जीवन में खुशी की इमारत बना रहे हैं।

आपको खुशी चुननी होगी

खुशी एक मानसिक अवस्था है। बाइबल में एक वाक्य है-इस दिन आप चुनो कि आप किसकी सेवा करोगे, आपके पास खुशी की स्वतंत्रता है। यह बहुत आसान दिखता है और यह है भी। शायद इसीलिए लोग खुशी की राह पर लड़खड़ा जाते हैं। वे खुशी की सादगी भरी कुंजी को नहीं देख पाते हैं। जीवन की महान् चीजें प्रगतिशील और रचनात्मक हैं। वे कल्याण और खुशी देती हैं।

सेंट पॉल आपको बताते हैं कि आप किस तरह सोचकर प्रबल शक्ति और खुशी का जीवन पा सकते हैं।

आखिरकार भाइयों, जो भी चीजें वास्तविक हैं, जो भी चीजें ईमानदार हैं, जो भी चीजें न्यायपूर्ण हैं, जो भी चीजें शुद्ध हैं, जो भी चीजें प्यारी हैं, जो भी चीजें अच्छी प्रतिष्ठा की हैं; उनके बारे में सोचें।

खुशी कैसे चुनें?

इसी समय खुशी चुनें। यह काम ऐसे करें - सुबह अपनी आँख खोलते ही अपने से कहें. "दैवी विधान आज और हर दिन मेरे जीवन का संचालन करता है। सारी चीजें आज मेरे भले के लिए काम करती हैं। यह मेरे लिए एक नया और अद्भुत दिन है। इस दिन जैसा कोई दूसरा दिन कभी नहीं होगा। मुझे दिन भर दैवी मार्गदर्शन मिलता है और मैं अपने हर काम में समृद्ध बनूँगा। दैवी प्रेम मुझे घेरे है, मेरे चारों तरफ है और मैं शांति से हूँ।

जब भी मेरा ध्यान अच्छाई और सृजनात्मकता से भटकेगा तो मैं उस चीज के बारे में तत्काल सोचने लगूँगा, जो सुंदर और अच्छी है। मैं आध्यात्मिक और मानसिक चुंबक हूँ। मैं अपनी ओर उन सभी चीजों को आकर्षित करता हूँ जो मुझे खुशियाँ देती हैं और समृद्ध करती हैं। आज मैं अपने सभी कामों में अद्भुत सफलता पाऊँगा निश्चित रूप से आज मैं दिन भर खुश रहूँगा।" प्रत्येक दिन इसी प्रकार शुरू करें, फिर आप खुशी का चुनाव करेंगे और खुश तथा प्रफुल्लित रहेंगे।

उसने खुश रहने की आदत बना ली

कई साल पहले मैं आयरलैंड के पश्चिमी किनारे पर कॉनेमारा में एक किसान के घर लगभग सप्ताह भर ठहरा। मेरा मेजबान हमेशा गुनगुनाता और सीटी बजाता रहता था। वह इतना खुश था कि मैंने एक दिन उससे उसकी खुशी का राज पूछ लिया।

"यह मेरी आदत है," उसने जवाब दिया, "जब मैं सुबह जागता हूँ और जब रात को सोने जाता हूँ तो अपने परिवार, फसल, जानवरों को दुआएँ देता हूँ और अद्भुत फसल के लिए ईश्वर को धन्यवाद देता हूँ।"

उस किसान ने चालीस साल से ज्यादा समय पहले यह आदत बना ली थी। जैसा आप जानते हैं, नियमित रूप से दोहराए जाने वाले विचार अवचेतन मन में पहुँच जाते हैं और आदत बन जाते हैं। उसने समझ लिया था कि खुशी एक आदत है।

आप में खुश रहने की इच्छा होनी चाहिए

खुश रहने के बारे में आपको एक महत्त्वपूर्ण बात याद रखनी चाहिए। आपके मन में खुश होने की सच्ची इच्छा होनी चाहिए। कुछ लोग इतने लंबे समय से तनावग्रस्त-दुःखी और निराश होते हैं कि अगर किसी अद्भुत, अच्छी, सुखद खबर से वे अचानक खुश हो जाएँ तो वे उस महिला की तरह प्रतिक्रिया करेंगे जिसने मुझसे एक बार कहा था, "इतना खुश होना ठीक नहीं है।" वे अपनी पुरानी मानसिक संरचना के इतने आदी हो चुके हैं कि उन्हें खुशी सहज महसूस नहीं होती है। वे अपनी जानी-पहचानी, तनावग्रस्त, दुःखी अवस्था में लौटने के लिए बेताब रहते हैं।

मैं इंग्लैंड की एक बूढ़ी महिला को जानता हूँ जिसे कई सालों से आर्थराइटिस था। वह अपने घुटने थपथपाकर कहती थी, "मेरा आर्थराइटिस आज बुरी हालत

में है। आज मैं बाहर नहीं जा सकती। मेरा आर्थराइटिस मुझे दुःखी कर रहा है।" महिला की इस स्थिति के कारण उसके बेटे-बेटी और पड़ोसी उसका बहुत ध्यान रखते थे। दरअसल इसी कारण वह अपने आर्थराइटिस को पसंद करती थी। वह अपने दुःख को पसंद करती थी। अपने अवचेतन मन के स्तर पर वह खुश नहीं होना चाहती थी।

मैंने उसे उपचार का एक तरीका सुझाया। मैंने उसे 'बाइबल' की कुछ पंक्तियाँ लिखकर दीं और कहा कि अगर वह इन सच्चाइयों पर ध्यान केंद्रित करेगी तो उसका मानसिक दृष्टिकोण बदल जाएगा। उसकी आस्था और विश्वास उसे स्वस्थ कर देंगे। उसने इसमें दिलचस्पी नहीं ली। कई लोगों की तरह वह भी अजीब मानसिक चिंता का शिकार थी जिसे वह छोड़ना नहीं चाहती थी। उसे दुःखी और परेशान रहना पसंद था, या कम-से-कम उसे दुःख से मिलने वाले लाभ पसंद थे।

दुःख क्यों चुनना?

कई लोग दुःख को चुनते हैं और उन्हें यह एहसास ही नहीं होता है कि वे ऐसा कर रहे हैं। वे इस तरह के विचार रखते हैं-

- आज का दिन बुरा है। हर चीज गड़बड़ होने वाली है।
- मैं सफल नहीं हो पाऊँगा। हर व्यक्ति मेरे खिलाफ है।
- धंधा बुरा है और यह पहले से ज्यादा बुरा होने वाला है। मैं हमेशा देर से पहुँचता हूँ ।
- मुझे कभी सुनहरे मौके नहीं मिलते हैं।
- वह कर सकता है, लेकिन मैं नहीं कर सकता।

अगर सुबह-सुबह आपका यह मानसिक दृष्टिकोण रहता है तो आप अपनी ओर इन सभी दुःखद घटनाओं को आकर्षित करेंगे और बहुत दुःखी रहेंगे।

यह एहसास करना शुरू करें कि जिस दुनिया में आप रहते हैं, वह काफी हद तक इस बात से तय होती है कि आपके दिमाग में क्या चलता है! महान् रोमन दार्शनिक मार्कस ऑरेलियस ने कहा था, "इंसान का जीवन उसके विचारों से बनता है।" उन्नीसवीं सदी के अग्रणी अमेरिकी दार्शनिक रॉल्फ वाल्डो इमर्सन ने कहा था, "व्यक्ति वैसा ही होता है, जैसा वह सारे दिन सोचता है। जो विचार आप अपने मस्तिष्क में रखते हैं, वे शारीरिक व भौतिक रूप में प्रकट हो जाते हैं।"

यह सुनिश्चित करें कि आप नकारात्मक, पराजयवादी, बुरे या निराशाजनक विचार न रखें। अपने मस्तिष्क को बार-बार याद दिलाएँ कि आप अपनी मानसिकता के बाहर कुछ अनुभव नहीं कर सकते।

अगर मेरे पास 10 लाख डॉलर होते तो मैं सुखी होता

दौलत अपने आप में आपको सुखी नहीं बना सकती। दूसरी ओर यह सुख में बाधक भी नहीं होती है। आज कई लोग चीजें खरीदकर सुख पाने की कोशिश करते हैं-बेहतरीन टेलीविजन, नवीनतम कार, महँगे डिजाइनर कपड़े, फार्म हाउस। लेकिन सुख इस तरह से खरीदा या पाया नहीं जा सकता।

सुख का साम्राज्य आपके विचार और भावनाओं में है। बहुत सारे लोग सोचते हैं कि सुख उत्पन्न करने के लिए किसी घटना की जरूरत होती है। कुछ कहते हैं, “अगर मैं मेयर बन जाऊँ, कॉरपोरेशन का सी.ई.ओ. बन जाऊँ या अखबार के सोसाइटी पेज पर मेरी फोटो छप जाए तो मैं सुखी हो जाऊँगा।”

सच तो यह है कि खुशी एक मानसिक और आध्यात्मिक अवस्था है। पदोन्नति या बाहरी सम्मान खुशी नहीं दे सकते। आपकी शक्ति, खुशी और सुख इस बात में निहित है कि आप अवचेतन मन में निवास करने वाले दैवी विधान तथा सही कर्म के नियम का पता लगा लें और इन सिद्धांतों को अपने जीवन के सभी क्षेत्रों में लागू करें।

उसके मानसिक शांति की फ़सल

जब मैं कुछ साल पहले सैन फ्रांसिस्को में भाषण दे रहा था तो एक व्यक्ति मेरे पास आया। वह बहुत दुःखी और निराश था क्योंकि उसका बिजनेस डाँवाँडोल स्थिति में था। वह एक कंपनी का जनरल मैनेजर था। उसके दिल में कंपनी के प्रेसीडेंट और वाइस प्रेसीडेंट के प्रति द्वेष भरा था। उसे महसूस हो रहा था कि उसके विचारों का विरोध करके वह कंपनी को विनाश की दिशा में ले जा रहे थे। कंपनी का मुनाफा घट रहा था, बाजार में हिस्सेदारी कम हो रही थी। कपनी के शेयर की कीमत भी गिर रही थी जिससे उसे काफी चिंता हुई क्योंकि उसका ज्यादातर भुगतान स्टॉक ऑप्शंस के रूप में था। उसने अपनी बिजनेस समस्या इस तरह से सुलझाई। सुबह-सुबह वह शांति से यह सकारात्मक घोषणा करता था-

"हमारी कंपनी में काम करनेवाले सभी कर्मचारी ईमानदार, सच्चे सहयोगी, वफादार और सबके प्रति सद्भावना से भरे हैं। वे इस कंपनी के विकास, कल्याण और समृद्धि की जंजीर में मानसिक व आध्यात्मिक कड़ियाँ हैं। मैं अपने दो सहयोगियों और कंपनी के बाकी सभी लोगों के लिए अपने विचारों, शब्दों और कार्यों में प्रेम, शांति तथा सद्भुभाव प्रसारित करता हूँ।

हमारी कंपनी के प्रेसीडेंट और वाइस प्रेसीडेंट को सभी कामों में ईश्वर का मार्गदर्शन मिल रहा है। मेरे अवचेतन मन की असीमित बुद्धिमत्ता मेरे द्वारा सारे निर्णय लेती है। हमारे सभी बिजनेस सौदों और पारस्परिक संबंधों में सद्भाव निहित है।

मैं ऑफिस में जाने से पहले शांति, प्रेम और सद्भावना के संदेशवाहक भेजता हूँ। कंपनी में काम करनेवाले सभी लोगों के दिलोदिमाग में शांति और सद्भाव कायम रहे, जिनमें मैं भी शामिल हूँ। मैं अब आस्था, विश्वास और भरोसे के साथ एक नए दिन की शुरुआत करने जा रहा हूँ।"

उस बिजनेस एक्जीक्यूटिव ने ये विचार सच मानते हुए सुबह तीन बार धीरे-धीरे भावना के साथ दोहराए। दिन में जब भी उसके मन में डर या गुस्से के विचार आते थे, वह स्वयं से कहता था, "शांति, सद्भाव और संतुलन हर समय मेरे मस्तिष्क पर शासन करते हैं।"

जब वह इस तरीके से अपने मस्तिष्क को अनुशासित करता रहा तो हानिकारक विचार आने बंद हो गए और उसके मन में शांति छा गई। उसने शांति की फसल काटी।

बाद में उसने मुझे लिखा कि मस्तिष्क को व्यवस्थित करने के लगभग दो सप्ताह बाद प्रेसीडेंट और वाइस प्रेसीडेंट ने उसे अपने ऑफिस में बुलाकर उसके काम तथा नए सृजनात्मक विचारों की प्रशंसा की।

उन्होंने यह टिप्पणी भी की कि वे कितने सौभाग्यशाली हैं जो उन्हें ऐसा जनरल मैनेजर मिला है। उसे यह जानकर बहुत खुशी हुई कि वह खुद में खुशी पा सकता है।

बाधा या ठूँठ वहाँ नहीं है

बरसों पहले एक दोस्त ने मुझे एक घोड़े की कहानी सुनाई। एक बार एक घोड़ा सड़क किनारे के ठूँठ के पास बैठे साँप से डर गया। उसके बाद उस ठूँठ के पास आते ही घोड़ा बिदक जाता था। किसान ने ठूँठ को खोदकर उसे जला दिया और उस जगह को समतल कर दिया। लेकिन इससे मदद नहीं मिली। बरसों बाद तक घोड़ा लूट की जगह के पास पहुँचकर बिदक जाता था। घोड़ा ठूँठ की याद से बिदक रहा था।

आपकी खुशी में आपके अपने विचार, जीवन और मानसिक छवि के सिवा कोई बाधा नहीं है। क्या डर या चिंता ने आपको पीछे रोक - रखा है? भय आपके मन का एक विचार है। आप इसी समय इसे खोद सकते हैं और इसकी जगह सभी समस्याओं पर विजय, सफलता और उपलब्धि में आस्था रख सकते हैं।

मैं एक व्यक्ति को जानता था जिसका धंधा चौपट हो गया। उसने मुझसे कहा, "मैंने गलतियाँ की थीं लेकिन मैंने उनसे काफी कुछ सीख लिया है। मैं दोबारा बिजनेस शुरू कर रहा हूँ और मुझे इसमें जबरदस्त सफलता मिलेगी।" उसने अपने मन के उस ठूँठ का सामना किया। उसने शिकायत नहीं की, वह रोया नहीं। इसके बजाय उसने असफलता के ठूँठ को उखाड़ फेंका। अपनी आंतरिक शक्तियों पर भरोसा करके उसने डर के सभी विचारों और पुरानी निराशाओं को दूर कर दिया। खुद पर यकीन करें। आप सफल व सुखी बन जाएंगे।

सबसे सुखी व्यक्ति

सबसे सुखी व्यक्ति वह है जो लगातार अपने भीतर के सर्वश्रेष्ठ स्वरूप को सामने लाता है और उसका अभ्यास करता है। सुख और सद्गुगुण एक-दूसरे के पूरक हैं। सबसे अच्छे लोग न सिर्फ सबसे सुखी होते हैं, बल्कि आम तौर पर सफलता से जीने की कला में भी माहिर होते हैं। ईश्वर आपके भीतर सबसे ऊँचा और सबसे अच्छा है। ईश्वर के प्रेम, प्रकाश, सत्य और सुंदरता को अधिक व्यक्त करेंगे तो आप दुनिया के सबसे सुखी व्यक्तियों में से एक बन जाएंगे।

ग्रीक दार्शनिक एपिक्टेटस ने कहा था, "मानसिक शांति और सुख का बस एक ही रास्ता है, इसलिए इसे अपने साथ हमेशा रखो, तब भी जब आप सुबह जागो और पूरे दिन तथा जब आप सोने जाओ। बाहरी चीजों से प्रभावित न हो, बल्कि इन सभी को ईश्वर को समर्पित कर दो।"

सुख का सार

1. विलियम जेम्स ने कहा था कि उन्नीसवीं सदी की सबसे बड़ी खोज आस्था से प्रेरित अवचेतन मन की शक्ति है।
2. आपके भीतर जबरदस्त शक्ति है। जब आप इस शक्ति में विश्वास करने लगेंगे तो आप सुखी हो जाएंगे। तब आप अपने परम सपनों को साकार कर पाएंगे।
3. आप अपने अवचेतन मन की अद्भुत शक्ति द्वारा किसी भी पराजय पर विजय पा सकते हैं और किसी भी मनोकामना को पूरा कर सकते हैं। यही इस वाक्य का अर्थ है कि जो व्यक्ति अवचेतन मन के आध्यात्मिक नियमों में भरोसा करता है, वह सुखी होता है।
4. आपको खुशी का चुनाव करना होगा। खुशी एक आदत है। यह एक अच्छी आदत है जिस पर अकसर विचार करना चाहिए, जो भी चीजें सच हैं, जो भी चीजें ईमानदार हैं, जो भी चीजें न्यायपूर्ण हैं, जो भी चीजें शुद्ध हैं, जो भी चीजें प्यारी हैं, जो भी चीजें अच्छी प्रतिष्ठा की हैं; अगर कोई गुण है और अगर कोई प्रशंसा है तो इनके बारे में सोचें।
5. जब आप सुबह अपनी आँखें खोलें तो स्वयं से कहें, "मैं आज खुशी का चुनाव करता हूँ। मैं आज सफलता का चुनाव करता हूँ। मैं आज सही काम करने का चुनाव करता हूँ। मैं आज सभी के लिए प्रेम और सद्भावना का चुनाव करता हूँ। मैं आज शांति का चुनाव करता हूँ।" इस सकारात्मक घोषणा में जीवंतता, प्रेम और दिलचस्पी भरेंगे तो आपको खुशी मिल जाएगी।
6. प्रत्येक दिन कई बार अपनी सभी खुशियों के लिए शुक्रिया अदा करें। इसके अलावा, अपने परिवार के सदस्यों, सहयोगियों और सारी दुनिया की शांति, खुशी तथा समृद्धि के लिए प्रार्थना करें।
7. आपके मन में खुश रहने की सच्ची इच्छा होनी चाहिए। बिना इच्छा के कुछ हासिल नहीं होता है। इच्छा कल्पना और आस्था के पंखों के साथ

की गई कामना है। अपनी इच्छा के साकार होने की कल्पना करें। इसकी वास्तविकता महसूस करें और यह साकार हो जाएगी। खुशी प्रार्थना के जवाब में मिलती है।

8. लगातार डर, चिंता, क्रोध, नफरत और असफलता के विचारों को सोचकर आप निराश और दुःखी बन जाएंगे। याद रखें, आपकी जिंदगी वैसी ही है, जैसा आपके विचार इसे बनाते हैं।

9. आप दुनिया के सारे पैसे से भी खुशी नहीं खरीद सकते। कुछ करोड़पति खुश हैं, कुछ दुःखी हैं। जिन लोगों के पास बहुत कम दौलत है, उनमें से कुछ सुखी हैं, तो कुछ दुःखी हैं। कुछ विवाहित लोग खुश हैं और कुछ दुःखी हैं। कुछ अविवाहित लोग खुश हैं और कुछ दुःखी हैं। खुशी का साम्राज्य आपके विचार और भावना में है।

10. खुशी शांत मस्तिष्क की फसल है। अपने विचारों का लंगर डालकर शांति, संतुलन, सुरक्षा और दैवी मार्गदर्शन पर बाँधें। आपका मस्तिष्क खुशी उत्पन्न कर देगा।

11. आपकी खुशी में कोई बाधा नहीं है। बाहरी चीजें कारण नहीं हैं। वे कारण नहीं, परिणाम हैं। अपने भीतर के एकमात्र रचनात्मक सिद्धांत से प्रेरणा लें। आपका विचार कारण है और नया कारण एक नया परिणाम उत्पन्न करता है। खुशी का चुनाव करें।

12. सबसे सुखी व्यक्ति वह है जो अपने भीतर के सबसे ऊँचे और अच्छे स्वरूप को बाहर लाता है। ईश्वर सबसे ऊँचा तथा सबसे अच्छा है और आपके भीतर ईश्वर का साम्राज्य है।

अध्याय-16

संबंधों में अवचेतन मन

आपने इस पुस्तक के अध्ययन से एक बहुत महत्त्वपूर्ण अवधारणा यह सीखी है कि आपका अवचेतन मन एक रिकॉर्डिंग मशीन की तरह है जो निष्ठापूर्वक इस पर छोड़ी हर छाप को दोबारा उत्पन्न कर देता है। यह भी एक कारण है कि स्वर्णिम नियम दूसरों के साथ सद्भावपूर्ण संबंध बनाने और बनाए रखने में इतना महत्त्वपूर्ण है।

आप दूसरों से अपने लिए जैसा चाहते हैं,
उनके साथ वैसा ही करें। (Matthew : 7.12)

इस पाठ के बाहरी और आंतरिक दोनों अर्थ हैं। आंतरिक अर्थ आपके चेतन और अवचेतन मन से संबंधित है। 'बाइबल' के इस संदेश के अनुसार

- जैसा आप चाहते हैं कि लोग आपके बारे में सोचें, वैसा ही आप उनके बारे में सोचें।
- जैसा आप चाहते हैं कि लोग आपके बारे में महसूस करें, वैसा ही आप उनके बारे में महसूस करें।

- जैसा आप चाहते हैं कि लोग आपके प्रति काम करें, वैसा ही आप उनके प्रति काम करें।

उदाहरण के लिए हो सकता है आप ऑफिस में किसी के प्रति और शालीन हों लेकिन उसकी पीठ पीछे उसके बारे में आलोचनात्मक और द्वेषपूर्ण विचार सोचते हों। इस तरह के नकारात्मक विचार आपके लिए बहुत विनाशकारी हैं। यह जहर की तरह है। आप जो नकारात्मक ऊर्जा उत्पन्न कर रहे हैं, वह आपकी स्फूर्ति, उत्साह, शक्ति, मार्गदर्शन और सद्भावना को कम कर देती है। जब ये नकारात्मक विचार और भाव आपके अवचेतन में उतर जाते हैं तो वे आपके जीवन में तमाम तरह की मुश्किलें और रोग उत्पन्न कर देते हैं।

दूसरों के साथ सुखद संबंधों की कुंजी

मूल्यांकन न करें, ताकि आपका मूल्यांकन न किया जाए। क्योंकि जैसा मूल्यांकन आप करते हैं, वैसा ही आपका मूल्यांकन होगा और जिस पैमाने पर आप मूल्यांकन करते हैं, उसी पैमाने पर आपका भी मूल्यांकन होगा। (Matthew : 7.12)

दूसरों के साथ सद्भावनापूर्ण संबंधों की कुंजी इन पंक्तियों के करीबी अध्ययन और उनमें छिपी सच्चाई पर अमल करना है। मूल्यांकन करने का अर्थ सोचना और किसी मानसिक फैसले या निष्कर्ष पर पहुँचना है। दूसरे व्यक्ति के बारे में आपके मन में जो विचार हैं, वे आपके हैं, क्योंकि आप ही उसे सोच रहे हैं। आपके विचार रचनात्मक हैं। इसलिए आप सामने वाले के बारे में जो सोच और महसूस कर रहे हैं उसे दरअसल अपने अनुभव में उतार रहे हैं। जो सुझाव आप किसी दूसरे को देते हो, वह आप खुद को भी देते हैं क्योंकि आपका मस्तिष्क ही रचनात्मक साधन है।

इसीलिए यह कहा गया है, जैसा आप मूल्यांकन करेंगे, वैसा ही आपका मूल्यांकन होगा। इसका यह मतलब है कि दूसरों पर पैमाने और मानदंड लागू करके आप अपने अवचेतन मन में उन मानदंडों और पैमानों को उतार रहे हैं, जिन्हें यह आप पर लागू करेगा। जब आप इस नियम को जान जाते हैं और यह समझ लेते हैं कि आपका अवचेतन मन किस तरह काम करता है तो फिर आप दूसरों के प्रति सोचने, महसूस करने, काम करने में हमेशा सावधान रहेंगे क्योंकि ऐसा करके आप अपने प्रति सही कर्म, भाव और विचार की स्थिति बना रहे हैं।

जिस पैमाने से आप मूल्यांकन करेंगे, उसी से आपका मूल्यांकन होगा। आप दूसरों के साथ जो भलाई करते हैं, वह उसी पैमाने से आपकी ओर लौटेगी और आप जो बुराई करते हैं, वह भी आपके मस्तिष्क के नियम के अनुरूप अपनी ओर लौटेगी। अगर कोई किसी को धोखा देता है तो वह दरअसल खुद को धोखा दे रहा है। उसका अपराधबोध और नुकसान का भाव अंततः किसी-न-किसी तरह, किसी-न-किसी समय नुकसान को उसकी ओर आकर्षित करेगा। उसका अवचेतन मन उसके मानसिक काम का रिकॉर्ड रखता है और मानसिक इरादे या प्रेरणा के अनुरूप प्रतिक्रिया करता है।

आपका अवचेतन मन निष्पक्ष और अपरिवर्तनीय है। यह न तो व्यक्तियों में भेद करता है, न ही किसी तरह के धार्मिक पंथ या संस्था, में वह न तो दयालु है, न ही प्रति शोधात्मक। आप दूसरों के बारे में जिस तरीके से सोचते, महसूस करते और काम करते हैं, वही अंततः आपकी ओर लौटता है।

अखबार ने उसे बीमार कर दिया

अब अपने आप पर नजर डालें। लोगों, स्थितियों और परिस्थितियों पर अपनी प्रतिक्रियाओं पर गौर करें। बाद के अध्ययन के लिए उन्हें किसी नोटबुक में लिख लें। आप दिन की घटनाओं और खबरों पर कैसी प्रतिक्रिया करते हैं? इससे कोई फर्क नहीं पड़ता कि बाकी सभी लोग गलत हैं और सिर्फ आप ही सही हैं। अगर खबर आपको विचलित करती है तो यह अपनी कमी है, क्योंकि आपके नकारात्मक भावों ने ही आपसे शांति और सद्भाव छीन लिये हैं। एक महिला मुझसे अपने पति के मामले में मदद लेने आई। उसने बताया कि अखबार में कुछ कॉलमिस्टों के लेख पढ़ने पर वह आवेश में आ जाता था। महिला ने कहा कि गुस्से और उत्तेजना के दबाव की यह सतत प्रतिक्रिया उसके हाई ब्लड प्रेशर के लिए बहुत बुरी थी। डॉक्टर ने उससे कह दिया था कि उसे भावनात्मक परिवर्तन करके अपने तनाव को कम करने का कोई तरीका खोजना चाहिए।

मैंने उस व्यक्ति को बुलाकर समझाया कि उसका मस्तिष्क किस तरह काम करता है। वह समझ गया कि अखबार में छपे लेख पर गुस्सा होना भावनात्मक अपरिपक्वता का सूचक था। लेकिन वह नहीं जानता था कि उसका गुस्सा उसके दिमाग और शरीर को नुकसान पहुँचा रहा था।

उसे यह एहसास होने लगा कि उसे लेखक को अपनी बात कहने की स्वतंत्रता देनी चाहिए, भले ही वह उससे राजनीतिक, धार्मिक या किसी अन्य तरीके से असहमत हो। इसी तरह से लेखक को उसे स्वतंत्रता देनी चाहिए कि वह अखबार को पत्र लिखकर उसकी टिप्पणियों पर अपनी असहमति व्यक्त करे। उसने सीखा कि वह हुए बिना असहमत हो सकता है। उसे यह सच्चाई पता चल गई कि दूसरों के कुछ कहने या करने का उस पर कोई प्रभाव नहीं पड़ता है। इसके बजाय दूसरों के कहने या करने पर उसकी अपनी प्रतिक्रिया पूर्ण होती है।

इस स्पष्टीकरण से उस आदमी के इलाज में मदद मिली। थोड़े अभ्यास के बाद उसने अपने सुबह के आवेश पर काबू कर लिया। उसकी पत्नी ने बाद में मुझे बताया कि आखिरकार उसने लेखकों की बातों पर हँसना सीख लिया। उसने अपनी प्रबल प्रतिक्रिया पर हँसना भी सीख लिया। अब अखबार के लेखों में उसे विचलित करने, चिढ़ाने या परेशान करने की शक्ति नहीं रही। अब उसके बढ़े हुए भावनात्मक संतुलन और शांति के कारण उसका ब्लड प्रेशर काबू में है।

मुझे औरतों से नफरत है, लेकिन पुरुष पसंद हैं

सिथिया आर. एक बड़ी कंपनी में एक्जीक्यूटिव सेक्रेटरी थी। वह मेरे पास इसलिए आयी क्योंकि उसके मन में अपने ऑफिस की कुछ महिलाओं के प्रति बहुत कड़वाहट भरी थी। उसे विश्वास था कि वे उसके बारे में गपशप करती थीं और झठूी अफवाहें फैलाती थीं जब पूछा तो उसने स्वीकार किया कि महिलाओं के साथ उसके संबंधों में उसे बहुत सी दिक्कतें आती हैं उसने कहा, "मुझे औरतों से नफरत है लेकिन पुरुष पसंद हैं।"

जब मैंनें उससे आगे बातचीत की तो मुझे पता चला कि सिथिया अपने अधीनस्थ कर्मचारियों से बहुत दंभपूर्ण, अक्खड़ आवाज में बोलती थी। उसके बोलने के लहजे में घमंड झलकता था और मैं समझ गया कि उसके अंदाज से कुछ लोग क्यों चिढ़ते थे! हालाँकि उसे इसका एहसास भी नहीं था। उसके लिए महत्त्वपूर्ण तथ्य यह था कि उसके साथ काम करने वाली औरतों को उसकी समस्याएँ बढ़ाने में आनंद आता था।

अगर आपके ऑफिस या फैक्टरी के सभी लोगों से आपको चिढ़ होती है तो क्या यह संभव नहीं है कि यह चिढ़ और परेशानी आपके ही किसी अवचेतन व्यवहार या मानसिक विचार से उत्पन्न हो रही हो? हम सभी जानते हैं कि अगर

आप कुत्ते से नफरत करते हैं या डरते हैं तो वह खूँखार प्रतिक्रिया करेगा। दरअसल जानवर आपके अवचेतन कंपनों को भाँप लेते हैं और उसी के अनुसार प्रतिक्रिया करते हैं। क्या यह कहना उचित नहीं होगा कि इस मामले में व्यक्ति भी कुत्तों, बिल्लियों और अन्य प्राणियों जितने संवेदनशील होते हैं? औरतों से नफरत करने वाली उस महिला को मैंनें प्रार्थना की एक प्रक्रिया सुझाई। मैंनें उसे बताया कि जब वह खुद को आध्यात्मिक मूल्यों से भर लेगी और जीवन की सच्चाइयों की सकारात्मक घोषणा करने लगेगी तो औरतों के प्रति उसकी नफरत पूरी तरह गायब हो जाएगी। इसके साथ ही उसकी आवाज से घमंड का पुट भी चला जाएगा, जिसके जरिए उसकी नफरत औरतों तक पहुँचती थी। वह यह जानकर हैरान थी कि हमारी भावनाएँ बोलने, काम करने, लिखने और जीवन के बाकी पहलुओं में दिख जाती हैं।

हमारी बातचीत के बाद सिथिया ने अपने द्वेषपूर्ण और क्रोधपूर्ण व्यवहार को खत्म कर दिया। उसने प्रार्थना की आदत बना ली। वह प्रतिदिन सुनियोजित तरीके से और लगातार अपने ऑफिस में इसका अभ्यास करती थी।

उसने इस प्रार्थना का सफलतापूर्वक प्रयोग किया

"मैं प्रेम, शांति एवं आराम से सोचती हूँ, बोलती हूँ और काम करती हूँ। मैं अब उन सभी के प्रति प्रेम, शांति, सहिष्णुता और दयालुता प्रसारित करती हूँ, जो मेरी आलोचना करते हैं और मेरे बारे में गप-शप करते हैं। मैंने अपने विचारों का लंगर सबके प्रति सद्भावना, शांति और सद्भाव पर डाल लिया है।

जब भी मैं नकारात्मक प्रतिक्रिया करने वाली होती हूँ तो स्वयं से कहती हूँ, 'मैं अपने भीतर के सद्भाव, सेहत और शांति के सिद्धांत के दृष्टिकोण से सोचती हूँ, बोलती हूँ और काम करती हूँ।' रचनात्मक ज्ञान सभी चीजों में मेरा नेतृत्व, नियंत्रण और मार्ग दर्शन करता है।"

प्रार्थना के इस अभ्यास ने उसकी जिंदगी बदल दी। उसने पाया कि उसके ऑफिस में आलोचना और चिढ़ का माहौल धीरे-धीरे गायब हो गया। साथ काम करने वाली महिलाएँ जीवन की यात्रा में उसकी साथी और सहेलियों बन गईं। उसने यह सच्चाई जान ली कि हमारे पास दोष देने और बदलने के लिए हमारे सिवाय कोई नहीं होता।

उसकी आंतरिक भाषा ने उसका प्रमोशन रोक दिया

एक दिन जिम एस. नामक सेल्समैन मुझसे मिलने आया। वह अपने सेल्स मैनेजर के कारण परेशान और बहुत विचलित था। वह दस साल से कंपनी में था लेकिन उसे कभी प्रमोशन या प्रशंसा नहीं मिली। उसने मुझे अपनी बिक्री के आँकड़े दिखाए। मैं आसानी से देख सकता था कि वे उस इलाके के अन्य सेल्समैनों के आँकड़ों से अच्छे हैं। उसका स्पष्टीकरण यह था कि सेल्स मैनेजर उसे पसंद नहीं करता था। उसका दावा था कि उसके साथ भेदभाव किया जाता था। सम्मेलनों में मैनेजर उसके सुझावों की खिल्ली उड़ाता था और कई बार तो अपमानजनक व्यवहार भी करता था।

जिम की स्थिति पर विस्तार से बात करने के बाद मैने उसे सुझाव दिया कि इसका कारण काफी हद तक उसके भीतर था। मैनेजर के प्रति उसके विचार और विश्वास के कारण ही वह अधिकारी इस तरह प्रतिक्रिया कर रहा था। हम दूसरों के लिए जिस पैमाने का प्रयोग करेंगे, हम पर भी उसी पैमाने का प्रयोग किया जाएगा। सेल्स मैनेजर के प्रति जिम का मानसिक पैमाना या अवधारणा यह थी कि वह ओछा, पूर्वग्रह से ग्रस्त और विरोधी था जिम के मन में उसके प्रति कटुता और शत्रुता भरी थी। ऑफिस जाते समय वह रास्ते भर मन-ही-मन जो विचार सोचता था, उनमें सेल्स मैनेजर की आलोचना, मानसिक बहस, आरोप और निंदा भरी रहती थी।

जिम मानसिक रूप से जो देता था, अनिवार्य रूप से उसे भी वही वापस मिलता था। हमारी बातचीत के खत्म होने तक जिम को एहसास हो गया कि उसकी अंदरूनी भाषा बहुत विनाशकारी थी। उसके खामोश विचारों और भावों की शक्ति तथा गहनता, जिनसे वह सेल्स मैनेजर की मानसिक निंदा और बुराई करता था, उसके अवचेतन मन तक पहुँच गई थी। इसी कारण उसे अपने बॉस से नकारात्मक प्रतिक्रिया मिलती थी। इसके अलावा, अन्य व्यक्तिगत, शारीरिक और भावनात्मक विकृतियाँ भी उत्पन्न होती थीं।

मेरे आग्रह पर जिम नीचे दी गई प्रार्थना बार-बार दोहराने लगा- "मैं ही ब्रह्मांड में एकमात्र चिंतक हूँ मैं ही इस बात के लिए जिम्मेदार हूँ कि मैं अपने बॉस के बारे में क्या सोचता हूँ। मेरे सेल्स मैनेजर उस तरीके के लिए जिम्मेदार नहीं हैं जिससे मैं उनके बारे में सोचता हूँ। मैं किसी भी व्यक्ति, स्थान या चीज को मुझे चिढ़ाने या विचलित करने की शक्ति नहीं देता हूँ। मैं अपने बॉस के लिए सेहत, सफलता,

मानसिक शांति और प्रसन्नता की कामना करता हूँ। मैं सच्चे दिल से उनका भला चाहता हूँ और मैं जानता हूँ कि सभी मामलों में उन्हे दैवी मार्ग दर्शन मिलेगा।"

उसने यह प्रार्थना धीरे से, शांति से और भावना से दोहराई। वह जानता था कि उसका मस्तिष्क एक बगीचे की तरह है। वह उस बगीचे में जो भी बोता है, उसे उसी तरह के फल मिलेंगे।

मैंने उसे सोने से पहले मानसिक तस्वीरें बनाना भी सिखाया। उसने कल्पना की कि बॉस उसके अच्छे काम पर उसे बधाई दे रहे थे उत्साह से उसकी प्रशंसा कर रहे थे और यह टिप्पणी कर रहे थे कि ग्राहक उसकी कितनी तारीफ करते हैं! उसने इस कल्पना में वास्तविकता के रंग भरे। उसने बॉस के हाथ की पकड़ महसूस की, उनकी आवाज का विशेष अंदाज सुना और उनकी मुस्कराहट देखी। उसने सर्वश्रेष्ठ नाटकीयकरण करके एक सच्ची मानसिक फिल्म बना ली। हर रात को वह उस मानसिक फिल्म को देखता था और जानता था कि उसका अवचेतन मन ही वह ग्रहणशील माध्यम है, जिस पर उसकी चेतन कल्पना प्रभाव छोड़ेगी।

इस प्रक्रिया से, जिसे हम मानसिक और आध्यात्मिक प्रसारण मान सकते हैं, उसके अवचेतन मन पर धीरे-धीरे असर हुआ। इसकी अभिव्यक्ति अपने आप सामने आई। जिम के सेल्स मैनेजर ने उसे सैन फ्रांसिस्को से फोन करके बधाई दी और डिवीजनल सेल्स मैनेजर पद पर प्रमोशन कर दिया। इससे उसकी जिम्मेदारियाँ और वेतन भी काफी बढ़ गया। जब जिम ने बॉस के बारे में अपनी अवधारणा और आकलन को बदल लिया तो उसके अवचेतन मन ने यह सुनिश्चित किया कि उसका बॉस उसी के अनुरूप प्रतिक्रिया करे।

भावनात्मक रूप से परिपक्व बनना

कोई दूसरा चाहे जो कहे, वह आपको तब तक सचमुच नहीं चिढ़ा सकता, जब तक कि आप उसे विचलित करने की अनुमति न दें। दूसरा व्यक्ति आपको एक ही तरीक़े से विचलित कर सकता है और वह है- आपका अपने विचारों द्वारा अगर आप गुस्सा होते हैं तो आपको चार अवस्थाओं से गुजरना होता है। आप सोचने लगते हैं कि क्या कहा गया? आप गुस्सा होने और गुस्से का भाव पैदा करने का फैसला करते हैं। फिर आप काम करने का फैसला करते हैं। शायद आप पलटकर जवाब देते हैं और उसी तरह की प्रतिक्रिया करते हैं। विचार, भावना, प्रतिक्रिया और क्रिया आपके अपने मस्तिष्क में होती हैं।

भावनात्मक रूप से परिपक्व बनने का क्या मतलब है? इसका मतलब है कि आप स्वाभाविक लेकिन बचकानी प्रवृत्ति से परे हो जाएँ। इसका मतलब है कि आप दूसरों की आलोचना और द्वेष पर नकारात्मक प्रतिक्रिया न करें। कोई भी अपनी आलोचना या अपमान को पसंद नहीं करता है। बहरहाल, हममें यह चुनने की क्षमता होती है कि हम घटना पर कैसी प्रतिक्रिया करें? परिपक्व चुनाव नकारात्मक प्रतिक्रिया करने से बचना है। नकारात्मक प्रतिक्रिया करने का अर्थ घटिया आलोचना के स्तर तक उतरना और सामने वाले के नकारात्मक माहौल में पहुँचना है। जीवन में अपने लक्ष्य याद रखें। किसी भी व्यक्ति, स्थान या वस्तु को यह अनुमति न दें कि वह आपको शांति और स्वास्थ्य के आंतरिक एहसास से दूर कर दे।

सद्भावनापूर्ण मानवीय संबंधों में प्रेम का अर्थ

मनोविश्लेषण के संस्थापक और मनोविज्ञान के इतिहास में बहुत महत्त्वपूर्ण भूमिका निभाने वाले सिगमंड फ्रॉयड ने कहा था कि अगर व्यक्ति के पास प्रेम न हो तो वह बीमार हो जाता है और मर जाता है। प्रेम में दूसरे व्यक्ति में मौजूद दैवी अंश के लिए समझ, सद्भावना और सम्मान शामिल है। आप जितना ज्यादा प्रेम और सद्भावना प्रवाहित करेंगे, वह उतना ही ज्यादा आपके पास लौटकर आएगा।

अगर आप किसी के अहं को चकनाचूर कर देते हैं और उसके स्वाभिमान को ठेस पहुँचाते हैं तो उसकी सद्भावना नहीं पा सकते। यह जान लें कि हर व्यक्ति चाहता है कि उससे प्रेम किया जाए और उसकी प्रशंसा की जाए। हर व्यक्ति को दुनिया में महत्त्वपूर्ण समझे जाने की जरूरत है। एहसास रखें कि सामने वाला व्यक्ति अपने सच्चे महत्त्व के बारे में सजग है। अपनी ही तरह वह भी महसूस करता है कि सभी लोगों में मौजूद जीवन-सिद्धांत की अभिव्यक्ति के कारण उसकी गरिमा है। जब आप इसे सचेतन रूप से करते हैं तो आप सामने वाले को सशक्त करते हैं और वह आपके प्रेम तथा सद्भावना को लौटाता है।

वह दर्शकों से नफरत करती थी

मैरी सी. हमेशा अभिनेत्री बनने के सपने देखती थी। उसने कॉलेज में थिएटर का प्रशिक्षण लिया और फिर उसे एक महत्त्वपूर्ण क्षेत्रीय थिएटर कंपनी में काम मिल गया। वह देश के एक अपरिचित हिस्से में पहुँच गई। पहली बार उसने जब नाटक में अभिनय किया तो दर्शकों ने उसकी खिल्ली उड़ाई। निराशा और क्षोभ में

उसने फैसला किया कि उस इलाके के लोग मूर्ख, अज्ञानी और पिछड़े हुए थे। वह उन सबसे नफरत करने लगी। कई दुःखद अनुभवों के बाद उसे कंपनी से निकाल दिया गया। वह उस पुराने इलाके में लौट आई, जहाँ वह पली-बढ़ी थी। उसने थिएटर छोड़कर वेटर का काम शुरू कर दिया।

एक दिन एक मित्र उसे न्यूयॉर्क सिटी के टाउन हॉल में एक व्याख्यान सुनवाने ले गया। विषय था- अपने साथ अच्छे से कैसे रहें? इस व्याख्यान ने उसकी जिंदगी बदल दी। वह जान गई कि उसने क्षेत्रीय कंपनी के अपने शुरुआती अनुभव में अति प्रतिक्रिया कर दी थी। उसने खुद स्वीकार किया कि उसका पहला नाटक अच्छा नहीं था और नई होने के कारण शायद वह अपना सबसे अच्छा प्रदर्शन नहीं कर पाई थी। दोष श्रोताओं का नहीं था, बल्कि उस तरीके का था, जिससे उसने उनकी प्रतिक्रिया को स्वीकार किया क्योंकि उसने उनकी नकारात्मक ऊर्जा को उनकी ओर वापस भेज दिया था।

मैरी ने मंच पर लौटने और अभिनेत्री बनने का अपना सपना साकार करने का फैसला किया। वह सच्चे मन से दर्शकों और अपने लिए प्रार्थना करती रही। उसने हर रात मंच पर जाने से पहले प्रेम और सद्भावना का गुणगान किया। उसने यह दावा करने की आदत बनाई कि ईश्वर की शांति सभी मौजूद लोगों के हृदय में प्रवाहित हो रही है और वे प्रेरित हो चुके हैं। हर मंचन में वह दर्शकों की ओर प्रेम के विचार प्रवाहित करती थी। आज थिएटर में वह एक महत्त्वपूर्ण स्थान पा चुकी है। वह अपनी सद्भावना और आत्मसम्मान दूसरों की ओर संप्रेषित करती है और वे भी उसे ऐसा ही जवाब देते हैं।

मुश्किल लोगों को सँभालना

इसमें कोई आश्चर्य नहीं होना चाहिए कि दुनिया में कुछ मुश्किल लोग होते हैं। वे ऐठें हुए और मानसिक रूप से विकृत होते हैं। वे कुछ लोग गलत तरीके से कंडीशंड होते हैं। कई मानसिक अपराधी हैं जो विवादशील, असहयोगी, झगड़ालू, दोषदर्शी और जीवन में बदनुमा दाग बन चुके हैं। वे मनोवैज्ञानिक रूप से बीमार हैं। उनके मस्तिष्क विकृत और बेडौल हो गए हैं-शायद अतीत में मिले अनुभवों के कारण।

अगर ऐसे किसी व्यक्ति से आपका पाला पड़े तो आप क्या करें? प्रलोभन यह है कि उनकी नकारात्मक ऊर्जा को नापसंदगी के रूप में उन्हीं की ओर लौटा दें। लेकिन ऐसा करने के लिए आपको पहले उनकी नकारात्मकता को अपने भीतर उतारना होगा और सारे बुरे प्रभावों को ग्रहण करना होगा। इसके बजाय बुराई के बदले भलाई देने की कोशिश करें। इससे एक ढाल बनती है जो उनके मुश्किल और अप्रिय नजरियों से आप पर प्रभाव नहीं पड़ने देती है।

आपकी करुणा और समझ के भाव उन्हें बदलने की प्रक्रिया को भी गति मान कर देंगे।

दुःखी व्यक्ति साथ पसंद करते हैं

घृणा, कुंठा और विकृति से भरा असामान्य व्यक्ति असीमित बुद्धिमत्ता के तालमेल में नहीं होता है। वह व्यक्ति शांत, प्रसन्न और सुखी लोगों से द्वेष करता है। आमतौर पर वह उन्हीं की आलोचना करता है, निंदा करता है और बुराई करता है जो उसके प्रति बहुत अच्छे और दयालु होते हैं। उसका नजरिया यह होता है कि जब मैं इतना दुःखी हूँ तो वे इतने खुश क्यों हैं? वह उन्हें नीचे घसीटकर अपने स्तर तक लाना चाहता है। पुरानी कहावत अब भी सच है - 'दुःखी लोग दुःखी लोगों का साथ पसंद करते हैं।' जब आप यह समझ लेते हैं तो आप अविचलित, शांत और उदासीन रह सकते हैं।

ब्रूस टी. नाम के एक व्यक्ति ने लंदन में मेरा व्याख्यान सुना था। उसने इस बारे में मुझे अपना अनुभव बताया। वह एक स्वैच्छिक संगठन में सक्रिय हो गया था जो आसपास के इलाके को सुंदर बनाने को लेकर चिंतित था। अधिकांश स्वयं सेवक बगीचे लगाने, खराब इलाकों को साफ करने और खंडहर इमारतों को सुधारने के काम में सचमुच रुचि लेते थे। बहरहाल, एक व्यक्ति दूसरों के हर प्रस्ताव का विरोध करता था। यही नहीं, वह लगातार दूसरों के उद्देश्यों पर हमला करता रहता था। वह समूह की बैठकों को इतना अप्रिय बना देता था कि उसके सदस्यों की संख्या घटने लगी।

कुछ अन्य सदस्य ब्रूस के पास आए। उन्होंने सुझाव दिया कि वे मिलकर उस चिड़चिड़े व्यक्ति को संगठन से बाहर निकाल दें। वह उनके साथ इस योजना में

शामिल होने ही वाला था कि तभी उसे एहसास हुआ कि ऐसा करना तो उस व्यक्ति के भीतर के खराब नजरिए को बढ़ाना होगा! इसके बजाय वह कल्पना करने लगा कि वह व्यक्ति समूह का खुशनुमा व सहयोगी सदस्य बन रहा है। हर मीटिंग से पहले ब्रूस एक कोने में जाकर दोहराता था-

"मैं अपने भीतर सद्भाव और शांति के सिद्धांत के साथ सच्चे सामंजस्य में सोचता, बोलता तथा काम करता हूँ। हमारे संगठन के सदस्य दैवी विधान में दयालुता और उद्देश्य के साथ काम करते हैं। कोई मतभेद, कोई अप्रियता नहीं है। रचनात्मक ज्ञान हम सभी के कार्यों में नेतृत्व, नियंत्रण और मार्गदर्शन दे रहा है।"

जिस आदमी ने इतनी सारी मुश्किलें पैदा की थीं, उसने कुछ सप्ताह बाद एक प्रस्ताव रखा। उसने इसे इतने अच्छे और सहयोगी ढंग से रखा कि उसे पूरे संगठन की सहमति मिल गई। इसमें वे लोग भी शामिल थे जो पहले उसे बाहर निकालना चाहते थे।

मानवीय संबंधों में परानुभूति का अभ्यास

एलिस ओ. नामक एक युवती हाल ही में मुझसे मिलने आई। उसने बताया कि काफी लंबे समय से ऑफिस की एक युवती से उसे नफरत थी। इसका कारण यह था कि दूसरी युवती उससे ज्यादा सुंदर, खुश और समृद्ध थी। एलिस को सबसे बड़ा झटका तब लगा जब उस दूसरी युवती की सगाई कंपनी के ही सी.ई.ओ. से हो गई, जिसे एलिस काफी समय से चाहती थी।

एलिस जिस युवती को नापसंद करती थी, वह शादी के एक दिन बाद अपनी बेटी के साथ ऑफिस आई, जो उसकी पिछली शादी से थी। एलिस को पता नहीं था कि उस युवती की लड़की भी थी या वह पहले से शादीशुदा थी। जन्मजात समस्या के कारण उस युवती की। लड़की के पैरों में स्टील की प्लेट थी। एलिस ने सुना, वह लड़की अपनी माँ से कह रही थी, "मम्मी, क्या यहीं मेरे नए डैडी भी काम करते हैं मैं इस जगह से प्यार करती हूँ, क्योंकि यह उन लोगों से भरी है। जिनसे मैं प्यार करती हूँ।"

"मेरा दिल अचानक उस छोटी लड़की पर आ गया।" एलिस ने मुझे बताया, "मैं जानती थी कि वह कितनी खुशी महसूस कर रही होगी! मुझे एक झलक दिखी कि यह युवती इतनी विपरीत परिस्थितियों के बावजूद कितनी खुश थी, जिनके बारे में मैं जानती भी नहीं थी। अचानक मैंने उसके प्रति प्रेम महसूस किया। मैं उसके

ऑफिस में गई और उसे बधाई देते हुए उसकी खुशी की कामना की। और मैंने यह दिल से किया।"

उस पल में एलिस ने वह अनुभव किया, जिसे मनोवैज्ञानिक 'परानुभूति' कहते हैं। यह सहानुभूति नहीं है, जिसमें हम दूसरों की भावनाओं को समझते हैं। यह इससे भी बढ़कर है। इसका मतलब है-काल्पनिक रूप से खुद को दूसरे व्यक्ति के मानसिक नजरियों और अवस्थाओं में रखना। जब एलिस ने अपनी मानसिक स्थिति या दिल को उस दूसरी युवती की जगह रखा तो ऐसा लगा, जैसे वह दूसरी औरत उस बच्ची की तरह थी; क्योंकि उसने खुद को बच्ची की जगह भी रख लिया था।

जब भी आपके मन में किसी को चोट पहुँचाने या उसके बारे में बुरा सोचने की इच्छा हो तो खुद को मानसिक रूप से मोजेज के मस्तिष्क में रखें और 'टेन कमांडमेंट्स' के दृष्टि कोण से सोचें। अगर आप ईर्ष्यालु, जलनखोर या गुस्सैल हों तो खुद को ईसा मसीह के मस्तिष्क में रखें और उस दृष्टि कोण से सोचें। तब आप इन शब्दों की सच्चाई महसूस करेंगे तो एक-दूसरे से प्रेम करेंगे।

तुष्टीकरण कभी नहीं जीतता

कभी भी लोगों को इस बात की अनुमति न दें कि वे आपका फायदा उठाएँ या अपने व्यवहार के तमाशे, रोने के नाटक या भावनात्मक ब्लैकमेल के अन्य रूपों से अपनी बात मनवाएं। ये लोग तानाशाह हैं, जो आपको गुलाम बनाने और आपसे अपनी बात मनवाने की कोशिश करते हैं। दृढ़, लेकिन दयालु रहें और और झुकने से इंकार कर दें। तुष्टीकरण कभी नहीं जीतता है। उनके अपराध, स्वार्थ और अधिकारवादिता में योगदान देने से इंकार कर दें। याद रखें, सिर्फ सही काम करें। आप यहाँ अपने आदर्श पूरे करने और शाश्वत सच्चाइयों तथा जीवन के आध्यात्मिक मूल्यों के प्रति ईमानदार रहने के लिए आए हैं।

दुनिया में किसी को भी अपने जीवन के लक्ष्य या उद्देश्य से भटकाने की शक्ति न दें, जो आपकी छिपी हुई प्रतिभाओं को दुनिया के सामने व्यक्त करना है, मानवता की सेवा करना है और ईश्वर की बुद्धिमानी, सत्य एवं सुंदरता को दुनिया के सारे लोगों के सामने प्रकट करना है। अपने आदर्श के प्रति ईमानदार रहें। निश्चित रूप से और पूरी तरह से जान लें कि जो भी आपकी शांति, खुशी और संतुष्टि में योगदान देता है, वह दुनिया के सभी लोगों के लिए वरदान होगा। अंश की खुशी

संपूर्ण की खुशी है, क्योंकि संपूर्ण अंश में है और अंश संपूर्ण में है। जैसा पॉल कहते हैं, "सबसे प्रेम करो। स्वास्थ्य, खुशी और मानसिक शांति का नियम ही प्रेम को संतुष्टिदायक बनाता है।"

स्मरण योग्य बातें

1. आपका अवचेतन मन एक रिकॉर्डिंग मशीन है, जिससे आपके विचार उत्पन्न होते हैं। किसी दूसरे का भला सोचकर आप दरअसल में खुद का भला सोच रहे हैं।
2. नफरत या द्वेष का विचार मानसिक जहर है। किसी दूसरे का बुरा न सोचें। क्योंकि ऐसा करना खुद का बुरा सोचना है। आप ही अपने ब्रह्मांड में इकलौते चिंतक हैं और आपके विचार रचनात्मक हैं।
3. आपका मस्तिष्क रचनात्मक माध्यम है, इसलिए दूसरे के बारे में आप जो सोचते और महसूस करते हैं, उसे आप अपने खुद के अनुभव में ला रहे हैं। यही स्वर्णिम नियम का मनोवैज्ञानिक अर्थ है। जैसा आप चाहते हैं कि दूसरे आपके बारे में सोचें, उसी तरह से आप उनके बारे में सोचें।
4. किसी दूसरे को धोखा देना या छल करना अपने लिए अभाव, नुकसान और सीमा उत्पन्न करना है। आपका अवचेतन मन आपकी आंतरिक प्रेरणाओं, विचारों और भावनाओं का रिकॉर्ड रखता है। जब ये नकारात्मक होते हैं तो आपको असंख्य तरीकों से नुकसान, सीमा और कष्ट होते हैं। दूसरों के साथ आप जो करते हैं, वही आप खुद के साथ कर रहे हैं।
5. आप जो भलाई करते हैं, दया दिखाते हैं, प्रेम करते हैं, वह कई गुना होकर कई तरीकों से आपके पास लौटती है। आप उस तरीके के लिए जिम्मेदार हैं, जिससे आप दूसरे के बारे में सोचते हैं। याद रखें, दूसरा व्यक्ति आपके सोचने के तरीके के लिए जिम्मेदार नहीं है। आपके विचार वैसे ही फल देते हैं, जैसे आप अभी दूसरे व्यक्ति के बारे में क्या सोच रहे हैं।
7. भावनात्मक रूप से परिपक्व बनें और दूसरे लोगों को मतभेद रखने की अनुमति दें। उन्हें आपके साथ असहमत होने का पूरा अधिकार है और आपको भी उनके साथ असहमत होने की पूरी स्वतंत्रता है। आप बिना मतभेद के भी असहमत हो सकते हैं।

8. जानवरों की तरह ही लोग भी डर के कंपन भाँप लेते हैं। आपके छिपे हुए विचार दरअसल आपकी आवाज, चेहरे के भाव और देह-भाषा द्वारा प्रकट होते हैं। यह सकारात्मक और नकारात्मक दोनों तरह के विचारों के लिए सही।

9. आपके मौन विचार और भावनाओं की आंतरिक भाषा दूसरों की प्रतिक्रियाओं में अनुभव की जाती है।

10. दूसरों के लिए वही कामना करें, जो आप खुद के लिए करते हैं। यह सद्भावनापूर्ण मानवीय संबंधों की कुंजी है।

11. अपने बॉस के प्रति अपनी अवधारणा और राय बदल दें। महसूस करें और जानें कि वह स्वर्णिम नियम और प्रेम के नियम का अभ्यास कर रहा है। वह उसी के अनुरूप प्रतिक्रिया करेगा।

12. दूसरा व्यक्ति आपको तब तक नहीं चिढ़ा सकता जब तक कि आप उसे ऐसा करने की अनुमति न दें। आपका विचार रचनात्मक है। आप दूसरे व्यक्ति को वरदान दे सकते हैं। अगर कोई आपको अपमानजनक नाम से बुलाता हैं तो आपको यह जवाब देने की स्वतंत्रता है, "ईश्वर की शांति आपकी आत्मा में भर जाए।"

13. प्रेम दूसरों के साथ तालमेल बैठाने का जवाब है। प्रेम समझ, सद्भावना और व्यक्ति में निहित दैवी अंश के प्रति सम्मान है।

14. उन लोगों के प्रति करुणा और समझ रखें, जिनकी नकारात्मक कंडीशनिंग ने उन्हें मुश्किल और अप्रिय बना दिया है। दैवी चिनगारी उनके भीतर भी है, क्योंकि यह सबके भीतर है। सबको समझना सबको माफ करना है।

15. दूसरों की सफलता, प्रोन्नति और खुशकिस्मती पर खुश हों। ऐसा करके आप अच्छी किस्मत को अपनी ओर आकर्षित करते हैं।

16. कभी भी किसी के भावनात्मक चोचलों और नाटक के सामने न झुकें। तुष्टीकरण कभी नहीं जीतता है। 'घुटना टेक' न बनें। सही बात पर अटल रहें। अपने आदर्श पर टिके रहें और यह न भूलें कि जो मानसिक नजरिया आपको शांति, प्रसन्नता और सुख देता है, वही शुभ, सही और सच है। जो आपको वरदान देता है, वह सबको वरदान देता है।

अध्याय-17

माफ करना और अवचेतन मन

जीवन किसी के साथ भेदभाव नहीं करता है। ईश्वर जीवन है और यह जीवन सिद्धांत इस पल भी आपके भीतर प्रवाहित हो रहा है, जब आप इन शब्दों को पढ़ रहे हैं और इन पर विचार कर रहे हैं। ईश्वर आपके द्वारा सद्भाव, शांति, सुंदरता, प्रसन्नता और प्रचुरता में व्यक्त होना पसंद करता है। इसे ईश्वर की इच्छा या जीवन की प्रवृत्ति कहा जाता है।

अगर आप इस आंतरिक जीवन प्रवाह के खिलाफ अपने मस्तिष्क में अवरोध बना लेते हैं तो यह भावनात्मक बाधा आपके अवचेतन मन को बहुत दुविधा में डाल देगी और हर तरह की नकारात्मक स्थितियाँ उत्पन्न कर देगी। ईश्वर का दुनिया की दुःखी या अराजक परिस्थितियों से कोई लेना-देना नहीं है। ये स्थितियाँ तो हमारे ही नकारात्मक और विध्वंसात्मक विचारों का नतीजा हैं। इसलिए अपनी मुश्किल या बीमारी के लिए ईश्वर पर दोष मढ़ना गलत है।

कई लोग मानव जाति के पाप, बीमारी और कष्ट के लिए ईश्वर की आलोचना करके या ईश्वर पर आरोप लगाकर जीवन - प्रवाह के विरुद्ध मानसिक अवरोध बना लेते हैं। बाकी लोग अपने दुःख-दर्द, प्रियजनों की मृत्यु, व्यक्तिगत दुःखों और

दुर्घटनाओं के लिए ईश्वर पर दोष मढ़ते हैं वे ईश्वर पर क्षुब्ध होते हैं और उसे ही अपने दुःख के लिए जिम्मेदार मानते हैं।

जब तक लोग ईश्वर के बारे में इस तरह की नकारात्मक अवधारणाएँ रखेंगे, तब तक उनका अवचेतन मन इन नकारात्मक चीज़ों को साकार करता रहेगा। वे यह नहीं समझ पाते हैं कि वे खुद को ही सजा दे रहे हैं। उन्हें सच देखना होगा, आत्मनिर्भर बनना होगा और किसी भी बाहरी व्यक्ति या शक्ति के प्रति निंदा, द्वेष और क्रोध को त्यागना होगा अन्यथा वे स्वस्थ, प्रसन्न या रचनात्मक गतिविधि में अग्रणी नहीं बन सकते। जब ये लोग अपने दिलो-दिमाग में प्रेमपूर्ण ईश्वर की कल्पना करने लगते हैं, जब वे यकीन करने लगते हैं कि ईश्वर प्रेमपूर्ण पिता है जो उनकी देखभाल करता है, उनका मार्गदर्शन करता है, उन्हें शक्ति देता है तो ईश्वर या जीवन-सिद्धांत के बारे में यह विश्वास तथा अवधारणा उनके अवचेतन मन में उतर जाएगी और वे असंख्य तरीकों से धन्य हो जाएंगे।

जीवन आपको हमेशा क्षमा करता है।

जीवन-सिद्धांत में क्षमा का असीमित खजाना है। जब आप अपनी उँगली काट लेते हैं तो यह आपको क्षमा कर देता है। आपके भीतर की अवचेतन बुद्धिमत्ता तत्काल इसकी मरम्मत के लिए सक्रिय हो जाती है। नई कोशिकाएँ घाव के ऊपर पुल बना देती हैं। अगर आपको कोई संक्रामक रोग हो जाता है तो जीवन आपको क्षमा कर देता है और आक्रामक विषाणुओं को मिटाने में तत्काल जुट जाता है। अगर आप अपना हाथ जला लेते हैं तो जीवन-सिद्धांत फफोलों और जलन को कम करता है एवं आपको नई त्वचा, ऊतक और कोशिकाएँ देता है।

जीवन आपके खिलाफ कोई वैर भाव नहीं रखता है। यह हमेशा आपको क्षमा करता रहता है। जीवन आपको स्वास्थ्य, स्फूर्ति, सद्भाव और शांति देता रहता है, बशर्ते आप प्रकृति के साथ सामंजस्य में सोचकर सहयोग करें। नकारात्मक एवं आहत करनेवाली यादें, कटुता और दुर्भावना आपके भीतर के जीवन-सिद्धांत के मुक्त प्रवाह को रोक देती है।

उसने अपराध-बोध से मुक्ति कैसे पाई?

हैरियट जी. रोज ऑफिस में देर रात तक काम करती थी। वह अक्सर आधी रात के बाद तक घर नहीं लौटती थी। वह उम्मीद करती थी कि उसके वरिष्ठ अधिकारी

और सहकर्मी उसकी मेहनत की दाद देंगे लेकिन ऐसा कुछ नहीं होता था। चूँकि वह आम तौर पर अकेली ही इतनी देर तक ऑफिस में रुकती थी इसलिए बाकी कर्मचारियों को तो उसकी असामान्य निष्ठा का पता भी नहीं था। इसी दौरान उसका पारिवारिक जीवन गंभीर मुश्किल में पड़ गया। उसके पति और दो बेटे उसे पहचानना ही भूल गए। जब उसके छोटे बेटे की लिटिल लीग टीम ने स्थानीय मैच जीत लिये तो हैरियट ने मैच तो देखे ही नहीं, बल्कि यह पूछना भी भूल गई कि कौन जीता? स्थिति तब और भी गंभीर हो गई जब हैरियट के डॉक्टर ने उसे चेतावनी दे दी कि उसका हाई ब्लड प्रेशर खतरनाक रूप से बढ़ गया था।

जब हैरियट के पति ने उससे कह दिया कि वह तलाक लेना चाहता है तो वह मेरे पास आई। मैंने उससे पूछा कि उसने पति को अपने जीवन से बाहर क्यों कर दिया है और अपने बेटों में इतनी कम दिलचस्पी क्यों लेती है? पहले तो उसने कहा कि उसे नौकरी बनाए रखने के लिए इतनी कड़ी मेहनत करनी पड़ती है। लेकिन जब मैंने पूछा कि क्या उसके सहकर्मी भी उसके जितना ही समय देते हैं तो उसने कहा कि उसकी कंपनी के बाकी लोग सामान्य घंटे काम करते थे और वे काम में उससे ज्यादा कुशल भी नहीं थे।

मैंने पूछा कि वह इतनी मेहनत से काम क्यों कर रही थी?

"आपके मन में कोई चीज आपको खाए जा रही है।" मैंने उससे कहा, "अगर ऐसा नहीं होता तो आप इस तरह से काम नहीं करतीं। आप खुद को किसी चीज के लिए सजा दे रही हैं।"

कुछ देर तक उसने इस सुझाव का प्रतिरोध किया। वह कहती रही कि उसकी काम की आदतें सामान्य थीं, बाकी लोग आलसी थे। आखिरकार उसने स्वीकार किया कि उसके मन में एक गहरा अपराध-बोध था। पंद्रह साल पहले उसके पिता की मौत के बाद वह उनकी जायदाद की एक्जीक्यूटर थी। उसने जान-बूझकर अपने छोटे भाई का बहुत सारा पैसा रोक लिया था।

"आपने ऐसा क्यों किया?" मैंने पूछा, "क्या लालच के कारण?"

"बिलकुल नहीं!" उसने जवाब दिया, "मेरा भाई। देखिए, वह नशे की समस्या से बुरी तरह ग्रस्त था। मैं जानती थी कि अगर मैंने उसे पैसा दिया तो क्या होगा! मैंने खुद से कहा कि मैं इसे उसके लिए बचाकर रख लूँगी और उसके ठीक हो जाने पर उसे दे दूँगी।"

"और?" मैंने आगे पूछा।

हैरियट ने गहरी साँस ली "ऐसा कभी नहीं हो पाया। उसने खुद को मार डाला। शायद उसने ऐसा जान-बूझकर नहीं किया था, लेकिन बात वही थी। तब वह सिर्फ छब्बीस साल का था। मैं सोचती रहती हूँ, अगर मैंने वह पैसा उसे दे दिया होता तो क्या होता? शायद यह उससे किसी सुधारगृह में जाकर अपना इलाज करवा सकता था। वह तब भी जिंदा रह सकता था। मेरी गलती से उसकी मौत हुई है।"

मैंने उससे पूछा, "अगर आपको यह दोबारा करना पड़े तो आप क्या करोगी?"

"मैं नहीं जानती," उसने अपना सिर हिलाते हुए कहा, "लेकिन मैं इतना जरूर जानती हूँ कि मैं अपने भाई की समस्या पर उसे डाँटने-फटकारने के बजाय उसकी मदद करने की ज्यादा कोशिश करूँगी।"

"लेकिन साथ ही आप महसूस करती हो कि आपने उचित काम किया?" मैंने पूछा, "क्या आपको महसूस हुआ कि आप सही काम कर रही थीं?"

"बिलकुल," उसने मुझसे कहा, "लेकिन अब मुझे यकीन हो गया है कि मैं गलत थी। वह पैसा मेरा नहीं था।"

"तो अब आप वह काम नहीं करोगी?"

"नहीं, मैं नहीं करूँगी।" उसने जवाब दिया। उसका चेहरा सख्त हो गया "लेकिन उससे कोई फर्क नहीं पड़ता। मुझे उस काम के लिए कभी माफ नहीं किया जा सकता। मैंने अपने इकलौते भाई का पैसा चुराया है और वह मर गया है। यह सही है कि ईश्वर मुझे सजा दे रहा है। मैं इसी काबिल हूँ।"

मैंने उसे समझाया कि ईश्वर उसे सजा नहीं दे रहा है, वह खुद को सजा दे रही है। अगर आप जीवन के नियमों का दुरुपयोग करते हैं तो आपको उसी अनुसार कष्ट उठाना पड़ेगा। अगर आप बिजली के खुले तार पर हाथ रखेंगे तो आपको झटका लगेगा। प्रकृति की शक्तियाँ बुरी नहीं हैं। यह तो आपके प्रयोग से तय होता है कि उनका प्रभाव अच्छा पड़ता है या बुरा! बिजली बुरी नहीं है। यह तो इस पर निर्भर करता है कि आप इसका इस्तेमाल अपने घर को रोशन करने के लिए करते हैं या किसी को प्राणघातक झटका देने के लिए। इकलौता पाप नियम का अज्ञान है और इकलौती सजा इस नियम के दुरुपयोग की स्वतः प्रतिक्रिया है।

अगर आप रसायन शास्त्र के सिद्धांतों का दुरुपयोग करें तो अपने घर में विस्फोट करके उसे बर्बाद कर सकते हैं। अगर आप अपना हाथ किसी पटिए पर

मारें तो हाथ से खून निकल सकता है। गलती पटिए की नहीं है, गलती तो आपकी है कि आपने इसका दुरुपयोग किया।

अंततः मैंने हैरियट को एहसास दिला दिया कि ईश्वर किसी को सजा नहीं देता है। उसका सारा कष्ट उसके नकारात्मक और विध्वंसात्मक विचारों पर अवचेतन मन की प्रतिक्रिया के कारण था। उसे क्षमा की जरूरत थी, लेकिन क्षमा का सच्चा अर्थ खुद को क्षमा करना है। क्षमा अपने विचारों को सामंजस्य के दैवी नियम के तारतम्य में लाना है। आत्मनिंदा को नरक (बंधन और सीमाएँ) कहा जाता है; क्षमा को स्वर्ग (सामंजस्य और शांति) कहा जाता है।

अपराध-बोध और आत्मनिंदा का बोझ उसके दिमाग से उतर गया और वह पूरी तरह ठीक हो गई। अगली बार जब उसने जाँच करवाई तो उसका ब्लड प्रेशर सामान्य निकला। स्पष्टीकरण ही इलाज था।

एक हत्यारे ने खुद को माफ करना सीखा

आर्थर ने कई साल पहले यूरोप में एक आदमी की हत्या कर दी थी। जब वह मेरे पास आया तो बहुत मानसिक कष्ट और यातना से गुजर रहा था। उसे यकीन था कि ईश्वर उसके भयंकर काम की सजा उसे देगा। मैंने उससे पूछा कि क्या हुआ था? उसने बताया कि जिस आदमी की उसने हत्या की थी, उसका उसकी पत्नी के साथ प्रेम-संबंध चल रहा था। एक दिन जब वह शिकार से लौटा तो उसने उन दोनों को अप्रत्याशित रूप से रंगे हाथों पकड़ लिया और क्रोध के उन्माद में उसने उस आदमी को गोली मार दी। कानून ने उसके इस काम को बहुत सख्ती से नहीं देखा और उसे सिर्फ कुछ महीने की सजा मिली।

जेल से छूटने पर आर्थर ने अपनी पत्नी को तलाक दे दिया और अमेरिका में बस गया। कुछ साल बाद वह एक अमेरिकी महिला से मिला और उससे शादी कर ली। अब उसके तीन प्यारे बच्चे हैं। उसने अपना सफल कॅरियर बना लिया है, जहाँ वह कई लोगों की मदद करने की स्थिति में है। उसके सहयोगी उसे पसंद करते हैं और उसका सम्मान करते हैं। बहरहाल, इनमें से किसी भी चीज से उसे शांति नहीं मिल रही थी। अब भी वह अपने उस काम के लिए खुद को दोष देता था।

आर्थर की कहानी सुनने के बाद मैंने उसे समझाया कि वैज्ञानिकों के अनुसार हमारे शरीर की सभी कोशिकाएँ हर ग्यारह महीने बाद बदल जाती हैं। इसलिए,

शारीरिक और मनोवैज्ञानिक रूप से अब वह वही व्यक्ति नहीं था जिसने हत्या की थी। उसे तो बदले हुए कई साल हो चुके थे। यही नहीं, उसने खुद को मानसिक और आध्यात्मिक रूप से भी बदल लिया था। अब वह मानवता के प्रति प्रेम और सद्भाव से भरा था। जिस व्यक्ति ने बरसों पहले वह अपराध किया था, वह तो मानसिक और आध्यात्मिक रूप से कभी का मर चुका है। खुद को क्षमा न करके आर्थर एक निरपराध व्यक्ति को सजा दे रहा था।

इस स्पष्टीकरण का उस पर गहरा प्रभाव पड़ा। उसे ऐसा लगा जैसे उसके मन पर से बहुत भारी बोझ हट गया हो! उसे 'बाइबल' की इस सच्चाई के आंतरिक महत्त्व का पहली बार एहसास हुआ

"अब आओ, हम तर्क करते हैं, ईश्वर ने कहा-यहाँ तक कि आपके हाथ खून से रँगे होंगे, लेकिन वे बर्फ जैसे सफेद हो जाएँगे; यहाँ तक कि वे खून की तरह लाल होंगे, लेकिन वे ऊन जैसे बन जाएँगे।"

(Isaiah : 1:18)

आलोचना अपनी सहमति के बिना आपको चोट नहीं पहुँचा सकती

रैमोना नाम की एक स्कूल शिक्षिका मेरे एक व्याख्यान के बाद मेरे पास आई। उसने बताया कि हाल ही में उसे एक भाषण देना पड़ा। भाषण के बाद उसकी एक साथी स्कूल शिक्षिका ने उसे एक आलोचना भरी चिट्ठी भेजी। उसमें लिखा था कि रैमोना बहुत जल्दबाजी में बोली थी, कुछ शब्द खा गई थी और उसकी आवाज सुनाई नहीं दे रही थी। उसका वाक्य गठन कमजोर था तथा उसकी बात सारगर्भित नहीं थी।

इससे रैमोना आहत और क्षुब्ध हो गई। वह अपनी आलोचना से द्वेष करने लगी और स्कूल में उससे दूर-दूर रहने लगी।

जब मैंने रैमोना से सवाल किया तो उसने अंततः स्वीकार किया कि आलोचना दरअसल सही थी। उसे वयस्क श्रोताओं के सामने बोलने का कोई अनुभव नहीं था। वह भाषण देने से पहले घबरा रही थी और बाद में वह खुश थी कि उसने यह काम कर दिखाया था। यही कारण था कि वह अपनी साथी शिक्षिका की आलोचना से इतनी आहत हुई थी। यह तो ऐसा था जैसे किसी छोटे बच्चे को इस बात पर डाँटा जा रहा हो कि वह ज्यादा तेज नहीं दौड़ा, जबकि उसके लिए सिर्फ चलना ही अद्भुत काम था।

हमारी बातचीत के बाद रैमोना ने पाया कि उसकी पहली प्रतिक्रिया बचकानी थी। वह सहमत हुई कि आलोचना भरी चिट्ठी सचमुच एक वरदान थी और उसे इन सुधारों की सचमुच जरूरत थी। उसने भाषण कला को निखारने के लिए पास के एक कॉलेज में पब्लिक स्पीकिंग कोर्स करने का फैसला किया। इस बीच उसने चिट्ठी लिखने वाली शिक्षिका को उसकी दिलचस्पी और जानकारी के लिए धन्यवाद दिया।

दयावान कैसे बनें?

क्या होता अगर रैमोना को मिली चिट्ठी पूरी तरह गलत होती? क्या होता अगर उसके पास यह सोचने का अच्छा कारण होता कि उसके भाषण की यह आलोचना बिलकुल गलत है? उस मामले में रैमोना को यह एहसास होता कि उसके भाषण के शब्दों के अंदाज में ऐसा कुछ था, जिससे उस चिट्ठी लिखने वाली के पूर्वग्रहों, अंधविश्वासों या संकीर्ण विश्वासों को झटका लगा होगा! समस्या उसके साथ नहीं, बल्कि लेखिका के साथ होती है।

इसे समझना करुणा की दिशा में पहला अनिवार्य कदम उठाना है। अगला तार्किक कदम सामने वाले की शांति, सद्भाव और समझ के लिए प्रार्थना करना है। जब आप जानते हैं कि आप अपने विचारों, प्रतिक्रियाओं और भावनाओं के मालिक हैं तो आप आहत नहीं हो सकते। भावनाएँ विचारों का अनुसरण करती है और आपमें उन सभी विचारों को अस्वीकृत करने की शक्ति है जो आपको विचलित या परेशान कर सकते हैं।

विवाह की वेदी पर जाकर छोड़ दिया

कुछ साल पहले मैं एक पास वाले चर्च में शादी कराने गया। दूल्हा बनने वाला युवक काफी समय बीतने के बाद भी नहीं आया। होने वाली दुलहन ने दो घंटे बाद कुछ आँसू बहाए, फिर उसने मुझसे कहा "मैंने देवी मार्गदर्शन के लिए प्रार्थना की थी। युवक का न आना शायद मेरी प्रार्थना का जवाब है क्योंकि ईश्वर कभी गलत मार्गदर्शन नहीं देता है।"

उसकी प्रतिक्रिया ईश्वर और सभी अच्छी चीजों में अपनी आस्था को दोबारा व्यक्त करना था। उसके दिल में कोई कटुता नहीं थी क्योंकि जैसा उसने कहा, "हालाँकि मैं उस विवाह के लिए उत्सुक थी; लेकिन मुझे लगता है कि विवाह सही

काम नहीं होता क्योंकि मेरी प्रार्थना सही काम के लिए थी- सिर्फ मेरे लिए नहीं, बल्कि हम दोनों के लिए।" यह युवती एक ऐसे अनुभव से आसानी से बाहर निकल आई जिस पर कोई और व्यक्ति भावनात्मक हंगामा मचा देता ।

अपनी अवचेतन गहराइयों में मौजूद असीमित बुद्धिमत्ता के अनुकूल बनें। इसके जवाब पर बिना किसी शंका के उसी प्रकार भरोसा करें। जिस प्रकार आपको बचपन में माता-पिता पर था। यही संतुलन और मानसिक व भावनात्मक स्वास्थ्य की राह है।

विवाह करना गलत है, सेक्स बुरा है और मैं दुष्ट हूँ

एक युवती मेरा व्याख्यान सुनने के बाद मेरे पास आई। उसने बताया कि उसका नाम कैरोल था। मुझे उसकी पोशाक अजीब लगी। वह बहुत सादी काली पोशाक और काले मोजे पहने थी। उसका अंदाज भी सकुचाया हुआ लेकिन थोड़ा सतर्क था, जैसे उसे लग रहा हो कि उसके आसपास के लोग अचानक गलत व्यवहार करने लगेंगे!

जल्दी ही कैरोल मुझे अपने लालन-पालन के बारे में बताने लगी। उसे उसकी माँ ने पाला था, जिसने उसे विश्वास दिला दिया था कि नाचना, ताश खेलना, तैरना या पुरुषों के साथ घूमना-फिरना पाप है। उसकी माँ के अनुसार, सभी मर्द बुरे होते हैं और सेक्स पाप है, जिसे शैतान प्रेरित करता है। अगर वह इन दैवी आदेशों का उल्लंघन करेगी, अगर वह इनका अक्षरश: पालन नहीं करेगी तो वह अनंत काल तक नरक की आग में जलती रहेगी।

जब कैरोल अपने ऑफिस के युवकों के साथ घूमने जाती थी तो उसे गहरा अपराध-बोध होता था। उसे लगता था कि ईश्वर उसे सजा देंगे। उसे एक युवक पसंद था, जिसने उसके सामने विवाह का प्रस्ताव रखा लेकिन उसने ठुकरा दिया। जैसा उसने मुझसे कहा, "विवाह करना गलत है, सेक्स बुरा है और मैं बुरी हूँ।" यह वह नहीं, उसकी माँ की कंडीशनिंग बोल रही थी।

स्पष्ट है, उस युवती को अपराध-बोध हुआ। उसे कैसे नहीं होता? उसके लिए माँ के विश्वासों के साथ जीना असंभव था। इस विचार से बचना असंभव था कि उन विश्वासों में कुछ गड़बड़ थी। जो जीवन-सिद्धांत हम सभी में प्रवाहित होता है, वह अपनी पहचान और अभिव्यक्ति के लिए जूझ रहा था।

मैंने कैरोल को सुझाव दिया कि वह अपने आपको क्षमा करना सीखे। क्षमा करने का अर्थ है-किसी चीज के लिए कुछ छोड़ना। जीवन की सच्चाइयों और अपने नए आकलन को पाने के लिए उसे सारे झूठे विश्वास छोड़ने होंगे।

ढाई महीने तक कैरोल मेरे पास सप्ताह में एक बार आती रही। मैंने उसे चेतन और अवचेतन मन की कार्यविधि के बारे में वह सब सिखाया, जो मैंने इस पुस्तक में बताया है। जब वह धीरे-धीरे यह समझ गई कि अज्ञानी, अंधविश्वासी, कट्टर और कुंठित माँ ने उसे गलत विचार दिए हैं, सम्मोहित किया है और कंडीशन किया है तो वह अद्भुत जीवन जीने लगी।

मेरे सुझाव पर कैरोल अधिक आकर्षक कपड़े पहनने लगी। अपने हुलिए में आमूल-चूल परिवर्तन करने के लिए वह एक फैशनेबल स्टोर के कॉस्मेटिक्स सेक्शन में गई। उसने नाचना और कार चलाना सीखा। उसने तैरना, ताश खेलना और युवकों के साथ बातचीत करना सीखा। वह अपने परिवार से पूरी तरह अलग हो गई और जीवन को प्रेम करने तथा महत्त्व देने लगी।

अपनी आंतरिक प्रकृति को जानने के बाद कैरोल आदर्श जीवन साथी के लिए प्रार्थना करने लगी। वह यह दावा करने लगी कि असीमित बुद्धिमत्ता उसकी ओर ऐसे व्यक्ति को आकर्षित करेगी जो पूरी तरह उसके साथ सामंजस्य में होगा। एक शाम जब वह मेरे ऑफिस से निकल रही थी तो एक व्यक्ति मुझसे मिलने का इंतजार कर रहा था। मैंने उन दोनों का परिचय करवा दिया। छह महीने बाद उन दोनों ने शादी कर ली। वे अब भी शादीशुदा हैं और एक-दूसरे के साथ बहुत खुश हैं।

क्षमा उपचार के लिए आवश्यक है

अगर आपके मन में किसी के खिलाफ कुछ है तो आप खड़े होकर प्रार्थना करें, क्षमा करें।

दूसरों को क्षमा करना मानसिक शांति और अच्छे स्वास्थ्य के लिए अनिवार्य है। अगर आप अच्छा स्वास्थ्य और खुशी चाहते हैं तो आपको हर उस व्यक्ति को क्षमा करना चाहिए जिसने आपको चोट पहुँचाई है। अपने विचारों को दैवी नियमों और व्यवस्था के सामंजस्य में लाकर अपने आपको क्षमा करें। आप खुद को तब तक पूरी तरह क्षमा नहीं कर सकते, जब तक कि दूसरों को क्षमा नहीं कर देते। अपने आप को क्षमा न करना सिर्फ आध्यात्मिक अहंकार या अज्ञान है।

आज की मनोदैहिक चिकित्सा में इस बात पर लगातार जोर दिया जा रहा है कि द्वेष, दूसरों की आलोचना, पश्चात्ताप और शत्रुता कई रोगों के कारण हैं जिनमें आर्थराइटिस से लेकर हृदय रोग तक शामिल हैं। इन नकारात्मक भावनाओं से उत्पन्न तनाव सीधे शरीर के प्रतिरोधक तंत्र को प्रभावित करता है जिससे आप संक्रमण और रोग का शिकार हो सकते हैं।

तनाव संबंधी विकारों के विशेषज्ञ बताते हैं कि दुर्व्यवहार के शिकार, धोखा खा चुके या आहत लोग अक्सर प्रतिक्रिया करते हुए द्वेष और नफरत पाल लेते हैं। यह प्रतिक्रिया उनके अवचेतन मन में गहरा घाव उत्पन्न कर देती है जो लगातार क्लेश पैदा करता है। सिर्फ एक ही इलाज है-उन्हें अपनी चोट को काटकर हटाना होगा और इसका एकमात्र अचूक तरीका है-क्षमा ।

क्षमा सक्रिय प्रेम है

क्षमा की कला में अनिवार्य तत्त्व क्षमा करने की इच्छा होना है। अगर आप सच्चे दिल से किसी को क्षमा करने की इच्छा करते हैं तो आपने आधी बाधा पार कर ली है। स्पष्ट है, आप जानते हैं कि किसी को क्षमा करने का यह मतलब नहीं है कि आप उसे पसंद करते हैं या उसके साथ संबंध बढ़ाना चाहते हैं। आप किसी को पसंद करने के लिए बाध्य नहीं हैं। यह तो ऐसा ही होगा जैसे सरकार सद्भाव, प्रेम, शांति या सहिष्णुता के बारे में कानून बनाने की कोशिश करे! आप किसी व्यक्ति को सिर्फ इसलिए पसंद नहीं कर सकते क्योंकि कोई आपको ऐसा करने का आदेश देता है। यह महत्त्वपूर्ण बात है कि हम लोगों को पसंद किए बिना उनसे प्रेम कर सकते हैं।

'बाइबल' कहती है, 'एक-दूसरे से प्रेम करो।' यह पहली नजर में असंभव लग सकता है लेकिन यह काम कोई भी कर सकता है, बशर्ते वह इसे सचमुच करना चाहे। प्रेम का मतलब यह है कि आप सामने वाले के लिए स्वास्थ्य, प्रसन्नता, शांति, सुख और जीवन की सभी नियामतों की कामना करें। सिर्फ एक ही शर्त है, और वह है ईमानदारी। आप क्षमा करते समय दरअसल उदार नहीं, बल्कि स्वार्थी होते हैं; क्योंकि आप दूसरों के लिए जो कामना करते हैं, वास्तव में वह अपने लिए कर रहे हैं। इसका कारण यह है कि आप ही इसे सोचते और महसूस करते हैं। जैसा आप सोचते और महसूस करते हैं, वैसे ही आप बन जाते हैं। क्या इससे सरल कोई चीज हो सकती है?

क्षमा की तकनीक

क्षमा करने की एक सरल लेकिन कारगर विधि है। इसका अभ्यास करने पर यह आपके जीवन में चमत्कार कर देगी। अपने दिमाग को शांत कर लें। शिथिल हो जाएँ और मुक्त हो जाएँ।

ईश्वर के बारे में, अपने प्रति उसके प्रेम के बारे में सोचें और फिर सकारात्मक घोषणा करें:

पूरी तरह से (आहत करने वाले का नाम सोचें) को क्षमा करता हूँ। मैं उसे मानिसक और आध्यात्मिक रूप से मुक्त करता हूँ। मैं उसे इस विषय से संबंधित हर चीज के लिए पूरी तरह से क्षमा करता हूँ। मैं मुक्त है और वह मुक्त है। यह अद्भुत भावना है।

"मेरे लिए यह आम क्षमादान का दिन है। मैं हर उस व्यक्ति को मुक्त करता हूँ जिसने मुझे कभी आहत किया है और मैं हर एक के लिए स्वास्थ्य, प्रसन्नता, शांति तथा जीवन की सभी खुशियों की कामना करता हूँ। मैं यह काम मुक्तता, प्रसन्नता और प्रेम से करता हूँ। जब भी मेरे मन में अपने को आहत करने वालों के बारे में विचार आता है तो मैं कहता हूँ, मैंने आपको मुक्त कर दिया है और जीवन की सभी खुशियाँ आपको मिलें। मैं आजाद हूँ और वे भी आजाद है। यह अद्भुत है।

सच्ची क्षमा का महान रहस्य यह है कि जब आप एक बार व्यक्ति को क्षमा कर दें तो प्रार्थना को दोहराना अनावश्यक है। जब भी वह व्यक्ति आपके मन में आए या वह खास चोट आपके दिमाग में उभरे तो उसके प्रति अच्छे विचार व्यक्त करें और कहे, "आपको शांति मिले।" जितनी बार विचार मन में आए, उतनी ही बार यह काम करें। आप देखेंगे कि कुछ दिनों के बाद उस व्यक्ति या अनुभव का विचार कम आएगा और फिर गुमनामी में खो जाएगा।

क्षमा का एसिड टेस्ट

सुनार यह जाँच करने के लिए एसिड टेस्ट का प्रयोग करते हैं कि सोना असली है या नकली। क्षमा के लिए भी एक एसिड टेस्ट है। मान लीजिए कि मैं आपको किसी के बारे में कोई बहुत अच्छी खबर सुनाने जा रहा हूँ जिसने आपको नुकसान

पहुँचाया है, धोखा दिया है या छल किया है। अगर आप उस व्यक्ति के बारे में अच्छी खबर सुनकर कुढ़ जाते हैं तो यह जान लें कि नफरत की जड़ें अब भी आपके अवचेतन मन में हैं और आपको नुकसान पहुँचा रही हैं।

मान लीजिए कि पिछले साल आपका बहुत दुःखने वाला दाँत निकाला गया था और आप मुझे इसके बारे में इस समय बताते हैं। अगर मैं पूछता हूँ कि क्या इस समय दर्द हो रहा है तो आप मुझे हैरानी से देखकर कहते हैं, "नहीं, मुझे दर्द याद है, लेकिन अब मुझे नहीं होता है।"

यही पूरी कहानी है। अगर आपने सचमुच किसी को क्षमा कर दिया है तो आपको घटना तो याद होगी, लेकिन आपको अब उसकी चोट या डंक महसूस नहीं होगा। यह क्षमा का एसिड टेस्ट है। आपको इसे मनोवैज्ञानिक और आध्यात्मिक तरीके से करना होगा। अन्यथा आप खुद को धोखा दे रहे हैं। आप क्षमा की सच्ची कला का अभ्यास नहीं कर रहे हैं।

सबको समझना, सबको क्षमा करना है।

जब आप अपने मस्तिष्क के रचनात्मक नियम को समझ लेते हैं तो आप दूसरे लोगों और परिस्थितियों को दोष देना बंद कर देते हैं कि वे आपके जीवन को बना या बिगाड़ रही हैं। आपको एहसास हो जाता है कि आपके विचार और भावनाएँ ही आपकी किस्मत बनाते हैं। इससे भी बढ़कर आप जान जाते हैं कि बाहरी चीजें कारण नहीं हैं। वे आपके जीवन तथा अनुभवों के कारण या निर्माता नहीं हैं। यह सोचना गलत है कि दूसरे आपकी खुशी में बाधा डाल सकते हैं, कि आप किस्मत की एक फुटबॉल हैं, कि आपको जीने के लिए दूसरों का विरोध करना पड़ेगा और उनसे लड़ना पड़ेगा- ये सभी विचार आपकी विध्वंसात्मक प्रकृति को प्रकट कर देते हैं, जब आप यह समझ लेते हैं कि विचार ही वस्तु है ।

1. जीवन व्यक्तियों में भेद नहीं करता है। जीवन किसी के साथ भेदभाव नहीं करता है। जब आप सद्भाव, स्वास्थ्य, प्रसन्नता और शांति के सिद्धांतों का पालन करने लगते हैं, तो जीवन आपके पक्ष में काम करने लगता है।

2. जीवन बीमारी, रोग, दुर्घटना या कष्ट नहीं भेजता है। हम ये चीजें अपने

नकारात्मक, विध्वंसात्मक विचारों से स्वयं अपने ऊपर लादते हैं और इस बारे में यही नियम काम करता है-जैसा बोओगे, वैसा काटोगे!

3. ईश्वर के बारे में आपकी अवधारणा आपके जीवन की सबसे महत्त्वपूर्ण चीज है। अगर आप सचमुच प्रेमपूर्ण ईश्वर में विश्वास करते हैं तो आपका अवचेतन मन प्रतिक्रिया करके आपको असंख्य खुशियाँ प्रदान करेगा।

4. जीवन आपके खिलाफ कोई वैरभाव नहीं रखता है। जीवन कभी आपकी निंदा नहीं करता है। अगर आपके हाथ में घाव हो जाता है तो जीवन उसे ठीक कर देता है। अगर आप अपनी उँगली जला लेते हैं तो जीवन आपको क्षमा करता है, घाव को भरता है।

5. आपका अपराध-बोध जीवन की गलत अवधारणा है। जीवन आपको सजा नहीं देता है या मूल्यांकन नहीं करता है। आप स्वयं अपने झूठे विश्वासों, नकारात्मक चिंतन और आत्मनिंदा के अवचेतन प्रभावों द्वारा अपने साथ ऐसा करते हैं।

6. जीवन आपको सजा नहीं देता या निंदा नहीं करता। प्रकृति की शक्तियाँ बुरी नहीं हैं। उनका प्रभाव तो इस बात पर निर्भर करता है कि आप अपने भीतर की शक्ति का कैसा प्रयोग करते हैं? आप बिजली का प्रयोग किसी को मारने या घर को रोशन करने के लिए कर सकते हैं। आप पानी का प्रयोग किसी बच्चे को डुबाने या उसकी प्यास बुझाने के लिए कर सकते हैं। अच्छाई और बुराई व्यक्ति के मस्तिष्क के विचार और उद्देश्य पर निर्भर करती है।

7. जीवन कभी सजा नहीं देता है। लोग जीवन और ब्रह्मांड की गलत अवधारणाओं के कारण अपने आप को सजा देते हैं। उनके विचार रचनात्मक होते हैं इसलिए वे अपने दुःख की रचना खुद कर लेते हैं।

8. अगर कोई आपकी आलोचना करे और आपकी वे कमियाँ हों तो खुश होकर उसे धन्यवाद दें और उसकी टिप्पणियों की प्रशंसा करें। इससे आपको उस खास दोष को सुधारने का अवसर मिलता है।

9. आप आलोचना से आहत नहीं होते हैं क्योंकि आप जानते हैं कि आप अपने विचारों, प्रतिक्रियाओं और भावनाओं के स्वामी हैं। इससे आपको सामने वाले के लिए प्रार्थना करने और उसे दुआएँ देने का अवसर मिलता है जिसके द्वारा आप स्वयं को दुआ देते हैं।

10. जब आप मार्गदर्शन और सही कर्म के लिए प्रार्थना करें तो जो जवाब मिले, उसे मान लें। एहसास करें कि यह अच्छा है, बहुत अच्छा है। फिर आत्म करुणा, आलोचना या नफरत का कोई कारण नहीं है।

11. कोई भी चीज अच्छी या बुरी नहीं है। व्यक्ति की धारणा उसे वैसा बना देती है। भोजन, सेक्स, दौलत या सच्ची अभिव्यक्ति की इच्छा में कोई बुराई नहीं है। यह इस पर निर्भर करता है कि आप इन इच्छाओं, आकांक्षाओं और कामनाओं का प्रयोग कैसे करते हो? आपके भोजन की इच्छा किसी की जान लिये बिना भी पूरी हो सकती है।

12. द्वेष, नफरत, दुर्भावना और शत्रुता बहुत से रोगों का कारण होते हैं। प्रेम, जीवन, प्रसन्नता और सद्भावना सबके प्रति उड़ेलकर अपने को आहत करने वाले स्वयं को क्षमा करें। ऐसा तब तक करते रहें, जब तक कि आप उनसे अपने मन में न मिल लें और यह न जान लें कि आप उनके साथ शांति से हैं।

13. क्षमा करना किसी चीज के लिए कुछ देना है। प्रेम, शांति, खुशी, बुद्धि और जीवन की सारी खुशियाँ तब तक दूसरों को दें, जब तक कि आपके दिमाग में कोई वैर भाव न बचे। यह क्षमा का एसिड टेस्ट है।

14. अगर किसी ने आपको चोट पहुँचाई है, आपके बारे में झूठ बोला है, निंदा की है और आपकी बहुत बुराई की है तो क्या उस व्यक्ति के बारे में आपका विचार नकारात्मक है? अगर ऐसा है तो आप उसे अभी तक क्षमा नहीं कर पाए हैं। नफरत की जड़ें अब भी आपके अवचेतन मन में हैं और आपको नुकसान पहुँचा रही हैं। उन जड़ों को उखाड़ने का एकमात्र तरीका प्रेम है। उस व्यक्ति के लिए जीवन की सभी खुशियों की कामना कीजिए।

अध्याय-18

आदत बड़ी या अवचेतन मन

अगर आपके सामने कोई कठिन स्थिति आ जाए और आपको रास्ता स्पष्ट न दिख रहा हो तो आप क्या कर सकते हैं? समाधान समस्या के भीतर ही होता है। हर सवाल में इसका जवाब निहित होता है। आपके अवचेतन मन की असीमित बुद्धिमत्ता सब कुछ जानती है और सब कुछ देखती है। इसके पास जवाब है और यह आपको वह जवाब अभी बता रही है। लेकिन आपको सुनना होगा। आपको पूर्ण विश्वास के साथ अवचेतन मन के सुझाए मार्ग का अनुसरण करना होगा। जब आप इस नए मानसिक दृष्टिकोण को हासिल कर लेते हैं कि आपके भीतर का रचनात्मक ज्ञान सुखद समाधान सुझा रहा है तो फिर आपको वह जवाब मिल जाएगा, जिसे आप खोज रहे हैं और आश्वस्त रहें कि इस तरह का मानसिक दृष्टिकोण आपके सभी कामों में व्यवस्था, शांति और अर्थ लाएगा।

किसी आदत को कैसे बनाएँ या छोड़ें

हम सभी आदतों के हिसाब से जीने वाले प्राणी हैं। आदत हमारे अवचेतन मन का कार्य है। हमने तैरना, साइकिल चलाना, नाचना और कार चलाना-इन कामों को

चेतन रूप से बार-बार करके सीखा था, जब तक कि ये कार्य हमारे अवचेतन मन में स्थापित नहीं हो गए। फिर अवचेतन मन की आदत ने उस काम को अपने जिम्मे ले लिया। इसे कई बार 'दूसरी प्रकृति' भी कहा जाता है, यानी हमारी 'पहली प्रकृति' के चिंतन और क्रिया पर अवचेतन मन की प्रतिक्रिया।

अगर हम अपनी खुद की आदतें बनाते हैं तो इसका मतलब है कि हम अच्छी या बुरी आदते चुनने के लिए स्वतंत्र हैं। अगर आप कोई नकारात्मक विचार या कार्य कुछ समय तक दोहराते हैं तो आप खुद को एक आदत के दबाव में रख रहे हैं। आपके अवचेतन मन का नियम दबाव है।

उसने बुरी आदत कैसे छोड़ी

जब बॉब मेरे पास आया तो वह बहुत निराश था। उसने मुझसे कहा, "शराब मेरी नौकरी, पत्नी और परिवार को पी गई। मेरी पत्नी मुझसे फोन पर भी बात नहीं करती है। वह मुझे अपनी बेटी से मिलने भी नहीं देती है। मैं नहीं जानता कि क्या करूँ?"

मैंने पूछा, "क्या आपने शराब छोड़ने की कोशिश की है?"

"स्पष्ट है, की है" उसने कहा, "बहुत बार। और मैंने छोड़ी भी है कुछ समय के लिए। लेकिन मन बेकाबू हो जाता है और मैं दो सप्ताह तक लगातार नशे में डूबा रहता हूँ। यह भयंकर है।"

उस दुर्भाग्यशाली व्यक्ति के साथ ऐसा बार-बार हुआ। उसे एहसास था कि लगातार पीना उसकी आदत बन चुकी है और वह जानता था कि उसे इस आदत को बदलकर एक नई आदत शुरू करनी थी। इच्छाओं को दबाने की कोशिश से हालत सुधरने के बजाय बिगड़ती जा रही थी। उसकी लगातार असफलताओं ने उसे विश्वास दिला दिया कि वह असफल है और उसके पास अपनी इच्छा को नियंत्रित करने की शक्ति नहीं है। शक्तिहीनता के इस विचार ने उसके अवचेतन मन पर जबरदस्त दबाव के रूप में काम किया। इस कारण उसकी कमजोरी बढ़ गई और उसका जीवन असफलताओं का सिलसिला बन गया।

मैंने उसे चेतन और अवचेतन मन के कार्यों में तालमेल बैठाना सिखाया। इन दोनों के सहयोग से अवचेतन मन में बोई गई इच्छा या विचार साकार हो जाता है। उसका तार्किक मन सहमत था कि अगर उसकी आदत के पुराने मार्ग ने उसे मुश्किल में डाल दिया है तो वह चेतन रूप से स्वतंत्रता, संयम और मानसिक शांति का नया मार्ग बना सकता है।

वह जानता था कि हालाँकि उसकी विनाशक आदत अब स्वचालित बन गई है, लेकिन उसने इसे सचेतन विकल्प चुनकर खुद बनाया था। उसे एहसास था कि अगर उसने अपनी कंडीशनिंग नकारात्मक कर ली है तो वह इस कंडीशनिंग को सकारात्मक भी बना सकता है। परिणामस्वरूप उसने यह सोचना छोड़ दिया कि वह इस आदत को नहीं छोड़ सकता। उसने एक स्पष्ट समझ हासिल की कि उसके अपने विचार के अलावा उसके उपचार में कोई बाधा नहीं है। इसलिए बहुत ज्यादा मानसिक प्रयत्न या मानसिक दबाव की कोई जरूरत नहीं है।

उसकी मानसिक तस्वीर की शक्ति

बॉब ने अपने शरीर को शिथिल करने का अभ्यास किया और मनन की निष्क्रिय अवस्था में पहुँच गया। फिर उसने यह जानते हुए मस्तिष्क में इच्छित परिणाम की तस्वीर भरी कि उसका अवचेतन मन सबसे आसान तरीके से इसे साकार कर सकता है। उसने कल्पना की कि उसकी बेटी उसे गले लगाते हुए उसका स्वागत कर रही है और कह रही है, "ओह डैडी, कितना अच्छा हुआ कि आप दोबारा घर लौट आए!"

नियमित रूप से सुनियोजित तरीके से वह इस तरह से बैठकर मनन करता रहा। ध्यान भटकने पर उसने तत्काल अपनी बेटी की मानसिक तस्वीर याद करने की आदत डाल ली, उसकी मुस्कान के साथ और उसके घर का दृश्य, जो बेटी की चहकती आवाज से जीवंत था। इस सबसे उसके दिमाग की दोबारा कंडीशनिंग हो गई। वह एक क्रमिक प्रक्रिया थी। उसने उसे जारी रखा। वह लगा रहा, क्योंकि वह जानता था कि देर-सबेर वह अपने अवचेतन मन में आदत का नया पैटर्न बना लेगा।

मैंने उसे बताया कि वह अपने चेतन मन को कैमरे की तरह मान सकता है जबकि उसका अवचेतन मन वह संवेदनशील प्लेट है, जिस पर वह तस्वीर की छाप छोड़ता है। इस सुझाव का उस पर गहरा प्रभाव पड़ा। उसका पूरा लक्ष्य यह बन गया कि वह अपने मन की तस्वीर की दृढ़ छाप छोड़े और उसे डेवलप करे। फिल्म को अँधेरे में डेवलप किया जाता है इसी तरह मानसिक तस्वीरों को अवचेतन मन के डार्क रूम में डेवलप किया जाता है।

केंद्रित ध्यान

बॉब समझ गया कि उसका चेतन मन कैमरे की तरह है, इसलिए उसने कोई कोशिश नहीं की। कोई मानसिक संघर्ष नहीं हुआ। उसने शांति से अपने विचारों को संतुलित किया और अपना ध्यान अपने सामने के दृश्य पर केंद्रित किया, जब तक कि वह तस्वीर के साथ क्रमशः एकाकार नहीं हो गया। वह मानसिक माहौल में डूब गया और मानसिक फिल्म को बार-बार देखने लगा।

उपचार होने के बारे में उसे कोई शंका ही नहीं थी जब भी उसे शराब पीने की तलब लगती थी तो वह अपनी कल्पना को शराब के विचार से दूर मोड़कर अपने परिवार के साथ घर पर रहने की भावना की ओर मोड़ लेता था। वह सफल था क्योंकि उसे विश्वास भरी उम्मीद थी कि वह अपने मस्तिष्क में जो फिल्म डेवलप कर रहा था, वह अवश्य घटेगी। आज वह एक संयमपूर्ण जीवन जी रहा है। अपने परिवार के साथ दोबारा रहने लगा है तथा अपने कैरियर में सफल और खुश है।

उसने कहा कि एक बुरा साया उसके पीछे पड़ा है

"पिछले तीन महीने से मेरे सामने एक के बाद एक बाधा आती जा रही है। मुझे सचमुच लगता है कि बुरा साया मेरे पीछे पड़ा है।"

रूथ बी. एक कंपनी की संस्थापक थी जो प्रोफेशनल्स के लिए बिलिंग और रिकॉर्ड कीपिंग का काम करती थी उसकी कंपनी पहले तो बहुत सफल थी, फिर कुछ हो गया और स्थिति बदल गई।

"मुझे समझ में नहीं आता है," उसने मुझसे कहा, "अचानक ऐसा लगता है जैसे जो दरवाजे मेरे लिए खुल रहे थे, वे सभी अब कसकर बंद हो चुके हैं। मैं बार-बार संभावित ग्राहकों से साइन कराने के करीब पहुँच जाती हूँ। फिर आखिरी मिनट पर वे पीछे हट जाते हैं। यह सब क्या हो रहा है?"

"आपको यह समस्या कब से हो रही है?" मैंने पूछा।

"जैसा मैंने कहा, लगभग तीन महीने से," उसने जवाब दिया, "अप्रैल के मध्य से।"

उत्सुकता से मैंने पूछा, "आपको तारीख के बारे में इतना यकीन कैसे है? क्या उस समय कोई खास चीज हुई थी?" उसने कहा कि "ऐसा कुछ नहीं हुआ, पर मेरा यकीन मानिए एक दंत चिकित्सक को ग्राहक बनाने की कोशिश कर रही थी। मैंने उसे बताया कि अगर मेरी कंपनी उसका सारा कागजी काम संभाल लेगी तो

उसका कितना समय मेहनत और पैसा बचेगा। उसे इस बात में समझदारी दिखी और उसने मौखिक सहमति दे दी लेकिन जब उसे डाक से अनुबंध भेजा तो पहले तो उसने आना-कानी की फिर पीछे हट गया। उससे मुझे बहुत क्रोध आया।"

"और उसके बाद?" मैंने पूछा।

"उसके बाद यह बार-बार होने लगा।" रूथ ने कहा। एक पल के लिए उसने अपनी आँखें ढक ली, "बुरा साया मेरे पीछे पड़ा है! कोई दूसरा कारण ही नहीं है।"

"हाँ है।" मैंने उससे कहा और उसे समझाया कि चिकित्सक के प्रति उसके क्रोध और द्वेष ने उसे यह अवचेतन विश्वास दिला दिया कि उसके अन्य संभावित ग्राहक भी बाद में पीछे हट जाएंगे। इस विश्वास ने कुंठा, शत्रुता और बाधाओं का पैटर्न बना दिया। उसने अपने मन में आखिरी मिनट में अनुबंध कैंसल होने की आशंका बना ली। एक बार जब उसके अवचेतन मन पर यह छाप पड़ गई तो यह उन परिस्थितियों को उत्पन्न करने लगा, जिनका उसे भय था। हर असफलता इस विश्वास को दृढ़ बनाती चली गई कि वह असफल होने के लिए बाध्य है। उसने एक दुष्चक्र बना लिया था।

बातचीत के दौरान रूथ को समझ में आने लगा कि समस्या उसके अपने मस्तिष्क में थी। उसे एहसास हो गया कि इलाज तभी हो सकता है, जब वह अपने मानसिक दृष्टिकोण को बदल ले। वह इस तरीके से मनन करने लगी।

"मुझे एहसास है कि मैं अपने अवचेतन मन की असीमित बुद्धिमत्ता के साथ एकाकार हूँ जो किसी बाधा, मुश्किल या विलंब को नहीं जानती है। मैं सर्वश्रेष्ठ की सुखद उम्मीद में जीती हूँ। मेरा गहन मन मेरे विचारों पर प्रतिक्रिया करता है। मैं जानती हूँ कि मेरे अवचेतन की असीमित शक्ति का काम रोका नहीं जा सकता। असीमित बुद्धिमत्ता जो भी शुरू करती है, उसे हमेशा सफलतापूर्वक पूरा करती है।

"रचनात्मक ज्ञान मेरे माध्यम से काम करके मेरी सारी योजनाओं और उद्देश्यों को पूरा करता है। मैं जो भी शुरू करती हूँ, उसे सफलता से पूरा करती हूँ। जीवन में मेरा लक्ष्य अद्भुत सेवा देना है और मैं जिनके भी संपर्क में आती हूँ, वे मेरी सेवाओं से धन्य हो जाते हैं। मेरे सभी काम दैवी विधान में पूर्ण परिणति तक पहुँचते हैं।"

उसने यह प्रार्थना हर सुबह ग्राहकों से मिलने जाने से पहले दोहराई। उसने हर रात सोने से पहले भी यह प्रार्थना दोहराई। कुछ ही समय में उसने अपने अवचेतन मन में एक नई आदत का पैटर्न बना लिया। जल्दी ही वह एक बार फिर

से संभावित ग्राहकों को कंपनी के सौदों पर साइन कराने में सफल होने लगी। अब वह बुरे साए का शिकार होने के सभी विचार भूल चुकी थी।

आप जो चाहते हैं, उसे कितना चाहते हैं

कहा जाता है कि एक युवक ने सुकरात से पूछा कि उसे सफलता कैसे मिल सकती है?

"मेरे साथ आओ।" सुकरात ने जवाब दिया। वे उस लड़के को नदी तक ले गए और उसका सिर पानी में डुबो दिया। उन्होंने उसे तब तक डुबोए रखा, जब तक कि लड़का साँस लेने के लिए बुरी तरह छटपटाने नहीं लगा। फिर उन्होंने उसे छोड़ दिया।

जब लड़के की हालत ठीक हो गई तो सुकरात ने उससे पूछा, "जब आपका सिर पानी में डूबा था तो आपको किस चीज की सबसे ज्यादा चाहत थी?"

"हवा की।" लड़के ने जवाब दिया।

सुकरात ने धीरे से सिर हिलाया, "जब आप सफलता को उतना चाहने लगोगे जितना कि पानी में डूबते समय हवा को चाहते थे. तो वह आपको मिल जाएगी।"

इसी प्रकार जब-

- आपके मन में जीवन की किसी निश्चित बाधा को पार करने की गहन, प्रबल, सच्ची इच्छा होगी।
- आप एक निश्चित निर्णय पर पहुँचेंगे कि कोई रास्ता है।
- आप विश्वास से फैसला करेंगे कि यही वह रास्ता है, जिस पर आप चलना चाहते हैं।

तो विजय सुनिश्चित है

अगर आप सचमुच मानसिक और आंतरिक शांति चाहते हैं तो आपको यह मिल जाएगी। इससे कोई फर्क नहीं पड़ता है कि आपके साथ कितना भेदभावपूर्ण व्यवहार हुआ है या बॉस ने कितना अनुचित पक्षपात किया है या किसी ने आपके साथ कितना धोखा किया है! जब आप अपनी मानसिक और आध्यात्मिक शक्तियों के बारे में जाग्रत् हो जाते हैं तो आपको इससे कोई फर्क नहीं पड़ता है। आप जानते

हैं कि आप क्या चाहते हैं और आप निश्चित रूप से नफरत, क्रोध, शत्रुता तथा दुर्भावना के विचारों को अपनी शांति, सद्भाव, सेहत और खुशी नहीं लूटने देंगे।

जब आप अपने विचारों को जीवन के लक्ष्य के साथ एकाकार करने की आदत सीख लेते हैं तो आप लोगों, परिस्थितियों, खबरों और घटनाओं पर विचलित होना छोड़ देते हैं। आपका लक्ष्य शांति, स्वास्थ्य, प्रेरणा, सद्भाव और समृद्धि है। महसूस कीजिए कि शांति की नदी आपके भीतर इसी समय प्रवाहित हो रही है। आपका विचार अमूर्त और अदृश्य शक्ति है तथा आप इसका चुनाव खुद को प्रेरित करने और शांति पाने के लिए करते हैं।

वह स्वस्थ क्यों नहीं हो पाया?

एलन एस. एक प्रमुख पाठ्य-पुस्तक वितरक का विक्रय प्रतिनिधि था। वह शादीशुदा था। उसके चार बच्चे थे लेकिन बिजनेस यात्राओं के दौरान एक अन्य महिला के साथ उसका अवैध संबंध चलता था। जब वह मुझसे मिलने आया तो निराश और चिड़चिड़ा था। उसे बिना गोलियों के नींद नहीं आती थी। उसे हाई ब्लड प्रेशर और बहुत सी अंदरूनी बीमारियाँ थीं, जिन्हें उसका डॉक्टर न तो पकड़ पा रहा था, न ही इलाज कर पा रहा था। स्थिति और भी बिगड़ गई जब वह बहुत शराब पीने लगा।

जैसाकि हमें जल्दी ही पता चल गया, इस सबका कारण अपराध का उसका गहरा अवचेतन बोध था। वह जिस धार्मिक आस्था में पला-बढ़ा था, वह उसके अवचेतन मन की गहराई में विद्यमान थी। उसकी धार्मिक आस्था विवाह की पवित्रता पर बहुत जोर देती थी। लेकिन वह लगातार उसकी खुली अवहेलना कर रहा था। वह अपराध-बोध के घाव को भरने की निरर्थक कोशिश में ज्यादा पीने लगा था। जिस तरह कोई रोगी अपने भयंकर दर्द के लिए मॉर्फीन लेता है, उसी तरह वह अपने मानसिक दर्द या घाव के लिए शराब पीने लगा। यह आग में घी डालनेवाली पुरानी कहानी है।

स्पष्टीकरण और उपचार

उसने मेरा स्पष्टीकरण सुना कि उसका मस्तिष्क कैसे काम करता है। उसने अपनी समस्या का सामना किया उस पर गौर से विचार किया और अंततः अवैध संबंध छोड़ने का फैसला कर लिया। उसे यह भी एहसास हुआ कि उसका शराब पीना

पलायन की अचेतन कोशिश थी। छिपा हुआ कारण उसके अवचेतन मन में निहित था और उसका सफाया किया जाना था। इसके बाद ही उपचार हो सकता था।

वह दिन में तीन बार इस प्रार्थना से अपने अवचेतन मन पर छाप छोड़ने लगा-

"मेरा मस्तिष्क शांति, संतुलन और सद्भाव से भरा है। ईश्वर मेरे भीतर मुस्कुराती शांति में विश्राम कर रहा है। मैं अतीत, वर्तमान या भविष्य की किसी चीज से नहीं डरता हूँ। मेरे अवचेतन मन की असीम बुद्धिमत्ता सभी तरीकों से मेरा नेतृत्व, निर्देशन और मार्गदर्शन कर रही है।

"मैं अब हर स्थिति का सामना आस्था, संतुलन, शांति और विश्वास से करता हूँ। मैं इस आदत से पूरी तरह मुक्त हूँ। मेरा मस्तिष्क आंतरिक शांति, स्वतंत्रता और प्रसन्नता से भरा है। मैं खुद को क्षमा करता हूँ, फिर मुझे भी क्षमा किया जाता है। शांति, संयम और विश्वास मेरे मस्तिष्क पर शासन करते हैं।"

जब उसने यह प्रार्थना दोहराई तो वह पूरी तरह से जानता था कि वह क्या कर रहा था और क्यों कर रहा था! वह क्या कर रहा था. इसके ज्ञान ने उसे आवश्यक विश्वास और आस्था दी। मैंने उसे समझाया कि जब वह इन वाक्यों को जोर से धीरे-धीरे प्रेमपूर्वक और अर्थपूर्ण, ढंग से दोहराएगा तो वे धीरे-धीरे उसके अवचेतन मन में उतर जाएंगे। बीजों की तरह वे भी बड़े होकर फल देंगे। उसके कान आवाज सुनते थे और शब्दों के उपचारक कंपन उसके अवचेतन मन तक पहुँचकर उन सभी नकारात्मक मानसिक पैटर्नों को मिटा देते थे जिन्होंने उसकी समस्याओं को पैदा किया था। प्रकाश अंधकार को दूर कर देता है। सृजनात्मक विचार नकारात्मक विचार को नष्ट कर देता है। वह महीने भर में बदल गया।

स्वीकार करने से इन्कार

अगर आप शराब या किसी अन्य मादक पदार्थ के आदी हैं तो इसे स्वीकार करें। बचने की कोशिश न करें। कई लोग शराबी इसलिए बने रहते हैं क्योंकि वे इसे स्वीकार ही नहीं करते।

आपकी बीमारी एक अस्थिरता है, एक आंतरिक भय है। आप जीवन का सामना करने से इनकार कर रहे हैं, इसलिए आप शराब के माध्यम से अपनी जिम्मेदारियों से पलायन करने की कोशिश कर रहे हैं। शराबी के रूप में आपकी कोई स्वतंत्र इच्छा नहीं है, हालाँकि आप सोच सकते हैं कि हो सकता है। आप अपनी इच्छा-शक्ति के बारे में डींग हाँकते हैं।

अगर आप आदतन शराबी हैं और साहस के साथ यह घोषणा करते हैं-"अब मैं इसे कभी नहीं छूऊँगा।" तो आपमें इस घोषणा को सही साबित करने की शक्ति नहीं है। कारण यह है कि आप यह नहीं। जानते कि शक्ति को कहाँ खोजना है?

दरअसल आप खुद की बनाई मनोवैज्ञानिक जेल में रह रहे हैं। आप अपने विश्वासों, धारणाओं और माहौल के प्रभावों की बेड़ियों में जकड़े हुए हैं। अधिकांश लोगों की तरह आप भी आदत के गुलाम हैं। आप जिस तरह से प्रतिक्रिया करते हैं, उसके लिए माहौल जिम्मेदार है।

स्वतंत्रता के विचार बनाना

आप अपनी मानसिकता में स्वतंत्रता और मानसिक शांति का विचार भर सकते हैं ताकि यह आपकी अवचेतन गहराइयों तक पहुँच आए। अवचेतन मन सर्वशक्तिमान है इसलिए यह आपको शराब पीने से मुक्त कर देगा। उस मोड़ पर आपको एक नई समझ मिलेगी कि आपका दिमाग कैसे काम करता है। आपको अपने भीतर असीमित संसाधन मिलेंगे जिनके द्वारा आप अपनी बात को सच साबित कर सकते हैं।

51 प्रतिशत स्वस्थ हुआ

अगर आपके मन में किसी विनाशक आदत से छुटकारा पाने की प्रबल इच्छा है तो आपका 51 प्रतिशत इलाज पहले ही हो चुका है। जब आपकी बुरी आदत को छोड़ने की इच्छा इसे जारी रखने की आवश्यकता से अधिक बड़ी हो जाती है तो आपको यह जानकर हैरानी होगी कि पूर्ण स्वतंत्रता सिर्फ एक कदम दूर है।

जो भी विचार आप अपने दिमाग में लंगर की तरह डालते हैं, आपका मस्तिष्क उसका विस्तार करता है। मस्तिष्क को स्वतंत्रता की अवधारणा और मानसिक शांति पर केंद्रित करें। इसे ध्यान की नई दिशा पर केंद्रित करें। इससे आप ऐसी भावनाएँ उत्पन्न करते हैं जो स्वतंत्रता और शांति की अवधारणा को धीरे-धीरे ग्रहण कर लेती हैं। आप जिस भी विचार को इस तरीके से भावनात्मक बनाते हैं, उसे आपका अवचेतन मन स्वीकार कर लेता है और साकार कर देता है।

प्रतिस्थापन का नियम

यह जान लीजिए कि आपके कष्ट से कोई अच्छी चीज उत्पन्न हो सकती है। आपने यूँ ही कष्ट नहीं उठाया है। बहरहाल, कष्ट उठाते रहना मूर्खता है।

अगर आप शराबी बने रहते हैं तो इससे मानसिक और शारीरिक ह्रास होगा। महसूस करें कि अवचेतन की शक्ति आपका साथ दे रही है। यद्यपि आपको मानसिक अवसाद हो सकता है लेकिन आप भावी स्वतंत्रता की सुखद कल्पना कर सकते हैं, जो आपके भीतर भरी हुई है।

यह प्रतिस्थापन का नियम है। आपकी कल्पना आपको शराब की बोतल तक ले गई। इसे अब खुद को स्वतंत्रता और मानसिक शांति तक ले जाने दें। आपको थोड़ा कष्ट होगा, लेकिन यह सृजनात्मक उद्देश्य के लिए होगा। आप इसे उसी तरह सहन करेंगे, जिस तरह माँ प्रसव पीड़ा को करती है और आप मस्तिष्क में एक बच्चे को जन्म देंगे। आपका अवचेतन संयम को जन्म देगा।

मद्यपान के कारण

मद्यपान का वास्तविक कारण नकारात्मक और विनाशक धारणा है जैसा मनुष्य सोचता है, वैसा ही वह होता है। शराबी में हीन भावना अक्षमता, कुंठा और पराजय का गहरा एहसास होता है। अक्सर उनके साथ गहरी आंतरिक शत्रुता भी होती है। व्यक्ति के पास अनंत बहाने होते हैं जिनसे वह अपने शराबीपन का बचाव कर सकता है। लेकिन वास्तविक कारण व्यक्ति का वैचारिक जीवन होता है।

तीन चमत्कारी कदम

पहला कदमः स्थिर हो जाएँ, मस्तिष्क को शांत कर लें। सुषुप्त व निष्क्रिय अवस्था में पहुँच जाएँ। इस शिथिल, शांत, ग्रहणशील अवस्था में आप दूसरे कदम की तैयारी कर रहे हैं।

दूसरा कदमः एक संक्षिप्त वाक्य लें जिसे आसानी से याददाश्त से उकेरा जा सके और लोरी की तरह बार-बार दोहराया जा सके। इस वाक्य का प्रयोग करें, "अब मुझमें संयम और मानसिक शांति है और मैं धन्यवाद देता हूँ। मस्तिष्क को भटकने से रोकने के लिए इसे जोर से दोहराएँ और मन में बोलते समय इसके उच्चारण में होंठों और जीभ को चलाएँ। इससे अवचेतन मन तक पहुँचने में मदद मिलती है।

इसे पाँच मिनट या इससे ज्यादा समय तक करते रहें। आप एक गहरी भावनात्मक प्रतिक्रिया पाएंगे।

तीसरा कदम : सोने से ठीक पहले वह करें जो महान् जर्मन कवि जोहानन वॉन गेटे करते थे। कल्पना करें कि कोई मित्र या प्रियजन आपके साथ है आपकी आँखें बंद हैं। आप शिथिल और शांत हैं। वह प्रियजन या मित्र कल्पना में आपसे कह रहा है, "बधाइयाँ!"

आप उसकी मुस्कुराहट देखते हैं, उसकी आवाज सुनते हैं, मानसिक रूप से उसका हाथ छूते हैं; सबकुछ वास्तविक और चित्रात्मक है। बधाइयाँ शब्द पूर्ण स्वतंत्रता का द्योतक है। इसे बार-बार सुने जब तक कि आपको संतोषजनक अवचेतन प्रतिक्रिया न मिल जाए।

करते रहें

जब डर आपके मस्तिष्क का दरवाजा खटखटाए या चिंता, तनाव अथवा शंका आपके मन में आए तो अपने सपने, अपने लक्ष्य को देखते रहें। अपने अवचेतन मन के भीतर की असीमित शक्ति के बारे में सोचें, जो आपके चिंतन और कल्पना को उत्पन्न कर सकती है। इससे आपको विश्वास, शक्ति और साहस मिलेगा। लगातार करते रहें, जुटे रहें, जब तक कि दिन न निकल आए और अँधेरा दूर न भाग जाए।

पुनरावलोकन

1. समाधान समस्या में निहित है। हर सवाल में इसका जवाब छिपा है। आपका ज्ञान आपकी पुकार पर प्रतिक्रिया करता है, जब आप इसे आस्था और विश्वास से आवाज देते हैं।
2. आदत आपके अवचेतन मन का कार्य है। आपके अवचेतन मन की अद्भुत शक्ति का इससे बड़ा प्रमाण नहीं है कि आपके जीवन पर आदत की कितनी शक्ति और उसका कितना नियंत्रण है! आप आदतों के गुलाम होते हैं।

3. आप किसी विचार या काम को दोहराकर अपने अवचेतन मन में आदतों के पैटर्न बनाते हैं जब तक कि यह आपके अवचेतन मन में घर नहीं बना लेता और स्वचालित नहीं बन जाता।

4. आपके पास चुनने की स्वतंत्रता है। आप अच्छी या बुरी आदत को चुन सकते हैं। प्रार्थना एक अच्छी आदत है।

5. जो भी मानसिक तस्वीर आप अपने अवचेतन मन में आस्था के साथ देखते हैं, वह उसे साकार कर देता है।

6. अपनी सफलता और उपलब्धि में एकमात्र बाधा आपका अपना विचार या मानसिक छवि है।

7. जब आपका ध्यान भटके तो अच्छाई या लक्ष्य के विचार से इसे वापस लौटा लें। इसकी आदत डाल लें। इसे मस्तिष्क को अनुशासित करना कहते हैं।

8 आपका चेतन मन कैमरा है और आपका अवचेतन मन यह संवेदनशील प्लेट है जिस पर आप तस्वीर की छाप छोड़ते हैं।

9. मनुष्य के पीछे जो एकमात्र बुरा विचार पड़ा रहता है, वह भय का विचार है जिसे बार-बार मन में दोहराया जाता है। इस ज्ञान के साथ इस विचार से पीछा छुड़ाओ कि आप जो भी काम शुरू करते हैं, उसे आप दैवी विधान में सुखद परिणाम तक पहुँचाएंगे। सुखद अंत की तस्वीर बनाएँ और उसे विश्वास के साथ बनाए रखें।

10 नई आदत डालने के लिए आपको विश्वस्त होना चाहिए कि यह वांछित है। जब बुरी आदत को छोड़ने की आपकी इच्छा इसे जारी रखने की इच्छा से ज्यादा बड़ी हो तो समझ लें आपका 51 प्रतिशत उपचार हो चुका है।

11. दूसरों की बातें आपको तब तक चोट नहीं पहुँचा सकतीं जब तक कि आपकी अपनी वैचारिक और मानसिक सहमति न हो। अपने को अपने लक्ष्य के साथ एकाकार करें जो शांति, सद्भाव और खुशी है। "आप ही अपने ब्रह्मांड में इकलौते चिंतक हैं।"

12. बहुत शराब पीना पलायन की अवचेतन इच्छा है। शराब पीने का कारण नकारात्मक और विध्वंसात्मक चिंतन है। स्वतंत्रता, संयम, पूर्णता के बारे में सोचना तथा उपलब्धि के रोमांच को महसूस करना।

13. कई लोग शराबी इसलिए बने रहते हैं, क्योंकि वे अपनी समस्या को स्वीकार करने से इनकार कर देते हैं।

14. आपके अवचेतन मन का नियम, जिसने आपको बंधन में रखा और आपके कार्य की स्वतंत्रता को सीमित किया, आपको स्वतंत्रता और खुशी देगा। यह इस बात पर निर्भर करता है कि आप इसका कैसा प्रयोग करते हैं!

15. आपकी कल्पना आपको शराब की बोतल तक ले गई थी, अब स्वतंत्र होने की कल्पना करके इसे स्वतंत्रता की ओर ले जाने दें।

16. मद्यपान का वास्तविक कारण नकारात्मक और विनाशक सोच है। व्यक्ति जैसा अपने अवचेतन मन में सोचता है, वैसा ही वह होता है।

17. जब भय आपके मन का दरवाजा खटखटाए तो ईश्वर में आस्था और सभी अच्छी चीजों को दरवाजा खोलने दें।

अध्याय-19

विश्व विजयी कैसे बनें

मेरे एक छात्र को उसके व्यावसायिक सम्मेलन के वार्षिक समारोह में भाषण देने के लिए आमंत्रित किया गया था। उसने मुझे बताया कि एक हजार लोगों के सामने भाषण देने के बारे में सोचकर ही वह दहशत में आ गया था, जिनमें से कई उसके क्षेत्र में विशेषज्ञ थे। उसने अपने भय पर इस तरह विजय पाई। कई रातों तक वह लगभग पाँच मिनट तक कुर्सी पर शांति से बैठा। उसने स्वयं से धीरे से, शांति और सकारात्मक तरीके से कहा-

"मैं इस भय पर विजय पाने वाला हूँ। मैं इस पर अभी विजय पा रहा हूँ। मैं संतुलन और विश्वास से बोलता हूँ। मैं शांत और आरामदेह हूँ।"

इस उपाय से उसने मस्तिष्क के एक निश्चित नियम से कार्य करवाया। जब समय आया तो उसने अपने भय पर विजय पाई और बहुत सफल भाषण दिया।

अवचेतन मन सुझाव के प्रति बहुत ग्रहणशील होता है। यह सुझाव द्वारा नियंत्रित होता है। जब आप अपने मस्तिष्क को स्थिर कर लेते हैं और शिथिल हो जाते हैं तो आपके चेतन मन के विचार आपके अवचेतन मन में उतर जाते हैं। यह प्रक्रिया प्रसारण जैसी ही है, जिसमें छिद्र वाली झिल्लियों द्वारा विभाजित द्रव

आपस में मिल जाते हैं। जब ये सकारात्मक बीज या विचार अवचेतन क्षेत्र में उतरते हैं तो वे अपनी तरह के फल देते हैं और आप संतुलित, शांत एवं सद्भावनापूर्ण बन जाते हैं।

मनुष्य का सबसे बड़ा शत्रु

यह कहा गया है कि भय मनुष्य का सबसे बड़ा शत्रु है। भय ही असफलता, बीमारी और कमजोर मानवीय संबंधों का कारण होता हैं। लाखों-करोड़ों लोग अतीत, भविष्य, बुढ़ापे, पागलपन और मौत से डरते हुए हैं लेकिन भय आपके दिमाग का एक विचार है। इसका मतलब है कि आप अपने ही विचारों से भयभीत हुए हैं।

कोई छोटा बच्चा भय के मारे दहशत में आ सकता है, जब उसका साथी कहता है कि बिस्तर के नीचे एक राक्षस है जो रात को उसे पकड़ लेगा। लेकिन जब उसके माता या पिता लाइट जलाकर दिखाते हैं कि कोई राक्षस नहीं है तो उसका भय दूर हो जाता है। बच्चे के मन का भय उतना ही वास्तविक था जितना कि वास्तविक राक्षस होने पर होता । उसके मन के झूठे विचार का उपचार हो गया। जिस चीज का उसे भय था, वह मौजूद ही नहीं थी। इसी तरह से आपके अधिकांश भय वास्तविक नहीं होते हैं। वे महज दुष्ट छायाओं का समूह होते हैं और छायाएँ असली नहीं होती।

भयभीत क्यों होते हैं?

उन्नीसवीं सदी के महान दार्शनिक और कवि रॉल्फ वाल्डो इमर्सन ने कहा था, "जिस काम से आप डरते हो, उसे कर दो और भय की मौत हो जाएगी।"

एक समय था जब मैं श्रोताओं के सामने खड़े होने और भाषण देने के विचार से बहुत घबराता था। अगर मैंने उस भयंकर भय के सामने हार मान ली होती तो मुझे यकीन है कि आप इस समय यह पुस्तक नहीं पढ़ रहे होते। मैंने अवचेतन मन की कार्यविधि के बारे में जो भी सीखा है, उसे दूसरों तक कभी नहीं पहुँचा पाता।

मैंने इमर्सन की सलाह पर अमल करके उस भय पर विजय पाई। अंदर से काँपने के बावजूद में श्रोताओं के सामने गया और बोलने लगा। धीरे-धीरे मेरा भय कम होने लगा और अंततः मैं इतना आरामदेह हो गया कि मैं उसमें आनंद लेने लगा। इसके बाद तो यह स्थिति आ गई कि मैं भाषण देने के लिए उत्सुक होने लगा। मैंने वह काम किया जिसे करने से मैं भयभीत था और भय की मौत तय थी।

जब आप सकारात्मक रूप से घोषणा करते हैं कि आप अपने डर पर विजय पाने वाले हैं और अपने चेतन मन में एक निश्चित निर्णय पर पहुँचते है तो आप अवचेतन मन की शक्ति को मुक्त कर देते हैं, जो आपके विचार की प्रकृति की प्रतिक्रिया में प्रवाहित होती है।

मंच के भय को दूर करना

पहले एक अध्याय में मैंने जेनेट आर. का उदाहरण दिया था। उस युवा ओपेरा सिंगर का कॅरियर मंच के भय के कारण खतरे में पड़ गया था। जब उसे एक ओपेरा प्रोडक्शन में प्रमुख भूमिका के ऑडिशन के लिए बुलाया गया तो उसे एहसास था कि शायद वह सफल होने का उसका आखिरी मौका था। लेकिन उसका मंच का भय पहले जितना ही प्रबल था। वह जानती थी कि अगर वह इससे नहीं उबर पाई तो एक बार फिर असफल हो जाएगी।

अपने भय से उबरने के लिए उसने यह तरीका आजमाया। एक कमरे में एकांत में बैठकर उसने अपने शरीर और मन को शिथिल करने की कोशिश की। उसके अवचेतन मन पर जो भय हावी था, उसके सुझाव का प्रतिरोध करने के लिए उसने धीरे-धीरे, शांति से और भावना से ये शब्द दोहराए, "मैं बहुत अच्छा गाती हूँ। मैं संतुलित, आत्मविश्वासी और शांत हूँ।"

उसने हर बार ये शब्द पाँच-दस बार दोहराए। एक सप्ताह के अंत तक वह संतुलित और आत्मविश्वास से भरी हुई महसूस करने लगी। समय आने पर उसने बहुत बढ़िया ऑडिशन दिया।

अगर आप यह तकनीक आजमाएँ और इस काम को पूरी ईमानदारी एवं विश्वास से करें तो भय की मौत तय है।

असफलता का भय

मेरे पास अक्सर नजदीक की एक यूनिवर्सिटी के छात्र आते हैं। उनमें से ज्यादातर की एक ही शिकायत रहती है जिसे हम परीक्षा में भूलना कहते हैं। वे सभी मुझसे एक ही बात करते हैं- "परीक्षा से पहले मुझे सबकुछ याद रहता है और परीक्षा के बाद भी सारे जवाब याद आ जाते हैं। लेकिन परीक्षा हॉल में मेरा दिमाग बिलकुल खाली हो जाता है।"

हममें से बहुत से लोगों ने ऐसी ही समस्या का सामना किया होगा। इसका स्पष्टीकरण अवचेतन मन के एक प्रमुख नियम में निहित है। वही विचार साकार होता है जिस पर हम सबसे ज्यादा ध्यान केंद्रित करते हैं। उन छात्रों के साथ बातचीत करते समय मैं पाता हूँ कि उनका ध्यान असफलता के विचार पर सबसे ज्यादा केंद्रित होता है। परिणामस्वरूप उनका अवचेतन मन असफलता को साकार कर देता है। असफलता का भय अस्थायी भुलक्कड़पन लाकर असफलता उत्पन्न कर देता है।

शीला अपनी कक्षा की बहुत प्रतिभाशाली मेडिकल छात्रा थी। लेकिन जब भी वह कोई लिखित या मौखिक परीक्षा देती थी तो उसके मस्तिष्क में आसान सवालों के जवाब भी नहीं आ पाते थे। मैंने उसे इसका कारण समझाया। वह परीक्षा के कई दिन पहले से असफलता की आशंका पर सोच रही थी और चिंता कर रही थी। ये नकारात्मक विचार भय से प्रेरित हो गए।

डर के सशक्त भाव से लिपटे विचार अवचेतन मन में साकार होते हैं। दूसरे शब्दों में, वह लड़की अपने अवचेतन मन से आग्रह कर रही थी कि वह उसे फेल करवा दे और अवचेतन मन ने ठीक वही काम किया। परीक्षा के दिन वह सबकुछ भूल गई।

उसने भय को कैसे पछाड़ा

जब शीला ने अपने अवचेतन मन की कार्यविधि का अध्ययन किया तो उसने सीखा कि यह स्मृतियों का भंडार है। इसके पास हर बात का पूरा रिकॉर्ड है जो उसने मेडिकल प्रशिक्षण के दौरान सुनी या पढ़ी है। यही नहीं, उसने जाना कि अवचेतन मन प्रतिक्रियाशील और पारस्परिक है। उसके साथ गहरे तालमेल में आने का तरीका शांत, आरामदेह और आत्मविश्वास से पूर्ण बनता है।

हर सुबह और रात को वह यह कल्पना करने लगी कि उसके माता-पिता उसके अद्भुत रिकॉर्ड पर उसे बधाई दे रहे हैं। वह उनके एक काल्पनिक पत्र को भी अपने हाथ में महसूस करती थी। जब वह सुखद परिणाम पर विचार करने लगी तो उसे अपने भीतर उसी के अनुरूप प्रतिक्रिया मिली।

इस सतत प्रेरणा में अवचेतन मन की सर्वज्ञानी और सर्वशक्तिमान शक्ति ने कमान अपने हाथ में ले ली। इसने उसी के अनुसार उसके चेतन मन को निर्देशित किया। उसने अंतिम परिणाम की कल्पना कर ली थी, बस उसे साकार करने के

साधन की जरूरत थी। इस तकनीक के अनुसरण के बाद उसे परीक्षाएँ पास करने में कोई दिक्कत नहीं हुई। उसके अवचेतन मन की व्यक्तिनिष्ठ वृद्धि ने कमान हाथ में ले ली और उस पर दबाव डाला कि वह उत्कृष्ट प्रदर्शन करें।

पानी, पहाड़ों और बंद जगहों का भय

जब मैं दस साल का था तो अकस्मात् एक स्विमिंग पूल में गिर गया। मैंने कभी तैरना नहीं सीखा था। मैंने अपने हाथ हिलाए. लेकिन इससे कोई फायदा नहीं हुआ। मुझे महसूस हुआ कि मैं डूब रहा हूँ। मुझे अब भी वह दहशत याद है जब काला पानी मुझे घेरे हुए था! मैंने साँस लेने के लिए मुँह खोला लेकिन मुँह में पानी भर गया। आखिरी पल में एक लड़के ने मेरी हालत देख ली। वह पानी में कूदकर मुझे बाहर निकाल लाया। वह अनुभव मेरे अवचेतन मन में उतर गया। परिणाम यह हुआ कि मैं बरसों तक पानी से डरता रहा। फिर एक दिन मैंने अपना यह अतार्किक भय एक समझदार मनोवैज्ञानिक को बताया।

"स्विमिंग पूल में जाओ," उन्होंने मुझसे कहा, "पानी की तरफ देखो। वह सिर्फ एक रासायनिक यौगिक है जो हाइड्रोजन के दो परमाणुओं और ऑक्सीजन के एक परमाणु से बना है। उसकी कोई इच्छा नहीं है, कोई जागरूकता नहीं है। लेकिन आपके पास दोनों हैं।"

मैंने सिर हिलाया और सोचने लगा कि बात आखिर कहाँ जा रही है?

"एक बार जब आप यह समझ लेते हैं कि पानी मूलतः निष्क्रिय है," उन्होंने आगे कहा, "तो जोर से दृढ़ आवाज में कहें, मैं आप पर विजय पाने वाला हूँ।' फिर पानी में उतर जाएँ। तैरना सीखें। पानी पर विजय पाने के लिए अपनी आंतरिक शक्तियों का प्रयोग करें।"

मैंने वैसा ही किया। जब मैंने नया मानसिक दृष्टिकोण अपना लिया तो अवचेतन की सर्वशक्तिमान शक्ति ने प्रतिक्रिया की और मुझे शक्ति, आस्था तथा आत्मविश्वास दिया। इसने मुझे अपने भय से उबरने में समर्थ बनाया और मैंने पानी पर विजय पा ली। आजकल मैं हर सुबह अच्छे स्वास्थ्य और आनंद के लिए तैरता हूँ। पानी को अपने पर विजय न पाने दें। याद रखें, आप पानी के मालिक हो।

किसी भी भय को भगाने का सफल उपाय

यहाँ भय से उबरने की एक ऐसी तकनीक दी गई है, जो मैंने मंच पर खड़े होकर हजारों लोगों को सिखाई है। यह जादू की तरह काम करती है। आजमाकर देख लें।

मान लीजिए आप तैरने से डरते हैं। पाँच-दस मिनट के लिए दिन में तीन चार बार स्थिर बैठ जाओ। खुद को गहरे आराम की अवस्था में ले जाएँ। अब कल्पना करें कि आप तैर रहे हैं। कल्पना में आप तैर रहे हैं। मानसिक रूप से आपने खुद को पानी में डाल लिया है। आप पानी की ठंडक और हाथ-पैरों का हिलना-डुलना महसूस करते हैं। यह सब वास्तविक, चित्रात्मक और मानसिक खुशी की गतिविधि है।

यह निरर्थक दिवास्वप्न नहीं है। आप यह तो समझते हैं कि आप जो भी अपनी कल्पना में अनुभव करते हैं, वह आपके अवचेतन मन में विकसित होगा। इसके बाद आप पर दबाव पड़ेगा कि आपने अपने गहरे मस्तिष्क पर जो तस्वीर छोड़ी है, उसे वास्तविक जीवन में साकार करें। जब आप अगली बार तैरने की कोशिश करेंगे तो आप यह खुशी महसूस करेंगे। यह अवचेतन मन का नियम है।

अन्य भयों पर भी आप यही तकनीक लागू कर सकते हैं। अगर आपको पहाड़ों से भय लगता है तो कल्पना करें कि आप पहाड़ों पर टहल रहे हैं। इसकी वास्तविकता को महसूस करें। ताजा हवा, पहाड़ी फूलों और रोमांचक छटा का आनंद लें। यह जान लें कि आप मानसिक रूप से इसे करते रहेंगे तो शारीरिक रूप से आपको कोई मुश्किल नहीं होगी।

उसने लिफ्ट को आशीर्वाद दिया

जोनाथन एम. एक बड़े कॉरपोरेशन में एक्जीक्यूटिव है। कई सालों तक वह लिफ्ट में चढ़ने से बहुत डरता था। वह हर सुबह लिफ्ट से जाने के बजाय सात मंजिल सीढ़ियाँ चढ़कर अपने ऑफिस पहुँचता था। जब उसे ऊँची मंजिलों पर स्थित दूसरी कंपनियों के लोगों से मिलना होता था तो वह अक्सर कोई-न-कोई बहाना बनाकर उनसे अपने ऑफिस या रेस्तराँ में मिलता था। शहर से बाहर की बिजनेस यात्राएँ उसके लिए यातना भरी होती थीं। उसे पहले से फोन करके यह सुनिश्चित करना होता था कि होटल का उसका कमरा नीचे वाली मंजिल पर हो और वह सीढ़ियों का उपयोग कर पाए।

यह डर उसके अवचेतन मन की उपज थी। शायद यह किसी ऐसे अनुभव की प्रतिक्रिया में होगा, जिसे वह चेतन रूप से काफी लंब समय से भूल गया था। जब उसने यह सीख लिया तो उसने इसे बदलने की ठान ली। वह दिन-रात कई बार लिफ्ट को आशीर्वाद देने लगा। शांत, आत्मविश्वासी मनोदशा में वह खुद के सामने दोहराता था-

"हमारी इमारत की लिफ्ट एक अदभुत विचार है। यह शाश्वत मस्तिष्क से उत्पन्न हुई है। यह हमारे सभी कर्मचारियों के लिए वरदान है। यह अद्भुत सेवा करती है। यह दैवी विधान में काम करती है। मैं इसमें शांति और खुशी से यात्रा करता हूँ। मैं अब शांत बैठा हूँ जबकि जीवन प्रेम और समझ के प्रवाह मेरे विचार-तंत्र में प्रवाहित हो रहे हैं।

"अपनी कल्पना में मैं इस समय लिफ्ट में हूँ और अपने ऑफिस के बाहर कदम रख रहा हूँ। लिफ्ट हमारे कर्मचारियों से भरी है। मैं उनसे बात करता हूँ और वे मित्रतापूर्ण, खुश और स्वतंत्र हैं। यह स्वतंत्रता; आस्था और विश्वास का अद्भुत अनुभव है। मैं धन्यवाद देता हूँ।"

वह दस दिनों तक यह प्रार्थना करता रहा। ग्यारहवें दिन वह कंपनी के बाकी लोगों के साथ लिफ्ट में चढ़ा और उसने खुद को पूरी तरह स्वतंत्र महसूस किया।

सामान्य और असामान्य भय

नवजात शिशु को सिर्फ दो मूलभूत भय होते हैं-गिरने का भय और अचानक तेज शोर का भय। ये भय पूरी तरह सामान्य हैं। वे एक तरह से अलार्म की तरह काम करते हैं जो आपको प्रकृति ने आत्मरक्षा के साधन के रूप में दिए हैं।

सामान्य भय अच्छा है। आप सड़क पर अपनी ओर आती कार की आवाज सुनते हैं और बचने के लिए एक तरफ हट जाते हैं। टक्कर का भय आपके कर्म से टल जाता है। शेष सभी भय असामान्य होते हैं। वे खास अनुभवों द्वारा उत्पन्न होते हैं या फिर माता-पिता, रिश्तेदारों, शिक्षकों या अन्य लोगों से आपके पास आते हैं, जिन्होंने आपको शुरुआती वर्षों में प्रभावित किया है।

असामान्य भय

असामान्य भय तब उत्पन्न होता है जब लोग अपनी कल्पना को बेकाबू होने देते हैं। मैं एक महिला को जानता हूँ जिसे हवाई जहाज से दुनिया की सैर पर जाने का

पुरस्कार मिला। वह अखबारों से हवाई जहाज दुर्घटनाओं की सारी खबरें इकट्ठा करने लगी। उसने 'द वर्ल्डस वर्स्ट एयरप्लेन क्रैशेस के वीडियो टेप का ऑर्डर भी दे दिया। उसने कल्पना की कि वह हवाई जहाज से गिरकर समुद्र में डूब रही है। यह असामान्य भय था। अगर वह ऐसा ही सोचती रहती तो इस बात की प्रबल आशंका थी कि उसके साथ वही हो जाता, जिसका उसे सबसे ज्यादा भय था।

असामान्य भय के शिकार एक और व्यक्ति का उदाहरण न्यूयॉर्क का एक बिजनेसमैन है, जो बहुत सफल और समृद्ध था। उसने अपनी मानसिक फिल्म तैयार की, जिसमें उसकी कंपनी दिवालिया हो गई और उसने अपना सब कुछ गँवा दिया। वह असफलता की अपनी उस मानसिक फिल्म को जितना ज्यादा देखता था, उतने ही गहरे अवसाद में डूब जाता था। उसने वह भयंकर तस्वीर देखना नहीं छोड़ा। वह अपनी पत्नी से कहता रहता था, "यह चल नहीं सकता।" "यह प्रगति किसी भी दिन खत्म हो जाएगी।" "यह सब निराशाजनक है, हम दिवालिया होने वाले हैं।"

उसकी पत्नी ने बाद में मुझे बताया कि अंत में वह सचमुच ही दिवालिया हो गया। जिन चीजों की उसने कल्पना की थी और जिनसे वह भयभीत था, वे सचमुच में हो गईं। जिन चीजों से वह भयभीत रहा था, वे अस्तित्व में नहीं थीं लेकिन उसने लगातार भयभीत होकर, विश्वास करके और वित्तीय बर्बादी की आशंका करके उन्हें साकार कर दिया। जैसा जॉब ने कहा था- 'जिस चीज का मुझे बहुत भय था, वह हो गई है।'

दुनिया ऐसे लोगों से भरी पड़ी है जो इस बात से भयभीत रहते हैं कि उनके बच्चों के साथ कोई भयंकर दुर्घटना हो जाएगी था उनके साथ कोई बड़ी अनहोनी हो जाएगी। जब वे किसी दुर्लभ महामारी फैलने के बारे में पढ़ते हैं तो भयभीत हो जाते हैं कि कहीं यह उन्हें न हो जाए। कुछ तो कल्पना करते हैं कि यह रोग उन्हें पहले से ही है। यह सब असामान्य भय है।

असामान्य भय का उत्तर

अगर आप असामान्य भय से ग्रस्त हैं तो आपको मानसिक रूप से विपरीत ध्रुव पर चले जाना चाहिए। अगर आप भय की अति पर बने रहते हैं तो आप पिछड़

जाएंगे। साथ ही आपका मानसिक और शारीरिक ह्रास भी होगा। जब भय जागता है तो अवचेतन मन का एक मूलभूत नियम तत्काल भय की विपरीत किसी चीज की इच्छा ले आता है।

अपना ध्यान तत्काल चाही गई वस्तु पर केंद्रित करें। अपनी इच्छा में डूब जाएँ। जान लें कि अवचेतन जगत् हमेशा चेतन जगत् को बदल देता है। यह नजरिया आपको आत्मविश्वास देगा और आपका मनोबल बढ़ाएगा। आपके अवचेतन मन की असीमित शक्ति आपके पक्ष में है। यह असफलता नहीं हो सकती। इससे आपको शांति और आत्मविश्वास मिलेगा।

अपने भयों का परीक्षण करें

एक बड़े मल्टीनेशनल कॉरपोरेशन के सेल्स प्रमुख ने मुझे बताया कि जब उसने पहले-पहल सेल्समैन के रूप में काम करना शुरू किया था तो वह इमारत के पाँच-छह चक्कर लगाता था, तब कहीं जाकर उसमें ग्राहक के घर की घंटी बजाने की हिम्मत आ पाती थी।

उसकी सुपरवाइजर बहुत अनुभवी और समझदार थी। एक दिन उसने सेल्समैन से कहा, "दरवाजे के पीछे छिपे राक्षस से मत डरो। ऐसा कोई राक्षस नहीं है। आप एक झूठे विश्वास के शिकार हैं।"

सुपरवाइजर ने उसे आगे बताया कि भय का आभास होने पर वह डटकर खड़ी हो जाती थी। वह सीधे भय की आँखों में आँखें डालकर देखती थी। जब वह वैसा करती थी तो हमेशा पाती थी कि उसका भय गायब और उड़न छू हो गया है।

वह जंगल में उतरा

अमेरिकी सेना के एक पूर्व पादरी जॉन एन. ने मुझे बताया कि द्वितीय विश्व युद्ध के दौरान वे जिस जहाज पर थे, एक एंटीक्राफ्ट मशीनगन की गोलाबारी से वह जहाज बर्बाद हो गया। उन्हें जंगल से ढके न्यू गिनी के पहाड़ों पर उतरना पड़ा। जाहिर है, वे भयग्रस्त थे लेकिन वे जानते थे कि भय दो तरह का होता है-सामान्य और असामान्य । वे जानते थे कि उस वक्त जो असामान्य भय उन पर हावी होने की कोशिश कर रहा था, वह दहशत का निकट संबंधी था।

उन्होंने अपने भय के बारे में तत्काल कुछ करने का फैसला किया। वे स्वयं से कहने लगे, "जॉन, आप अपने भय के सामने घुटने नहीं टेक सकते। आपका भय सुरक्षा की इच्छा है, बाहर निकलने का रास्ता है।" वे एक छोटी खाली जगह के बीच में खड़े हुए और उन्होंने अपनी साँस को सामान्य किया। इससे दहशत के लक्षण कम हो गए। जैसे ही वे अधिक आरामदेह महसूस करने लगे, वे यह सकारात्मक दावा करने लगे, "जो असीम बुद्धिमत्ता ग्रहों को उनकी कक्षा में मार्गदर्शन देती है, वही अब मुझे इस जंगल से बाहर निकलने की राह दिखाकर सुरक्षा की ओर ले जा रही है।" वे दस मिनट तक ऐसा जोर-जोर से कहते रहे।

जॉन ने मुझे बताया, "अचानक मुझे अपने भीतर कोई चीज हिलती-सी महसूस हुई। वह आत्मविश्वास और आस्था की हिलोर थी। मैं खाली जगह के एक हिस्से की तरफ आकर्षित हुआ। वहाँ मुझे एक धुँधली सी पगडंडी दिखी और मैं उस पर चलने लगा। दो दिन बाद चमत्कारिक रूप से मैं एक छोटे से गाँव में पहुँच गया जहाँ के लोग बहुत भले थे। उन्होंने मुझे खाने को दिया, फिर जंगल के किनारे तक ले गए जहाँ बचाव कार्य में लगे एक हवाई जहाज ने मुझे बचा लिया।"

जॉन के बदले हुए मानसिक दृष्टिकोण ने उन्हें बचा लिया। अपने भीतर की अवचेतन बुद्धि और शक्ति में उनके विश्वास ने उन्हें समस्या का समाधान दिया।

उन्होंने आगे कहा, "अगर मैं अपनी किस्मत पर और अपने भय का शिकार होता तो भय का राक्षस मुझसे जीत जाता। शायद मैं भय के कारण भूखा ही मर गया होता।"

उसने हिम्मत छोड़ दी

रैफेल एस. एक बड़े फाउंडेशन में एक्जीक्यूटिव थे। उन्होंने मेरे सामने स्वीकार किया कि तीन साल से वे इस भय में थे कि उनकी नौकरी छूट जाएगी। वे हमेशा असफलता की कल्पना करते रहते थे। वे उम्मीद करते थे कि उनके अधीनस्थों को तरक्की देकर उनके ऊपर कर दिया जाएगा। जिस चीज की वे कल्पना करते थे, वह अस्तित्व में नहीं थी। यह तो उनके दिमाग का एक तनावपूर्ण विचार था। उनकी तीक्ष्ण कल्पना ने उनकी नौकरी छूटने का भी नाटकीयकरण कर दिया जिससे वे ज्यादा घबरा गए और गलतियाँ करने लगे। आखिरकार कंपनी ने उनसे इस्तीफा माँग लिया।

वास्तव में रैफेल ने खुद को नौकरी से निकलवाया था। उनकी सतत नकारात्मक कल्पना और अवचेतन मन को भेजे गए भय के सुझावों पर अवचेतन मन ने प्रतिक्रिया की। इससे वे गलतियाँ करने लगें और मूर्खतापूर्ण निर्णय लेने लगें। इससे उनकी असफलता तय हो गई। हो सकता है, अगर वे अपने मन में तत्काल विपरीत चीज की कल्पना कर लेते तो उन्हें नौकरी से नहीं निकाला जाता।

उन्होंने उसके विरुद्ध षड्यंत्र किया

विश्व-भ्रमण के दौरान एक देश के शीर्ष सरकारी अधिकारी से मेरी दो घंटे तक बातचीत हुई। मैंने पाया कि इस आदमी में आंतरिक शांति का गहरा एहसास था। उसने कहा कि हालाँकि विपक्षी दलों का समर्थन करने वाले अखबारों में उसकी लगातार आलोचना होती है, लेकिन वह इससे कभी विचलित नहीं होता। उसकी आदत है कि वह सुबह पंद्रह मिनट तक स्थिर बैठता है और यह एहसास करता है कि उसके भीतर शांति का एक गहरा महासागर है। इस तरह से साधना करके वह अपने भीतर जबरदस्त शक्ति पैदा करता है जो सभी तरह की मुश्किलों और भय पर विजय पा लेती है।

कुछ महीने पहले आधी रात को एक भयग्रस्त सहकर्मी ने उसे फोन करके बताया कि कुछ लोग उसके खिलाफ साजिश कर रहे थे। वे देश की सेना के असंतुष्ट तत्त्वों की मदद से तख्ता पलटना चाहते थे।

जवाब में उस अधिकारी ने अपने सहयोगी से कहा, “मैं इस समय पूरी शांति से सोने जा रहा हूँ। हम इस बारे में कल सुबह 10 बजे बातचीत कर सकते हैं।”

जैसाकि उसने मुझे बताया “मैं जानता हूँ कि कोई भी नकारात्मक विचार तब तक प्रकट नहीं हो सकता जब तक कि मैं उस विचार को भावनात्मकता से न लूँ और मानसिक रूप से स्वीकार न कर लूँ । मैं भय के उनके सुझाव को अपने मन में रखने से इनकार करता हूँ। इसलिए मुझे तब तक कोई नुकसान नहीं हो सकता, जब तक मैं इसे अनुमति न दूँ।

ध्यान दीजिए कि वह कितना शांत था। कितना शीतल, कितना अविचलित। वह ज्यादा परेशान नहीं हुआ और अपने बाल नहीं नोचने लगा या हाथ नहीं मलने लगा। उसके केंद्र में शांति का महासागर था। वह आंतरिक शांति बहुत गहरी थी।

सभी भय से अपने को मुक्त करें

'बाइबल' में भय दूर करने का एक आदर्श सूत्र है-

"मैंने ईश्वर को चाहा और उन्होंने मेरी बात सुनी तथा सभी भयों से मुक्ति दे दी।" (Psalm 36:4)

'ईश्वर' एक प्राचीन शब्द है, जिसका अर्थ है-आपके अवचेतन मन की शक्ति।

अपने अवचेतन मन के आश्चर्यों को जानें। समझें कि यह कैसे काम करता है। इस अध्याय में बताई गई तकनीकों में निपुण बनें। आज इसी समय से उनका अभ्यास करें। आपका अवचेतन मन प्रतिक्रिया करेगा और आप हर प्रकार के भय से मक्त हो जाएंगे। "मैंने ईश्वर को चाहा और उन्होंने मेरी बात सुनी तथा सभी भयों से मुक्ति दे दी।"

भय से मुक्ति के उपाय

1. वह काम करें जिसे करने से आप डरते हैं। ऐसा करने पर भय की मौत तय है। अगर आप खुद से पूरे विश्वास और आस्था से कहते हैं, 'मैं इस भय को हराने वाला हूँ तो आप हरा देंगे।
2. भय आपके मस्तिष्क का नकारात्मक विचार है। इसकी जगह पर सृजनात्मक विचार रख लें। भय ने लाखों लोगों को मारा है। विश्वास भय से ज्यादा बड़ा है। ईश्वर और अच्छाई में आस्था से ज्यादा सशक्त चीज कोई नहीं है।
3. भय मनुष्य का सबसे बड़ा दुश्मन है। यह असफलता, बीमारी और खराब मानवीय संबंधों के पीछे है। प्रेम भय को बाहर निकालता है। प्रेम जीवन की अच्छी चीजों के प्रति भावनात्मक अनुराग है। ईमानदारी, अखंडता, न्याय, सद्भावना और सफलता से प्रेम करें। सर्वश्रेष्ठ की सुखद उम्मीद में जिएँ, आपको हमेशा सर्वश्रेष्ठ ही मिलेगा।
4. "भय के सुझावों का प्रतिकार उनकी विपरीत चीजों से करें, जैसे मैं बहुत अच्छा गाती हूँ, मैं संतुलित और शांत हूँ।" इससे आपको बहुत लाभ होगा।

5. भय उस भुलक्कड़पन के पीछे है जो परीक्षाओं के दौरान आप पर प्रहार करता है। आप अक्सर घोषणा करके इससे उबर सकते हैं, "मुझे हर वह चीज याद है जिसे जानने की मुझे जरूरत है।" कल्पना करें कि कोई मित्र परीक्षा में आपको सफलता पर बधाई दे रहा है। जुटे रहें और आप जीत जाएंगे।

6. अगर आप पानी में उतरने से भय खाते हैं तो तैरिए। अपनी कल्पना में स्वतंत्रता और खुशी से तैरिए खुद को मानसिक रूप से पानी में उतारें। तालाब के पार तैरने की ठंडक और रोमांच को महसूस करें। इसकी स्पष्ट तस्वीर बना लें। जब आप यह काम विश्वास के साथ करते हैं तो आप पानी में जाने और इसे जीतने के लिए मजबूर हो जाते हैं। यह आपके मस्तिष्क का नियम है।

7. अगर आपको बंद जगहों, जैसे लिफ्ट से डर लगता हो तो मानसिक रूप से लिफ्ट की सवारी करें और इसके सभी हिस्सों व कार्यों की ईमानदारी से प्रशंसा करें। आप यह देखकर हैरान रह जाएँगे कि आपका भय कितनी जल्दी दूर हो जाता है!

8. आप सिर्फ दो भयों के साथ पैदा हुए हैं, गिरने का भय और शोर का भय बाकी सभी भय बाद में हासिल किए गए हैं। उनसे मुक्ति पाएँ।

9. सामान्य भय अच्छा है। असामान्य भय बहुत बुरा व विध्वंसात्मक है। भय के विचार लगातार सोचने से असामान्य भय, मनोविकार और ग्रंथियाँ विकसित होती हैं। किसी चीज से लगातार भयभीत रहने से भय और आतंक का एहसास उत्पन्न हो जाता है।

10. आप असामान्य भय को जीत सकते हैं। जब आप जान जाते हैं कि आपके अवचेतन मन की शक्ति परिस्थितियों को बदल सकती है और आपके दिल की प्रबल इच्छाओं को साकार कर सकती है। अपनी इच्छा पर तत्काल ध्यान दें और इसके प्रति निष्ठावान रहें, जो आपके भय के विपरीत है। यही वह प्रेम है जो भय को दूर भगाता है।

11. अगर आप असफलता से भयभीत रहते हैं तो सफलता की ओर ध्यान दें। अगर आप बीमारी से भयभीत हैं तो संपूर्ण स्वास्थ्य पर ध्यान दें। अगर आप

दुर्घटना से डरते हैं तो ईश्वर के मार्गदर्शन और संरक्षण पर ध्यान दें। अगर आप मौत से डरते हैं तो शाश्वत जीवन के बारे में सोचें ईश्वर जीवन है और यही सब आपका जीवन है।

12. प्रतिस्थापन का महान नियम भय का जवाब है आप जिस चीज से डरते हैं, उसका समाधान आपकी इच्छा के रूप में है। अगर आप बीमार हैं तो आप सेहत की इच्छा करते हैं। अगर आप भय की कैद में हैं तो आप स्वतंत्रता की इच्छा करते हैं। अच्छे की आशा करें। मानसिक रूप से अच्छाई पर ध्यान केंद्रित करें और जान लें कि आपका अवचेतन मन आपको हमेशा जवाब देता है। यह कभी चूकता नहीं है।

13. जिन चीजों से आप डरते हैं, उनका आपके मस्तिष्क के विचारों के अलावा कहीं अस्तित्व नहीं होता है। विचार रचनात्मक होते हैं। इसीलिए जॉब ने कहा था, "जिस चीज का मुझे बहुत भय था, वह हो गई है।" अच्छा सोचेंगे तो अच्छा मिलेगा।

14. अपने भयों को देखें, उन्हें तर्क की रोशनी में देखें। अपने भय पर हँसना सीखें। यह सबसे अच्छी दवा है। आपके अपने विचार के सिवाय कोई भी चीज आपको विचलित नहीं कर सकती। दूसरे व्यक्तियों के सुझावों, कथनों या धमकियों में कोई शक्ति नहीं है। शक्ति आपके भीतर है और यदि आपके विचार भलाई पर केंद्रित हैं तो ईश्वर की शक्ति आपकी भलाई के विचारों के साथ है।

15. केवल एक रचनात्मक शक्ति है और यह सद्भाव के रूप में चलती है। इसमें कोई विभाजन या संघर्ष नहीं है। इसका स्रोत प्रेम है। इसीलिए ईश्वर की शक्ति अच्छाई के आपके विचारों के साथ है।

अध्याय-20

हर समस्या का समाधान : अवचेतन मन

आपका अवचेतन मन कभी बड़ा नहीं होता है। यह अजर, अमर और अनंत है। यह ईश्वर के शाश्वत मस्तिष्क का अंश है जो न कभी पैदा हुआ है, न ही कभी मरेगा।

थकान या बुढापे का आपकी आध्यात्मिक गुणवत्ता या शक्ति पर कोई प्रभाव नहीं पड़ता। धैर्य, दया, सत्य, विनम्रता, सद्भावना, शांति, सांमजस्य और भ्रातृत्व प्रेम आदि ऐसे गुण हैं जो कभी बूढ़े नहीं होते। अगर आप इन गुणों को अपने जीवन में लगातार फलने-फूलने देते हैं तो आप हमेशा मन से युवा बने रहेंगे।

केवल उम्र या वर्ष ही विकार के जिम्मेदार नहीं होते हैं। यह समय नहीं, बल्कि समय का भय है जो हमारे दिलो-दिमाग पर हानिकारक प्रभाव डालता है। दरअसल समय के प्रभाव के न्यूरोटिक भय ही असमय बुढ़ापे का कारण होते हैं।

इतने वर्षों के सार्वजनिक जीवन में मुझे प्रसिद्ध व्यक्तियों की जीवनी पढ़ने का अवसर मिला जिन्होंने अपनी उत्पादक गतिविधियाँ जीवन की सामान्य अवधि से ज्यादा वर्षों तक जारी रखी थीं। उनमें से कुछ ने तो अपनी महानता बुढ़ापे में हासिल की थी। यह मेरा सौभाग्य रहा है कि मैं ऐसे असंख्य व्यक्तियों से मिल चुका

हूँ और उन्हें जानता हूँ जो किसी खास ऊँचाई पर तो नहीं पहुँचे लेकिन अपने विनम्र अंदाज में उन्होंने यह साबित कर दिखाया है कि बुढ़ापा मस्तिष्क और शरीर की रचनात्मक शक्तियों को नष्ट नहीं करता है।

वह मन से बूढ़ा हो गया

कुछ साल पहले मैं लंदन में अपने एक पुराने दोस्त से मिला। वह उसी समय अस्सी वर्ष का हुआ था। कई लोगों के लिए यह खुशी मनाने का अवसर होता लेकिन दुर्भाग्य से उसके लिए ऐसा नहीं था। उसे देखकर मुझे गहरा सदमा लगा वह कमजोर दिख रहा था, बीमार भी। हालाँकि उसने स्वीकार किया कि उसके डॉक्टर को कोई खास बीमारी नजर नहीं आई थी।

"डॉक्टर मूर्ख होते हैं।" उसने झल्लाकर कहा, "मैं बहुत अच्छी तरह जानता हूँ कि मेरी बीमारी क्या है! जिंदगी अपने आप में रोग बन चुकी है।"

मैंने उससे पूछा कि उसका क्या मतलब है?

उसने क्रोध और झुँझलाहट में कहा, "कोई भी मुझे नहीं चाहता। किसी को भी मेरी जरूरत नहीं है। और उन्हें क्यों हो? मैं किसी के लिए किसी काम का नहीं हूँ। हम पैदा होते हैं, बड़े होते हैं, बूढ़े होते हैं और मर जाते हैं। बस कहानी खत्म हो जाती है।"

मैंने देख लिया कि एक तरह से उसने अपनी बीमारी सही समझी थी। वह बीमार था - जिंदगी के कारण नहीं, बल्कि जिंदगी को देखने के तरीके के कारण। निरर्थकता और महत्त्वहीनता के मानसिक दृष्टिकोण के कारण वह बीमार था। वह सिर्फ बुढ़ापे को देख रहा था और उसके बाद कुछ नहीं। दरअसल वह अपने विचारों में बूढ़ा हो गया था और उसके अवचेतन मन ने हर उस चीज को साकार कर दिया जिसकी वह आशंका कर रहा था और भयभीत हो रहा था।

वृद्धावस्था बुद्धि का उदय है

दुर्भाग्य से, कई लोग उस दुःखी व्यक्ति जैसा दृष्टिकोण विकसित कर लेते हैं। उन्हें उस चीज से भय होता है जिसे वे बुढ़ापा', 'अंत' और 'समाप्ति' कहते हैं। दरअसल इसका यह मतलब है कि वे जीवन से डर रहे हैं। लेकिन जीवन अनंत है। बुढ़ापा बरसों की उड़ान नहीं, बल्कि बुद्धि का उदय है।

बुद्धि आपके अवचेतन मन में निहित जबरदस्त आध्यात्मिक शक्तियों की जागरूकता है और यह ज्ञान है कि पूर्ण व सुखी जीवन जीने के लिए इन शक्तियों का इस्तेमाल कैसे किया जाए? अपने मन से यह बात हमेशा के लिए निकाल दें कि पैंसठ, पचहत्तर या पचासी साल की उम्र आपके या किसी और के लिए अंत का दूसरा नाम है। यह यशस्वी, लाभकारी, सक्रिय और सबसे उपयोगी जीवन-तंत्र की शुरुआत हो सकती है, शायद पहले से भी ज्यादा अच्छी इस पर यकीन करें, इसकी उम्मीद करें और आपका अवचेतन मन इसे साकार कर देगा।

परिवर्तन का स्वागत करें

वृद्धावस्था कोई दुःखद घटना नहीं है। हम जिसे वृद्धावस्था की प्रक्रिया कहते हैं, वह दरअसल परिवर्तन है। इसका खुशी से स्वागत किया जाना चाहिए। मानव जीवन का हर पहलू उस राह पर आगे की तरफ एक कदम है, जिसका कोई अंत नहीं है। हमारे पास ऐसी वृहद शक्तियाँ हैं जो हमारी शारीरिक शक्तियों की सीमाओं के पार जाती है। हमारे पास अद्भुत इंद्रियाँ हैं, जो हमारी पाँच शारीरिक इंद्रियों की सीमाओं के पार जाती हैं।

जीवन आध्यात्मिक और शाश्वत है। हमें कभी बूढ़े होने की जरूरत नहीं है, क्योंकि जीवन या ईश्वर कभी बूढ़ा नहीं हो सकता। 'बाइबल' में कहा गया है कि 'ईश्वर ही जीवन है। जीवन नित नया होने वाला, शाश्वत तथा अविनाशी है और यह सभी लोगों के बारे में सच है।

जिंदादिल बने रहने के संकेत

एक महिला ने एक बार विद्युयुत के आविष्कारक थॉमस अल्वा एडिसन से पूछा थु "मि. एडिसन, बिजली क्या है?" उन्होंने जवाब दिया, "मैडम, बिजली है। इसका इस्तेमाल करो।

बिजली वह नाम है जो हम एक अदृश्य शक्ति को देते हैं, जिसे हम पूरी तरह नहीं समझते हैं। बहरहाल, हम विद्युयुत के सिद्धांतों और उसके प्रयोगों के बारे में जितना सीख सकते हैं. सीखते हैं। हम असंख्य तरीकों से उसका इस्तेमाल करते हैं।

वैज्ञानिक अपनी आँखों से इलेक्ट्रॉन को नहीं देख सकते, फिर भी वे इसे वैज्ञानिक तथ्य के रूप में स्वीकार करते हैं, क्योंकि यह अन्य प्रयोगात्मक प्रमाणों के साथ मेल खाने वाला एकमात्र वैध निष्कर्ष है। हम जीवन को नहीं देख सकते किंतु

हम जानते है कि हम जिंदा हैं। हम जीवन है और हम यहाँ इसे इसके पूर्ण सौंदर्य और महिमा में व्यक्त करने के लिए आए हैं।

जीवन मन है और मन कभी बूढ़ा नहीं होता

बाइबल में कहा गया है-

"और यह शाश्वत जीवन है, ताकि वे आपको इकलौते सच्चे ईश्वर के रूप में जान सकें।" (John : 17:3)

जो भी सोचता है या मानता है कि जन्म, किशोरावस्था, जवानी, परिपक्वता और वृद्धावस्था का चक्र ही जीवन है, वह वास्तव में दया का पात्र है। इस तरह के व्यक्ति का कोई सपना नहीं है, कोई आशा नहीं है। इस तरह के व्यक्ति के लिए जीवन का कोई अर्थ नहीं है। इस प्रकार का विश्वास कुंठा, ठहराव, दोषदर्शिता और एक प्रकार की निराशा लाता है जो न्यूरोसिस और सभी तरह के मानसिक विकारों की ओर ले जाते हैं। क्या होगा, जब आप टेनिस का तेज मैच नहीं खेल पाएंगे या अपने बच्चों जितना तेज नहीं तैर पाएंगे? क्या होगा, जब आपका शरीर धीमा हो जाएगा या आप धीमी चाल चलेंगे? याद रखें, जीवन नित नया चोला बदलता है। जिसे लोग मृत्यु कहते हैं, वह जीवन के एक अन्य आयाम में एक नए नगर की यात्रा करने जैसा है।

मैं अपना भाषण सुनने आने वाले लोगों को समझाता हूँ कि उन्हें वृद्धावस्था को कृतज्ञता से स्वीकार करना चाहिए। उम्र की अपनी महिमा, अपना सौंदर्य और खुशियाँ होती हैं। शाति, प्रेम, खुशी, सौंदर्य, ज्ञांन, सद्भावना और समझ वे गुण हैं जो कभी बूढ़े नहीं होते या मरते नहीं हैं।

कवि और दार्शनिक रॉल्फ वाल्डो इमर्सन ने कहा था, "हम तब तक किसी मनुष्य के वर्ष नहीं गिनते हैं, जब तक कि उसके पास गिनने को और कुछ न बचा हो।"

आपका चरित्र, आपके मस्तिष्क की गुणवत्ता, आपकी आस्था और आपके विश्वास नश्वर नहीं हैं।

आप जितना जवान महसूस करेंगे , उतना ही रहेंगे

मैं नियमित रूप से कुछ वर्षों से लंदन के कैक्सटन हॉल में भाषण देता हूँ। ऐसे ही एक भाषण के बाद एक सर्जन मुझसे मिलने आया।

उसने मुझसे कहा, "मेरी उम्र चौरासी साल है। मैं हर सुबह ऑपरेशन करता हूँ, दोपहर में मरीजों को देखने जाता हूँ और शाम को मेडिकल व वैज्ञानिक जर्नल्स के लिए लेख लिखता हूँ।"

उसका दृष्टिकोण यह था कि वह उतना ही उपयोगी है, जितना वह अपने आप को मानता है और उतना ही युवा है, जितने उसके विचार हैं। उसने मुझसे कहा, "आपने अभी-अभी जो कहा है, वह बिलकुल सही है। व्यक्ति उतना ही सशक्त होता है, जितना वह खुद को मानता है और उतना ही मूल्यवान् होता है, जितना वह खुद को समझता है।"

उस सर्जन ने बुढ़ापे के सामने घुटने नहीं टेके। वह जानता था कि वह अमर है। उसकी आखिरी टिप्पणी यह थी, "अगर मैं कल मर जाऊँ तो मैं अगले आयाम में भी लोगों का इलाज करूँगा शायद सर्जन के औजारों से नहीं बल्कि मानसिक और आध्यात्मिक रूप से करूँगा।"

आपके सफेद बाल अपनी शोभा हैं

कभी भी यह सोचकर किसी अवसर से मुँह न मोड़ें- "मेरी उम्र इतनी ज्यादा है कि मैं इसका लाभ नहीं ले सकता।" इस सोच का नतीजा ठहराव और मानसिक मृत्यु है। अगर आप विश्वास कर लेते हैं कि आप खत्म हो चुके हैं तो आपका अवचेतन मन उस विश्वास को स्वीकार कर लेगा और उसे सच्चाई में बदल देगा। कुछ लोग तीस साल की उम्र में ही बूढ़े हो जाते हैं जबकि कुछ अस्सी साल में भी युवा रहते हैं। मस्तिष्क ही सबसे बड़ा बुनकर, आर्किटेक्ट, डिजाइनर और मूर्तिकार है। नाटककार जॉर्ज बर्नार्ड शॉ नब्बे साल की उम्र में भी सक्रिय थे और उनके मस्तिष्क की कलात्मक गुणवत्ता कभी शिथिल नहीं हुई।

मैं ऐसे पुरुषों और महिलाओं से मिलता हूँ जो बताते हैं कि कई नियोक्ता यह सुनकर ही उन्हें नौकरी पर नहीं रखते हैं कि उनकी उम्र चालीस वर्ष से ज्यादा है। कंपनी के मालिकों का यह दृष्टिकोण भावहीन, निष्ठुर और करुणा तथा समझ से विहीन है।

किसने यह कहा है कि पैंतीस साल से कम उम्रवाला ही बुद्धिमान होता है? इसके पीछे का तर्क खोखला और अर्थहीन है। अगर कंपनी का मालिक सोचे तो उसे यह एहसास होगा कि वह व्यक्ति अपनी उम्र या सफेद बाल नहीं बेच रहा

है। इसके बजाय वह अपने गुण, अनुभव और बुद्धिमत्ता देना चाहता है जो उसने जीवन के बाजार में बरसों के अनुभव से इकट्ठा की है।

उम्र एक आभूषण है

उम्र किसी भी संगठन के लिए स्पष्ट रूप से संपत्ति होनी चाहिए क्योंकि आपने इतने वर्षों तक स्वर्णिम नियम के सिद्धांतों और प्रेम तथा सद्भाव के नियम का अभ्यास किया है। आपके सफेद बाल, अगर आपके बाल बचे हों तो, अधिक बुद्धिमानी, योग्यता और समझ को दर्शाते हैं। आपकी भावनात्मक और आध्यात्मिक परिपक्वता किसी भी संस्थान के लिए बहुत बड़ा वरदान होना चाहिए। लोगों को पैंसठ या किसी भी उम्र में हाशिए पर नहीं कर देना चाहिए। जीवन के इस स्थल पर वे कर्मचारियों की समस्याएँ सुलझाने, भविष्य की योजनाएँ बनाने, निर्णय लेने और रचनात्मक विचारों के क्षेत्र में दूसरों का मार्गदर्शन करने में सबसे उपयोगी साबित हो सकते हैं क्योंकि बिजनेस की प्रकृति के बारे में उनका ज्ञान और अनुभव बहुत ज्यादा है।

अपनी उम्र के अनुकूल बने रहें

"इस बिजनेस से मेरा मन भर गया!" हॉलीवुड के एक पटकथा लेखक ने मुझसे कहा, "मैंने बरसों तक बेहतरीन काम किया। मैं अपनी कला को अच्छी तरह जानता हूँ। मैंने दुनिया भर के फिल्म समारोहों में पुरस्कार जीते हैं।"

हैरान होकर मैंने पूछा, "फिर क्या गड़बड़ हो गई?" उसने अपने हाथ ऊपर उछाले-मैं पिछले दिनों एक कहानी सम्मेलन में गया था। वहाँ तीस साल का स्टूडियो एक्जीक्यूटिव मुझसे बोला कि मैं आज के दर्शकों के साथ तालमेल नहीं बैठा सकता। जब मैंने तर्क देने की कोशिश की तो उसने मुझे बताया कि उसे ऐसी कोई पटकथा नहीं चाहिए जो बारह से अठारह साल के लड़कों के दिमाग और रुचि के अनुरूप न हो! मैं उठकर बाहर चला आया।"

यह दुःखद स्थिति है। अगर इस तरह का मानस बनाया जाए तो बहुसंख्यक लोग भावनात्मक और आध्यात्मिक परिपक्वता की उम्मीद कैसे कर सकते हैं? वे अपने भीतर छिपी व्यक्तिगत विकास की संभावना को नहीं देख पाते हैं। उन्हें बताया जाता है कि उन्हें युवावस्था को महिमामंडित करना चाहिए, भले ही युवावस्था का अर्थ वास्तव में अनुभवहीनता, ज्ञान की कमी और जल्दबाजी से भरे निर्णय हो।

मैं सबसे अच्छे लोगों की बराबरी कर सकता हूँ

मैं साठ साल से अधिक के ऐसे अनेक लोगों को जानता हूँ जो युवा बने रहने के पागलपन से भरे अभियान में समय बर्बाद करते हैं। वे फैशनेबल दवाएँ लेते हैं, फैशनेबल डाइटिंग करते हैं और अपने पैसे को व्यायाम करने वाली मशीनों पर बर्बाद करते हैं, जिनका गुणगान टी. वी. पर किया जाता है। ज्यादा पैसेवाले लोग स्पा ट्रीटमेंट लेते हैं, लिपोसक्शन और कॉस्मेटिक सर्जरी करवाते हैं ये निरर्थक अंदाज में लगातार चिल्लाते रहते हैं "देखो मैं उनमें से सब की बराबरी कर सकता हूँ!"

ऐसे लोगों को एक महान् सच्चाई याद रखनी चाहिए "मनुष्य अपने मन में जैसा सोचता है, वैसा ही वह बन जाता है। (प्रोवर्ष 23:7)

डाइटिंग, मल्टी विटामिन्स और बाकी सभी तरह के सहारे इन लोगों को युवा नहीं रखेंगे। उन्हें यह एहसास होना चाहिए कि वे अपनी धारणा के अनुरूप ही युवा या बूढ़े होंगे। अवचेतन मन विचारों के अनुरूप बनता है। अगर आपके विचार लगातार सौंदर्य, महानता और अच्छाई पर केंद्रित हैं तो आप आध्यात्मिक रूप से युवा बने रहेंगे, भले ही आपकी उम्र कितनी ही क्यों न हो जाए!

वृद्धावस्था का भय

जॉब ने कहा था, "जिस चीज का मुझे इतना ज्यादा भय था, वह हो गई।" कई लोग वृद्धावस्था से डरते हैं। वे भविष्य के बारे में अनिश्चित रहते हैं क्योंकि वे उम्र बढ़ने के साथ मानसिक और शारीरिक ह्रास की उम्मीद करते हैं। वे जैसा सोचते और महसूस करते हैं, वैसा ही हो जाता है।

वृद्धावस्था में आप बूढ़े तब होते हैं जब आप जीवन में दिलचस्पी खो देते हैं, सपने देखना छोड़ देते हैं नई सच्चाइयों के भूखे नहीं रहते और जीतने के लिए नए संसारों की खोज नहीं करते हैं। जब तक आपका मस्तिष्क नए विचारों और रुचियों के लिए खुला होता है, जब तक आप परदा उठाकर धूप अंदर आने देते हैं, जब तक आप जीवन तथा ब्रह्मांड की नई सच्चाइयों की प्रेरणा को ग्रहण करते हैं; तब तक आप युवा और स्फूर्तिवान बने रहते हैं।

आपको बहुत कुछ देना है

चाहे आप पैंसठ साल के हों या पंचानबे साल के, आपको यह एहसास होना चाहिए कि आपके पास देने के लिए बहुत कुछ है। आप युवा पीढ़ी को स्थिर करने, सलाह

देने और निर्देशित करने में मदद कर सकते हैं। आप अपने ज्ञान, अनुभव और बुद्धिमानी का लाभ दे सकते हैं। आप पाएंगे कि जीवन चमत्कारों और आश्चर्यों से भरा है। दिन के हर पल कुछ नया सीखने की कोशिश करें। ऐसा करने पर आप पाएँगे कि आपका मस्तिष्क हमेशा युवा बना रहेगा ।

एक सौ दस वर्ष की आयु

कुछ साल पहले मुंबई में भाषण देते समय मेरा परिचय एक ऐसे व्यक्ति से कराया गया जिसकी उम्र उसके दोस्तों के अनुसार एक सौ दस साल थी। उसका चेहरा बहुत सुंदर था। वह आंतरिक प्रकाश से दमक रहा था। उसकी आँखों में दुर्लभ सुंदरता थी। मैं देख सकता था कि वह खुशी-खुशी बूढ़ा हुआ था और ऐसा कोई चिह्न नहीं था कि उसके मन ने उसकी रोशनी को धुँधला किया हो।

रिटायरमेंट : एक नया अध्याय

यह जान लें कि मन कभी रिटायर नहीं होता है। आपका मन पैराशूट की तरह होना चाहिए। इसका तब तक कोई उपयोग नहीं है, जब तक कि यह खुला न हो। नए विचारों के प्रति खुले और ग्रहणशील रहें। मैंने पैंसठ और सत्तर साल के लोगों को रिटायर होते देखा है। उनके जीवन में ठहराव आ जाता है और वे कुछ महीने में चल बसते हैं। जाहिर है, वे यह महसूस करते थे कि उनका जीवन खत्म हो गया है। और चूँकि वे ऐसा सोचते थे, इसलिए ऐसा ही हो जाता था। रिटायरमेंट एक नए अभियान, एक नई चुनौती, एक नई राह, एक लंबे सपने की शुरुआत हो सकती है। किसी को यह कहते सुनना बहुत ही निराशाजनक होता है, “अब मैं रिटायर हो चुका हूँ, अब क्या करूँगा?” वह दरअसल यह कह रहा है। “मैं शारीरिक और मानसिक रूप से मर चुका हूँ। मेरा मस्तिष्क विचारों से दिवालिया हो गया है।”

यह झूठी तस्वीर है। सच्चाई यह है कि आप साठ साल के बजाय नब्बे साल की उम्र में ज्यादा हासिल कर सकते हैं, क्योंकि आपके नए अध्ययन और दिलचस्पी के कारण आपकी समझदारी, जीवन और ब्रह्मांड की समझ हर दिन बढ़ रही है।

उसे और भी अच्छा काम मिल गया

फ्रैंक डब्ल्यू. एक एक्जीक्यूटिव और मेरे पड़ोसी हैं। कुछ महीने पहले उन्हें जबरन नौकरी से निकाल दिया गया। कंपनी ने उन्हें बताया कि नई पुनर्गठन योजना के

कारण ऐसा किया गया था। लेकिन उनका मानना था कि वास्तविक कारण यह था कि उनकी उम्र पैंसठ साल की हो चुकी थी।

मैंने उनसे पूछा, “क्या आप भेदभाव के शिकार बनने के बारे में कटुता महसूस करते हैं? क्या आप अदालत में मुकदमा दायर करेंगे?”

उन्होंने हँसते हुए कहा, “मुझे लगता है मैं कर सकता हूँ। और मुझे उम्मीद है कि मैं अदालत में आसानी से जीत भी जाऊँगा। लेकिन मैं अपना समय और ऊर्जा इस तरह क्यों बर्बाद करूँ? मैंने नौकरी नहीं खोई है, कंपनी ने मेरी सेवाएँ खो दी हैं।” उन्होंने कहा, “मैं इस तरह से देखता हूँ जैसे मुझे अभी-अभी किंडरगार्टन से फर्स्ट ग्रेड में प्रमोशन मिला हो!”

“इसका मतलब क्या है?” “देखिए,” उन्होंने जवाब दिया, “जब मैंने हाई स्कूल पूरा किया था तो सीढ़ी के अगले पायदान पर चढ़कर कॉलेज पहुँच गया। मैंने अपनी शिक्षा और जीवन की सामान्य समझ में एक कदम आगे बढ़ा लिया। मेरा कॅरियर एक और कदम था। अब मैं वे काम करने के लिए आजाद हो गया हूँ जिन्हें मैं हमेशा से करना चाहता था। दूसरे शब्दों में नौकरी छूटना जीवन की सीढ़ी पर एक कदम ऊपर पहुँचना है।”

फ्रैंक इस समझदारी भरे निष्कर्ष पर पहुँचे कि वे अब पैसा कमाने पर ध्यान केंद्रित नहीं करेंगे। अब वे अपना पूरा ध्यान जीवन जीने पर देंगे। वे बरसों से शौकिया फोटोग्राफर थे। नौकरी छूटने के बाद उन्होंने पास के ही आर्ट इंस्टीट्यूट से फोटोग्राफिक तकनीक का कोर्स किया और दुनिया की सैर पर निकल गए। वे जहाँ भी गए, वहाँ की उन्होंने दर्जनों रोल तस्वीरें खींचीं। अब वे कई समूहों व क्लबों में भाषण देते हैं और उनकी माँग बढ़ती जा रही है।

अपने बाहर की किसी महत्त्वपूर्ण चीज में दिलचस्पी लेने के असंख्य तरीके हैं। नए रचनात्मक विचारों के प्रति उत्साही बनें। आध्यात्मिक प्रगति करें और सीखते तथा विकास करते रहें। इस तरह आप दिल से युवा बने रहते हैं, क्योंकि आप नई सच्चाइयों के भूखे हैं और आपक शरीर आपकी सोच को हर समय प्रतिबिंबित करेगा।

आप समाज के निर्माता हैं, बंदी नहीं

जो कानून कंपनी के मालिकों को कर्मचारियों से उम्र के आधार पर भेदभाव करने से रोकते हैं, वे सही दिशा में उठाए गए कदम हैं; लेकिन कानून अकेला ही लोगों की धारणा को नहीं बदल सकता है। पैंसठ साल का कोई व्यक्ति मानसिक, शारीरिक और मनोवैज्ञानिक रूप से तीस साल के कई लोगों से ज्यादा युवा हो सकता है। हम यहाँ अपने श्रम के फलों का आनंद लेने आए हैं, उपयोगी बनने आए हैं, समाज के कैदी बनने नहीं आए हैं जो हमारी उम्र के कारण हमें सजा देता है।

उम्र बढ़ने पर व्यक्ति का शरीर धीरे-धीरे धीमा हो जाता है लेकिन अवचेतन मन की प्रेरणा से उसका चेतन मन अधिक सक्रिय, चुस्त, जीवंत और तीव्र हो सकता है। दरअसल मस्तिष्क कभी बूढ़ा नहीं होता है। जॉब ने कहा था-

"ओह! काश, मैं वैसा होता, जैसा महीनों पहले था; जिन दिनों ईश्वर ने मेरी रक्षा की थी, जब उसकी रोशनी मेरे सिर पर चमकी थी और उसकी रोशनी के सहारे मैं अँधेरे में आगे बढ़ा था, जब मैं अपनी जवानी के दिनों में था, जब ईश्वर का रहस्य मेरे आराधना-स्थल में था।"

युवावस्था का रहस्य

युवावस्था के दिनों को दोबारा पकड़ने के लिए अपने पूरे अस्तित्व में अवचेतन मन का चमत्कार, अपने को नवीन करने वाली शक्ति महसूस करें।

जान लें और महसूस करें कि आप प्रेरित हैं, ऊपर उठे हैं, तरुण बन चुके हैं, नई स्फूर्ति पा चुके हैं और आध्यात्मिक रूप से रिचार्ज हो चुके हैं। आप उत्साह और खुशी से भरपूर हैं, जैसे अपनी जवानी के दिनों में थे, सिर्फ इस कारण क्योंकि आप हमेशा मानसिक और भावनात्मक रूप से उस सुखद अवस्था को हासिल कर सकते हैं।

जो रोशनी आपके सिर के ऊपर चमकती है, वह दैवी ज्ञान है। यह ज्ञान आपके सामने हर उस चीज को प्रकट कर देता है जिसे आपको जानने की जरूरत है। भले ही परिस्थितियाँ कैसी भी दिखें, आप इसकी मदद से अच्छाई की उपस्थिति की सकारात्मक घोषणा कर सकते हैं। आप अपने अवचेतन मन के मार्गदर्शन से चलते हैं, क्योंकि आप जानते हैं कि सुबह होती है और छायाएँ लुप्त हो जाती हैं।

एक सपना रखें

"मैं बूढ़ा हूँ।" यह कहने के बजाय कहें, "मैं दैवी जीवन के विधान में समझदार हूँ।" कंपनी, अखबारों या आँकड़ों को अपने सामने बुढ़ापे की तस्वीर रखने की इजाजत न दें। ढलते वर्ष, जर्जरता, सठियाना और निरर्थकता- इन्हें अस्वीकार कर दें; क्योंकि यह झूठ है । इस तरह के कुप्रचार को मानने से इनकार कर दें। मृत्यु की नहीं, जीवन की घोषणा करें। प्रसन्न, स्वस्थ, सफल, शांत और सशक्त व्यक्ति के रूप में अपनी तस्वीर देखें।

मन कभी बूढ़ा नहीं होता

प्रख्यात हृदय रोग विशेषज्ञ माइकल डेबेकी ने खून का पहला रोलर पंप सन् 1932 में ईजाद किया था। उनका बनाया पंप आज भी बाईपास सर्जरी में प्रयुक्त होता है। नब्बे साल की उम्र में डॉ. डेबेकी को एक नए आविष्कार पर प्रयोग शुरू करने की अनुमति मिली। वह एक छोटा पंप था जिसे गंभीर हृदय रोगियों के सीने में लगाया जा सकता था। डेबेकी सिर्फ शोध से ही संतुष्ट नहीं थे। वे सर्जरी भी करते रहे। उनके बारे में एक सहयोगी ने कहा था, "उन्होंने जितना किया है, उतना करने के लिए बाकी लोगों को पाँच-छह जन्म लेने पड़ेंगे।"

डेबेकी ने नब्बे साल की उम्र में अपने जीवन-दर्शन का सार इस तरह से व्यक्त किया था, "जब तक आपके सामने चुनौतियाँ हैं और आप शारीरिक व मानसिक रूप से सक्षम हो, तब तक जीवन रोमांचक और स्फूर्तिवान् है।"

निन्यानबे की उम्र में एकदम सजह

मेरे पिता ने पैंसठ साल की उम्र में फ्रेंच भाषा सीखी और सत्तर साल की उम्र में इसके विशेषज्ञ बन गए। उन्होंने साठ साल से अधिक उम्र में गैलिक का अध्ययन किया और उस विषय के शिक्षक बन गए। उन्होंने उच्च शिक्षा के एक इंस्टीट्यूट में मेरी बहन की तब तक मदद की, जब तक कि वे निन्यानबे साल की उम्र में गुजर नहीं गए। निन्यानबे साल की उम्र में भी उनका दिमाग उतना ही तेज था, जितना कि बीस साल की उम्र में था। सच तो यह है कि उम्र के साथ उनकी तार्किक शक्ति अधिक पैनी हो गई थी। वास्तव में आप उतने ही बूढ़े होते हैं, जितना आप अपने को मानते और महसूस करते हैं।

वरिष्ठ नागरिकों की जरूरत

रोमन देशभक्त मार्कस पोर्सियस कैटो ने अस्सी साल की उम्र में ग्रीक भाषा सीखी। महान् जर्मन-अमेरिकन कलाकार मैडम अर्नेस्टाइन शूमैन- हेंक दादी बनने के बाद अपने संगीत की सफलता के शिखर पर पहुँची। यूनानी दार्शनिक सुकरात ने वाद्य यंत्र बजाना तब सीखा, जब वे अस्सी साल के थे। माइकल एंजेलो अस्सी साल की उम्र में अपने सबसे महान् कैनवास पर पेंटिंग कर रहे थे। अस्सी साल की उम्र में सियोस साइमनाइडस ने कविता का पुरस्कार जीता, जोहानन वॉन गोथे ने 'फॉस्ट' पूरा किया और लियोपॉल्ड वॉन रैंके ने अपनी 'हिस्ट्रीरी ऑफ द वर्ल्ड' शुरू की, जिसे उन्होंने बयानबे साल की उम्र में पूरा किया। अल्फ्रेड लॉर्ड टेनीसन ने तिरासी साल की उम्र में अपनी बेहतरीन कविता 'क्रॉसिंग द बार लिखी। आइजक न्यूटन पचासी साल की उम्र में भी बहुत मेहनत करते थे। अट्ठासी साल की उम्र में जॉन वेस्ली मेथोडिज्म पर भाषण दे रहे थे और मार्गदर्शन कर रहे थे।

फ्रांस की ज्यों लुई कैलमेंट इन लोगों जितनी मशहूर नहीं थीं। जवानी में वे एक बार मशहूर चित्रकार विनसेंट वॉन गॉग से मिली थीं. लेकिन इससे वे लोकप्रिय नहीं हुईं। उनके सौवें जन्मदिन के बाद से लोगों ने उनकी तरफ ध्यान देना शुरू किया। उनके लिए हर दिन साइकिल चलाना छोड़ने का अवसर था।

अपने एक सौ दसवें जन्मदिन पर कैलमेंट को दुनिया भर से बधाइयाँ और शुभकामनाएँ मिलीं। उनके एक सौ अठारहवें जन्मदिन ने उन्हें इतिहास में सबसे अधिक उम्र का जीवित व्यक्ति बना दिया। जब उनसे पूछा गया कि यह कैसे संभव हुआ? तो वे बोली, "मैंने हर मौके पर आनंद लिया। मैंने स्पष्टता से, नैतिकता से और बिना पश्चात्ताप के काम किया। मैं बहुत खुशकिस्मत हूँ।" एक सौ बाईस साल की होने पर भी उनकी मुस्कुराहट हमेशा की तरह मंत्रमुग्ध करनेवाली थी।

हमें अपने वरिष्ठ नागरिकों को ऊँचे पदों पर रखना चाहिए और उन्हें स्वर्ग के फूलों को धरती पर लाने का हर अवसर देना चाहिए। अगर आप रिटायर हो चुके हैं तो जीवन के नियमों और अपने अवचेतन मन के आश्चर्यों में रुचि लें। कोई ऐसा काम करें जिसे आप हमेशा से करना चाहते थे। नए विषयों का अध्ययन करें और नए विचारों की जाँच करें।

इस तरह से प्रार्थना करें-

हे ईश्वर! जिस तरह मृग जलधारा की ओर भागता है, उसी तरह मेरी आत्मा भी आपके लिए व्याकुल होती है।" (Psalm 42:1)

वृद्धावस्था के फल

"उसका मांस किसी बच्चे से भी ताजा बना दिया जाएगा। वह अपनी जवानी के दिनों में पहुँच जाएगा।" (Job : 33:25)

दरअसल वृद्धावस्था का अर्थ है-उच्चतम दृष्टिकोण से ईश्वर की सच्चाइयों पर मनन करना। यह एहसास करें कि आप एक अनंत यात्रा पर हैं। आप जीवन के अविराम, अथक, अनंत महासागर में महत्त्वपूर्ण सीढ़ियों के पायदान पर हैं। फिर आप भी कहेंगे-

"वे वृद्धावस्था में भी फल देंगे, वे और समृद्ध होंगे।"

"लेकिन आत्मा के फल प्रेम, प्रसन्नता, शांति, धैर्य, करुणा, अच्छाई, आस्था, विनम्रता, सहिष्णुता हैं। इनके खिलाफ कोई कानून नहीं है। (Galatians 5:22-23)

आप अनंत जीवन के शिशु हैं जिसका कोई अंत नहीं है। आप अमरता के वारिस हैं।

लाभकारी बातें

1. धैर्य, दया, प्रेम, सद्भावना, खुशी, आनंद, बुद्धि और समझ जैसे गुण कभी बूढ़े नहीं होते हैं। आप उन्हें विकसित और व्यक्त करेंगे तो आप मानसिक और शारीरिक रूप से युवा बने रहेंगे।
2. समय के प्रभावों का मानसिक भय असमय बुढ़ापे का कारण हो सकता है।

3. वृद्धावस्था का वर्षों की उड़ान से कोई लेना-देना नहीं है। यह तो मनुष्य के मस्तिष्क में बुद्धि का उदय है।

4. आपके जीवन के सबसे उपयोगी वर्ष पैंसठ से पंचानबे तक के हो सकते हैं।

5. वृद्धावस्था का स्वागत करें। इसका मतलब यह है कि आप जीवन की राह पर ज्यादा ऊपर बढ़ रहे है जिसका कोई अंत नहीं है।

6. ईश्वर जीवन है और यह अब आपका जीवन है। जीवन सतत नवीनीकरण करने वाला, शाश्वत और अविनाशी है तथा सभी मनुष्यों की वास्तविकता है। आप हमेशा जीते हैं क्योंकि आपका जीवन ईश्वर का जीवन है।

7. आप अपने मस्तिष्क को नहीं देख सकते लेकिन आप जानते हैं कि आपके पास एक मस्तिष्क है। आप भावना को नहीं देख सकते लेकिन आप जानते हैं कि खेल भावना होती है। कला की, संगीत की भावना भी वास्तविक होती है। इसी तरह आपके मन में चलने वाली अच्छाई, सत्य और सौंदर्य की भावनाएँ वास्तविक हैं। आप जिंदगी को नहीं देख सकते लेकिन आप जानते हैं कि आप जिंदा हैं।

8. वृद्धावस्था को उच्चतम दृष्टिकोण से ईश्वर की सच्चाइयों का कहा जा सकता है। वृद्धावस्था की खुशियाँ जवानी की खुशियों से ज्यादा बड़ी है। आपका मस्तिष्क आध्यात्मिक और मानसिक खेल में व्यस्त रहता है। प्रकृति आपके शरीर को धीमा कर देती है, ताकि आपको दैवी चीजों पर मनन करने का अवसर मिल सके।

9. हम किसी व्यक्ति की उम्र के वर्ष तब तक नहीं गिनते हैं, जब तक कि उसके पास गिनने लायक और कुछ न हो। आपकी आस्था और विश्वास का कभी ह्रास नहीं हो सकता।

10. आप उतने ही युवा हैं जितना आप अपने आप को मानते हैं। आप उतने ही सशक्त हैं जितना खुद को मानते हैं आप उतने ही उपयोगी हैं जितना खुद को मानते हैं। आप अपने विचारों जितने ही युवा है।

11. आपके सफेद बाल संपत्ति हैं। आप अपने सफेद बाल नहीं बेच रहे हैं। आप अपनी प्रतिभा, योग्यताएँ और बुद्धिमानी बेच रहे हैं जो आपने बरसों के अनुभव से इकट्ठा की हैं।

12. फैशनेबल डाइटिंग और महँगी गोलियाँ आपको युवा नहीं रखेंगी। व्यक्ति जैसा सोचता है, वैसा ही होता है।

13. वृद्धावस्था का भय शारीरिक और मानसिक ह्रास उत्पन्न कर सकता है। मुझे जिस चीज का बहुत भय था, वह हो गया है।

14. आप तब बूढ़े होते हैं जब आप सपने देखना छोड़ देते हैं और जीवन में दिलचस्पी खो देते हैं। आप तब बूढ़े होते हैं. जब आप चिड़चिड़े, सनकी, बदमिजाज और झगड़ालू हो जाते हैं। अपने मन को ईश्वर की सच्चाइयों से भरें और उसके प्रेम की धूप चहुँ ओर फैलाएँ। यही युवावस्था है।

15. आगे की ओर देखें क्योंकि हर समय आप असीमित जीवन को देख रहे हैं।

16. आपका रिटायरमेंट एक नया अभियान है। नए अध्ययन और रुचियों पर ध्यान दें। आप वे काम कर सकते हैं, जो आप हमेशा से करना चाहते थे लेकिन पहले इसलिए नहीं कर पाए. क्योंकि आप कमाने में व्यस्त थे। जीवन जीने पर ध्यान दें।

17. समाज के कैदी नहीं, निर्माता बनें। अपनी रोशनी को झाड़ियों के नीचे न छिपाएँ।

18. जवानी का रहस्य प्रेम, प्रसन्नता, आंतरिक शांति और हँसी है। ईश्वर प्रसन्नता से भरपूर है, ईश्वर में जरा भी अंधकार नहीं है।

19. आपकी जरूरत है। कई महान् दार्शनिकों, कलाकारों, वैज्ञानिकों, लेखकों और अन्य प्रसिद्ध लोगों ने अपना महानतम काम अस्सी साल की उम्र के बाद किया है।

20. वृद्धावस्था के फल हैं-प्रेम, प्रसन्नता, शांति, धैर्य, सरलता, अच्छाई, आस्था, विनम्रता और संयम।

21. आप असीमित जीवन के शिशु हैं, जिसका कोई अंत नहीं है। आप अमरता के वारिस हैं। आप अनूठे हैं।